A Inteligência Artificial no Direito Penal

A Inteligência Artificial no Direito Penal

VOLUME II

2022

Anabela Miranda Rodrigues
(Coordenadora)

Anabela Miranda Rodrigues
Miguel João Costa
Miguel Lemos
Rosana Teixeira
Sónia Fidalgo
Susana Aires de Sousa
Túlio Xavier Januário
(Autores)

ALMEDINA

A INTELIGÊNCIA ARTIFICIAL NO DIREITO PENAL

COORDENADORA
Anabela Miranda Rodrigues

AUTORES
Anabela Miranda Rodrigues, Miguel João Costa, Miguel Lemos,
Rosana Teixeira, Sónia Fidalgo, Susana Aires de Sousa, Túlio Xavier Januário

EDITOR
EDIÇÕES ALMEDINA, S.A.
Avenida Emídio Navarro, 81, 3D
3000-151 Coimbra
Tel.: 239 851 904 · Fax: 239 851 901
www.almedina.net · editora@almedina.net

DESIGN DE CAPA
FBA.

PRÉ-IMPRESSÃO
EDIÇÕES ALMEDINA, S.A.

IMPRESSÃO E ACABAMENTO

Novembro, 2022

DEPÓSITO LEGAL
....

ALMEDINA | GRUPOALMEDINA

Biblioteca Nacional de Portugal – Catalogação na Publicação

A INTELIGÊNCIA ARTIFICIAL NO DIREITO PENAL

A inteligência artificial no direito penal.– Vol. II / coord. Anabela Miranda Rodrigues. – (Obras coletivas)
ISBN 978-989-40-0878-1

I – RODRIGUES, Anabela Miranda, 1953-

CDU 343

ÍNDICE

NOTA PRÉVIA

O sistema de justiça penal está particularmente exposto aos desenvolvimentos da Inteligência Artificial (IA). Justifica-se, (também) por isso, que, dois anos volvidos sobre a edição de um primeiro volume de estudos dedicados à IA no direito penal (*A Inteligência Artificial no Direito Penal*, Almedina, 2020), se dê agora à estampa o Volume II.

Reúnem-se vários textos, em parte inéditos, que não apenas revisitam, atualizam e aprofundam temas continuadamente merecedores de atenção – como é o caso da atribuição da responsabilidade penal a pessoas físicas e coletivas ou a agentes artificiais –, como, além disso, versam sobre setores de atividade particulares e problemas em especial não tocados anteriormente de modo expresso: nos âmbitos da guerra, da medicina e económico-financeiro e da prevenção e luta contra o branqueamento ou dos crimes de abuso de mercado e no ciberespaço.

Os desafios e as consequências que a digitalização empresarial envolve, por força da transformação fundamental que significou do processo produtivo, são apresentados e analisados por mim e por Susana Aires de Sousa num estudo que abre esta obra. No plano substantivo, atende-se, em particular, aos modelos legais de atribuição de responsabilidade coletiva, assentes no conceito de pessoa humana e jurídica, à distribuição de responsabilidade em contexto empresarial e ao controlo e vigilância digitais; no plano processual, discute-se o aproveitamento para fins penais de informação recolhida por formas de monitorização "inteligente" à custa da compressão indevida de direitos fundamentais das pessoas envolvidas.

Os denominados *crimes de fantasia* (*fantasy crimes*) – condutas no mundo virtual que constituiriam crime se fossem praticadas no mundo real – são tema de preocupação para o direito penal. E se um avatar viola outro avatar ou ofende a integridade física de outro avatar? Sónia Fidalgo sistematiza e problematiza estas e outras interrogações, distinguindo, à luz da função do direito penal, as condutas do mundo virtual que produzem ofensas no mundo real das que produzem ofensas apenas no mundo virtual. Somos, assim, neste estudo, confrontados com a criminalidade informática ou cibercrime e os crimes no metaverso.

A reflexão de Rosana Teixeira mostra como o debate em torno dos veículos autónomos, sendo já um clássico da literatura jurídica no vasto universo dos efeitos penais sentidos por força da utilização de sistemas autónomos e de IA, não está esgotado. No horizonte do ordenamento nacional, o tema da imputação da responsabilidade penal por danos causados por estes veículos requer uma permanente atenção, quando o nosso presente nos mostra como é ténue a linha divisória entre ficção e realidade.

Assistimos, entretanto, à emergência de três domínios onde a colonização da IA se faz sentir de modo crescente e cujos desenvolvimentos, benefícios e riscos são apreciados nesta publicação.

O artigo de Miguel Lemos e Miguel João Costa dirige-se ao âmbito da guerra, onde o desenvolvimento e a utilização das Armas Autónomas Mortíferas (AAMs), vistas como a 3ª grande revolução na história militar, depois da pólvora e das armas nucleares, colocam problemas particulares, suscitando, por isso, vigoroso repúdio. Os autores analisam o movimento que pugna pela celebração de um tratado destinado a proscrever essas armas, para concluir que os princípios e o direito da guerra não lhe oferecem bases fortes. Salientando os riscos associados às AAMs, defendem que é noutros planos de análise – da filosofia, da moral, da ciência e da filosofia da ciência, ou da ciência política e da política internacional – que eles têm de ser discutidos e travado o debate decisivo, para permitir ao direito da guerra, se for caso de intervir, oferecer uma regulação específica e cuidada alimentada daquela reflexão.

Na área da saúde, Túlio Xavier Januário guia o leitor pela utilização da IA sob diversas formas, desde a medicina personalizada e preditiva, passando por mecanismos de auxílio de diagnóstico e de predição de suicídio, até ao desenvolvimento de instrumentos robóticos de auxílio ao tratamento de pacientes e em cirurgias. Num contexto de interação entre agentes humanos e artificiais inteligentes, constitui o cerne da sua investigação o problema da imputação de responsabilidade penal, pelo que se refere, quer a pessoas singulares, quer a pessoas coletivas, enfrentando ainda as dificuldades relativas à tutela da privacidade dos pacientes no que toca aos seus dados pessoais e às formas de garantir a transparência dos procedimentos que envolvem IA.

No setor económico, Susana Aires de Sousa faz sobressair a ambivalência da utilização crescente da IA, em domínios como o bancário, do mercado de valores mobiliários e do consumo. Destaca-se como estes setores enfrentam alterações tecnológicas muito significativas, estruturalmente transformativas, ao incorporarem sistemas de IA na prossecução mais eficiente dos seus fins. Mas, simultaneamente, tornam-se visíveis cenários de riscos associados à utilização de IA, tais como o risco sistémico, de discriminação, de fraude, de violação da privacidade, de hipervigilância e de manipulação. Explora-se, assim, a adequação dos modelos de responsabilidade criminal pelo produto e de responsabilidade penal das empresas ao emergente contexto potenciado pela IA, tendo por pano de fundo estes domínios.

Por mim, são tratados dois temas específicos, antecipando o embrião do que pode vir a ser uma Parte Especial já de um outro volume em perspetiva sobre *A Inteligência Artificial no Direito Penal*. O primeiro, relativo ao branqueamento e à prevenção e luta contra o fenómeno, que colocam ao seu serviço sistemas autónomos e de IA no âmbito do *compliance*. Entre uma aliança inevitável – em nome da eficácia – e os riscos dela emergentes – relacionados com a utilização de dados e sua proteção e as limitações relacionadas com o princípio da proporcionalidade –, faço sobressair, no âmbito agora de um *compliance inteligente*, a interdependência entre o modelo de regulação do setor e os dados e a sua qualidade e regressa-se à questão da responsabilidade das pessoas coletivas: «de novo?».

Finalmente, numa via de reinterpretação e de alteração dos tipos legais de crimes existentes no domínio do abuso de mercado, aprecio o envolvimento da IA na prática destes crimes, designadamente através da negociação algorítmica de alta frequência (HFT – *High Frequency Trading*). Neste contexto, abordam-se os conceitos de informação privilegiada e de investidor razoável, à luz da incriminação de abuso de informação, e discute-se a alteração do tipo legal de manipulação de mercado, recorrendo à utilização do elemento subjetivo «intenção de manipulação de mercado», sem abandonar a sua configuração apenas na forma dolosa.

O objetivo deste novo volume de estudos sobre a IA no direito penal é o de alimentar a curiosidade e o interesse do leitor por um tema desafiante. Aos estudiosos do direito, e do direito penal em particular – à teoria e à prática –, quer oferecer-se uma obra – não é demais repeti-lo – «enriquecida com as diferentes perspetivas que por vezes se surpreendem na abordagem dos mesmos problemas e com divergências de opinião que, aqui ou ali, nos interpelam. Umas e outras não devem surpreender – os estudos são autónomos e da exclusiva responsabilidade dos respetivos autores.».

Resta-nos, por agora, dar espaço e tempo aos leitores e estudiosos. E ouvir as novas perguntas em constante formulação.

Anabela Miranda Rodrigues
Em 2022, julho.

Algoritmos em contexto empresarial: vantagens e desafios à luz do direito penal[1]

Anabela Miranda Rodrigues
Susana Aires de Sousa

1. Introdução

A descrição da "inteligência artificial" como uma espécie de *outsider*, por contraposição à inteligência biológica ou humana, talvez não capte inteiramente a essência do tempo presente. Os algoritmos estão em todo o lado, interagindo e complementando, em muitos momentos, a realização humana, nas suas

[1] Este texto foi originalmente publicado na revista *Julgar*, n.º 45 (2021), numa edição dedicada a temas de direito na era da Inteligência Artificial.

várias dimensões[2]. Esta presença algorítmica é, simultaneamente e quase sempre, pela sua natureza, invisível[3]. Diluindo-se a fronteira entre inteligências, os sistemas computadorizados complexos integram as decisões humanas quotidianas de muitos e diversos modos ainda que, por vezes, ausentes à imediata consciência humana: em indicações ou informações (meteorológica, gastronómica, geográfica, etc.) prestadas pelo *smartphone*; na geolocalização; na assistência virtual a encomendas, transporte e entregas de um bem ou à prestação de um serviço; na divulgação e gestão de publicidade adequada ao perfil pessoal; no jogo *online*; na concessão de crédito bancário; no sistema de orientação e de condução do carro; na enorme precisão do robô cirúrgico utilizado na intervenção cirúrgica; em *trading* de ações e produtos financeiros; na avaliação da mais-valia laboral de um trabalhador[4], entre muitas outras.

Esta capacidade de assessorar escolhas, refletida em exemplos quotidianos ou de maior complexidade, confere à tecnologia cognitiva, pelas suas vantagens, um enorme valor económico. A variedade de funções e de (concretas) aplicações dadas aos sistemas de IA, intensificada e potenciada pelo enorme desenvolvimento da computação e da comunicação cognitiva, está necessariamente ligada a uma nova etapa de industrialização – já chamada de quarta revolução industrial[5] – caracterizada por "combinar digitalização, conectividade, automatização, robotização e inteligência artificial"[6]. Não surpreenderá, por isso, a afirmação de que vivemos hoje uma nova realidade empresarial e industrial, possibilitada não só pelo enorme desenvolvimento computacional, mas sobretudo pela inovadora comunicação em rede dos próprios sistemas computacionais entre si – aquilo a que se chamou a "Internet das coisas"

[2] Sobre esta transformação, tecnológica, mas também cultural, RODRIGUES, ANABELA MIRANDA (2020), p. 11s.

[3] Cf. SCOPINO, GREGORY (2020), p. 13.

[4] No final de abril de 2021, vários meios de comunicação social noticiavam, no contexto do despedimento coletivo em curso na TAP, o uso por parte da empresa de um algoritmo desenvolvido por uma consultora norte-americana tendo por fim selecionar os trabalhadores (entre 435 e 500) que seriam dispensados.

[5] A expressão é atribuída, na sua origem, como dá conta BARONA VILAR, Silvia (2021), p. 58, a um projeto estratégico de alta tecnologia elaborado e proposto pelo governo alemão sobre "a fábrica inteligente", caracterizada pela comunicação entre máquinas automatizadas, pela integração de tecnologia avançada, com uma intensa capacidade de análise de dados, que permite realizar autodiagnósticos e tomar decisões mais eficientes.

[6] Como bem sublinha BARONA VILAR, SILVIA (2021), p. 58s.

(*Internet of Things – IoT*) [7]. Um exemplo claro num futuro relativamente próximo é-nos sugerido por *Hilgendorf*[8] e diz respeito a um sistema rodoviário, tecnologicamente desenvolvido, em que a condução automática se realiza por via da comunicação entre sistemas, com pouca ou limitada intervenção humana.

Num cenário deste tipo, as coisas – as máquinas e os sistemas – ligados em rede comunicam e interagem entre si, mostrando-se capazes de, por exemplo, em contexto empresarial, *prever atos e processos produtivos de modo mais eficaz e eficiente ou de prevenir ou detetar erros prejudiciais à empresa.* O algoritmo apresenta-se assim com inúmeros benefícios, entre os quais, a *vantagem de aumentar a segurança em contexto empresarial* prevendo, prevenindo e detetando atos lesivos de interesses juridicamente valiosos, vigiando e monitorizando o espaço e as pessoas que nele intervêm.

A transição digital favorece ainda a transferência de decisões em contexto empresarial para sistemas complexos computadorizados. Pelo menos parcialmente, várias opções assumidas ao longo do processo produtivo são já decididas pelas "coisas". Isto é, muitas das tarefas decididas, atribuídas e executadas anteriormente por humanos são hoje atribuídas, decididas e executadas pela máquina. Contudo, uma decisão errada do algoritmo, ligada a lesão de bens jurídicos, confronta criticamente um modelo de responsabilidade penal construído sobre a atuação de uma pessoa, humana ou jurídica.

Estas são as questões principais que norteiam as reflexões deste estudo: procura-se num primeiro momento, esboçar o retrato da digitalização empresarial; para, num segundo momento, ensaiar como esta transformação digital das empresas se projeta nos modelos de prevenção, investigação e responsabilização da criminalidade empresarial.

[7] Sendo uma expressão antiga, com origem no final dos anos 90, atribuída a *Kevin Ashton*, cf. https://www.rfidjournal.com/that-internet-of-things-thing. Também Ashton, Matthew (2017), p. 807. Contudo, o desenvolvimento computacional e tecnológico com o aumento das "coisas" conectáveis e dos meios disponíveis para a sua ligação, levaria a uma reconfiguração e a uma necessária ampliação do conceito aplicável a "todas as coisas que se ligam, comunicam, acumulam ou transmitem informação, com ou entre elas, via Internet".

[8] Hilgendorf, Eric (2017), p. 173.

2. Em direção à digitalização empresarial

2.1. Fatores externos: tecnológicos, económicos e políticos

A transição digital da economia e dos seus atores está em curso. A tecnologia – *machine learning*, processamento de linguagem, robótica, plataformas eletrónicas, computação cognitiva, computação quântica –, se bem que em estádios diferentes de desenvolvimento, integra já o contexto empresarial e industrial. São inúmeras as vantagens que a IA oferece às empresas: desde uma *função descritiva e de aconselhamento* sobre o que fazer; a uma função de *diagnóstico* sobre um determinado acontecimento; uma função de *previsão* capaz de antecipar com forte probabilidade o que é incerto; uma *função decisória* capaz de tomar opções e de as implementar[9] e ainda uma função *criativa ou lúdica* apresentando soluções inovadoras e inesperadas. Assim, às capacidades descritiva e de previsão, há muito reconhecidas aos sistemas computadorizados, as novas técnicas de IA adicionam as capacidades preditiva e prescritiva.

A corrida à IA no setor empresarial e industrial está iniciada. Os pontos de partida diferem e estendem-se a grandes empresas tecnológicas, como a *IBM*, a *Google* ou a *Microsoft*, até às *start-ups* de *software* de *FinTech* e *RegTech* ou a instituições financeiras tradicionais. Os pontos de chegada alargam-se ainda mais. O relatório divulgado pelo grupo de peritos em *FinTech* da Comissão Europeia[10], de dezembro de 2019, dá conta de que 19 das 161 grandes empresas comerciais e de retalho estão a implementar digitalização em escala. Espera-se que nos próximos 10 anos, o mercado *FinTech* cresça substancialmente na Europa, potenciado pelo desenvolvimento do *cognitive computing*[11]. Esta transição digital reconforma mercados, alterando a sua arquitetura e o seu modo de funcionamento, com grande impacto no plano económico12. Do

[9] As quatro primeiras funções são elencadas por Giuffrida, Iria (2019), p. 440.

[10] *Final report of the Expert Group on Regulatory Obstacles to Financial Innovation: 30 recommendations on regulation, innovation and finance*, p. 22, disponível em https://ec.europa.eu/info/sites/default/files/business_economy_euro/banking_and_finance/documents/191113-report-expert-group-regulatory-obstacles-financial-innovation_en.pdf

[11] Butler, Tom (2020), p.33.

[12] Num relatório de janeiro de 2021, publicado pelo Parlamento Europeu, estimam-se os prejuízos económicos resultante da não intervenção a nível europeu em matéria de responsabilidade e proteção do uso da IA no sistema rodoviário e de transporte – um dos setores onde a IA mais impacto tem. Calcula-se que esta omissão de regulação poderá custar algo

mesmo passo, numa economia globalizada, as políticas económicas seguidas pelos decisores políticos não são indiferentes a esta transformação.

Com efeito, a "transição digital" constitui um tópico de grande relevância no discurso político, nacional[13] e europeu, preocupado com o difícil equilíbrio regulatório exigido por uma *"global AI race"*. No plano europeu, entre os grandes desafios, evidencia-se a preocupação com a transição digital das pequenas e médias empresas – aquelas que constituem a esmagadora maioria do cenário empresarial europeu. É, pois, compreensível a preocupação manifestada na comunicação da Comissão Europeia sobre uma estratégia das PME's para uma Europa sustentável e digital[14]: sendo estas empresas muito diferenciadas, na sua dimensão e nas atividades que desenvolvem, a sua competitividade revela-se essencial para o posicionamento económico da Europa à escala global. Isto é, para que a economia europeia possa ombrear tanto a ocidente (EUA), como a oriente (China).

Os desafios e dificuldades que as pequenas e médias empresas enfrentam na transição digital são, num certo sentido, superiores àqueles com que se deparam as empresas dotadas de maior dimensão, seja pelo investimento exigido, seja também por outras limitações ligadas à falta de conhecimento, informação e formação adequadas às novas técnicas e meios de produção "inteligentes", ou à diminuta influência junto dos órgãos decisores, ou ainda ao grau de dependência que ocupam na cadeia de fornecimento a grandes empresas. Espera-se, entretanto, destas empresas que se adaptem e integrem nos seus esquemas produtivos novas possibilidades tecnológicas, de acordo com o seu sector de atividade, *v. g.*, automatizando o seu processo produtivo (no setor agrícola), implementando soluções que permitem processar, analisar e selecionar informação de forma eficaz e segura (por exemplo, no setor dos serviços). Compreende-se, assim, que a Comissão Europeia tenha expressamente assumido, para a próxima década, como seu propósito, o favorecimento de uma transição digital das pequenas e médias empresas, através de propostas

entre €231 097 a €275 287 milhões., cf. https://www.europarl.europa.eu/RegData/etudes/STUD/2021/654212/EPRS_STU(2021)654212_EN.pdf

[13] Em maio de 2021, a Lei nº 27/2021, de 17 de maio, publicou a *Carta Portuguesa dos Direitos Humanos na Era Digital.*

[14] Cf. https://eur-lex.europa.eu/legal-content/EN/TXT/?uri=CELEX:52020DC0103

que reduzam o peso da regulação e incentivem o acesso à informação e a formas de financiamento[15].

A integração de sistemas computacionais, a inovação tecnológica e a automatização dos processos produtivos, sendo já uma realidade, revela-se, assim, uma inevitabilidade no futuro, estimulada e potenciada pelos decisores políticos e por uma concorrência económica globalizada.

Este processo de transição digital projeta-se no plano jurídico e convoca algumas inquietações no plano da responsabilidade em contexto empresarial. Se, por um lado, aumenta a eficiência e a segurança na empresa, diminuindo erros e riscos no processo produtivo, de outro lado, dificulta a atribuição de responsabilidade, quando os danos se associem a processos automatizados sem intervenção humana, como adiante se desenvolverá.

2.2. Fatores internos: eficiência, produtividade e *compliance*

2.2.1. Eficiência e precisão

A automatização dos processos produtivos não é inteira novidade no contexto empresarial e industrial. A introdução de novas tecnologias, seja por via de sistemas e máquinas robotizados, seja pela digitalização de serviços de auditoria de controlo de qualidade ou ainda pela monitorização dos circuitos produtivos e dos trabalhadores integra, desde há largos anos, a realidade empresarial. Entre as vantagens imediatamente identificáveis e comummente apontadas à digitalização empresarial está a diminuição dos custos, através de processos automatizados que reduzem substancialmente o erro humano, e o aumento da produtividade pela definição de estratégias empresariais de risco previsível. Contudo, a rápida evolução tecnológica, em paralelo com a digitalização e a massiva criação de dados e de informações digitais, favoreceram o aparecimento de algoritmos capazes de extrair e estruturar, a partir dos

[15] Entre as finalidades do processo de digitalização assume-se expressamente a "*Digital transformation of businesses*", com os seguintes propósitos para esta década: "*by 2030, three out of four companies should use cloud computing services, big data and Artificial Intelligence; more than 90% SMEs should reach at least basic level of digital intensity; and the number of EU unicorns should double.*": cf. https://ec.europa.eu/commission/presscorner/detail/en/IP_21_983 (a negrito no original).

big data, informação relevante para a gestão empresarial[16]. Uma das aplicações mais comuns assenta na enorme capacidade algorítmica de avaliação, gestão e controlo de risco empresarial. As soluções tecnológicas mais complexas, designadas de *deep learning*, ganham aqui especial importância pela enorme capacidade analítica e pela elevada capacidade de precisão e de antecipação que lhe são reconhecidas. A gestão do risco pela máquina abrange áreas tão distintas, como a gestão de trabalhadores, de produtos, de fornecedores ou mesmo de cumprimento das obrigações legais e regulatórias.

A concretização destas potencialidades depende, entre outros fatores, da área económica em que a empresa atua. Um setor económico onde a transição para uma digitalização se sente de forma muito intensa, com recurso a novos meios e técnicas de IA, é o setor financeiro, onde os bancos integralmente digitais são já uma realidade. Os termos *FinTech* (*Finantial tecnhology*), *RegTech* (*Regulatory technology*) e *SupTech* (*Supervisory Technology*)[17] materializam, no plano narrativo, esta transição digital, seja no setor bancário, seja no domínio do mercado de capitais, hoje profundamente alterados na sua arquitetura, estrutura, gestão e funcionamento por redes de sistemas computorizados que orientam inúmeras movimentações e transações digitais. A tecnologia financeira foi certamente uma das áreas que mais evoluiu na última década – basta pensar em novas formas de realização de pagamentos, de criação de investimento, de concessão de créditos ou de análise de risco. Consequentemente, foi um dos setores em que mais se investiu em sistemas tecnologicamente avançados[18].

O algoritmo, em constante e dinâmica evolução, não se restringe à análise de enormes quantidades de dados, mas, sobretudo, mostra-se capaz de os "compreender", encontrando padrões e estruturas inacessíveis ao intelecto humano. Esta especificidade confere às ferramentas de IA, desde logo,

[16] Na verdade, o algoritmo integra funções até agora atribuídas a trabalhadores, mas também funções de administração. É o caso de um programa de IA denominado VITAL (*Validating Investment Tool for Advancing Life Sciences*), nomeado para integrar o conselho de administração da *Deep Knowledge Ventures* em 2017.

[17] Sobre a evolução destes conceitos, em particular depois da crise de 2008, Arner. / Barberis / Buckley (2016). Também Scopino, Gregory (2020), p. 177.

[18] Aldridge e Krawciw (2017) referem que nos últimos anos o investimento em tecnologia financeira cresceu 201% em todo o mundo. Cf., também, Hoboken, *apud* Monaco, E. (2019), p. 52.

uma enorme capacidade de previsão e gestão do risco essencial à estratégia financeira. Movendo-se o setor financeiro por entre escolhas arriscadas que assentam em juízos de previsibilidade, cria-se o contexto propício às vantagens oferecidas por técnicas computacionais complexas, *v. g.*, na concessão de crédito de risco, em intervenções em mercados de risco ou na realização operações de risco, calculando, medindo e identificando riscos e estratégias[19]. Uma análise de risco de operações e de agentes permite ainda a entidades financeiras, em cumprimento das obrigações impostas por reguladores, detetar ou mesmo evitar situações ilícitas ou de fraude financeira, "avaliando a melhor forma de proteger os sistemas, dados, e por último, os clientes"[20].

Os algoritmos oferecem a vantagem de conhecer previamente, com segurança, o grau de risco, e, com isso, é a própria gestão do risco que se transfere para a máquina. A precisão – e o sucesso – do algoritmo está, contudo, dependente da disponibilidade de dados que lhe possam ser introduzidos. Os dados em si mesmo ganham valor, não sendo por isso de espantar a emergência de empresas que tomam como atividade empresarial a recolha, análise, tratamento e organização de dados, por distintas categorias e áreas de interesses, consoante a procura, recolhidos, por exemplo, nos percursos e experiências digitais quotidianos pertencentes a milhões de utilizadores mais ou menos anónimos da *internet*.

2.2.2. Produtividade e criação de valor

Para além das possibilidades já referidas, a transição digital cria ainda novos mercados e novas formas de criação de valor através de produtos financeiros inovadores, de que constituem exemplo a moeda e os ativos digitais, mas também por via da emergência de novas plataformas e meios de comunicação (por exemplo o *crowdfunding*) e ainda meios de transação de elevada segurança como é o caso da *blockchain* (*cadeia de blocos*)[21]. A plataforma *blockchain*, através da sua cadeia de códigos descentralizada (em que cada bloco contém a informação do anterior), possibilita, quer a realização transações

[19] Sobre estas vantagens, com exemplos concretos, Aziz, Saqib / Dowling, Michael (2019), p. 40s.

[20] Aziz, Saqib / Dowling, Michael (2019), p. 43.

[21] Para uma definição e compreensão desta técnica e das suas implicações no plano legal, Szostek, Dariusz (2019), p. 40s.

seguras, quer o cumprimento automático de contratos, potenciando a figura dos "*smart contrats*". Os "contratos inteligentes" constituem configurações tecnológicas que permitem automatizar a execução e o cumprimento das condições e obrigações legais assumidas pelas contrapartes. O código em cadeia (em blocos encadeados) permite uma execução automática e segura das condições contratuais, trazendo enormes alterações em domínios como transações e pagamentos financeiros, empréstimos, transação de ações e valores mobiliários ou moeda digital[22].

Um outro exemplo de um mercado cada vez mais automatizado, onde a intervenção humana é cada vez mais reduzida e delegada em algoritmos[23], é o mercado de capitais, onde o desenvolvimento computacional trouxe novos sistemas de transação de base algorítmica, bem como ferramentas tecnológicas de aconselhamento ou assessoria como os *robo-advisors*. A transação algorítmica tende já a ser regra de *trading* em alguns mercados, pela intensidade de informação e pela velocidade que imprime às operações[24]. Entre estes novos *algobots*, destaca-se a negociação algorítmica de alta frequência (*High Frequency Trading – HFT*), definida pela Diretiva 2014/65/EU do Parlamento Europeu e do Conselho, de 15 de maio de 2014 (DMIF II), como um sistema de negociação "que analisa os dados ou sinais do mercado a alta velocidade e, em seguida, envia ou atualiza um grande número de ordens num período de tempo muito curto, em resposta a essa análise". Como esclarece a própria Diretiva, a "negociação algorítmica de alta frequência pode conter elementos tais como a abertura, geração, encaminhamento e execução de ordens que são determinados pelo sistema sem intervenção humana para cada transação ou ordem individual, um período curto para o estabelecimento e a liquidação de posições, uma elevada taxa de rotação da carteira, um elevado rácio ordens/transações intradiário e o encerramento de um dia de transações com uma posição nula ou próxima desse valor"[25]. Entre as características

[22] Alguns autores têm vindo a sublinhar que a combinação da automatização da execução dos contratos combinada com segurança e imutabilidade das transações em *blockchain* pode contribuir para a emergência de novos modelos de negócios, verdadeiramente disruptivos, cf. Butler, Tom (2020), p. 31

[23] Sobre este tema, cf. a fundamental obra de Scopino, Gregory (2020).

[24] Scopino, Gregory (2020), p. 16; também Rodrigues, Anabela Miranda (2021), p. 65 e ss.

[25] Cf. https://eur-lex.europa.eu/legal-content/PT/TXT/?uri=CELEX%3A32014L0065, n.º 62.

principais da HFT, conta-se a automação de *trading*, a elevada velocidade nas ordens de transação e de cancelamento e a intensidade (o número) de trocas. O sistema é veloz e capaz de trocar muito em pouco tempo, sem qualquer intervenção humana. Estudos sobre o impacto desta nova forma de negociação referem, com frequência, as mudanças estruturais no mercado de capitais, a diminuição de custos, o aumento de transações e de ordens, não obstante se associar, com frequência, a este tipo de transação um risco sistémico capaz de abalar a estabilidade do mercado[26].

Por sua vez, os *robo-advisors* – cada vez mais presentes no mercado digital – usam algoritmos e sistemas avançados de IA para encontrarem soluções de investimento pessoalizadas, adequadas ao perfil de determinado cliente. Como bem sintetiza *Scopino*, "*More specifically, robo-advisors use AI systems and related technologies for customer profiling, asset allocation, portfolio selection, trade execution, portfolio rebalancing, [and] tax-loss harvesting*[27]." A transversalidade destas soluções manifesta-se no tipo de clientes que as procura, por regra, um público mais jovem de investidores, atraído pela facilidade de acesso e pelo menor custo que lhes está associado.

O impacto inovador de algoritmos inteligentes não se restringe ao mercado financeiro, mas antes se fez já sentir em mercados mais clássicos. Ilustrativo exemplo advém do mercado automóvel, onde a automatização, nos seus diferentes níveis, constitui um dos grandes e atuais desafios mundiais e, evidentemente, no plano europeu, como se pode inferir do sugestivo título da Comunicação, de maio de 2018, da Comissão Europeia nesta matéria: *On the road to automated mobility: an EU strategy for mobility of the future*[28]. São cada vez mais substanciais as modificações sentidas na indústria automóvel e do transporte, promovidas pelas grandes empresas tecnológicas, acompanhadas de perto pelas empresas que lideram o setor, por via da construção de veículos automatizados e cada vez mais autónomos[29].

[26] Cf., sobre este impacto positivo e negativo MONACO, E. (2019), p. 64 s.; RODRIGUES, ANABELA MIRANDA (2021) e bibliografia aí citada.

[27] SCOPINO, Gregory (2020), p. 179.

[28] https://eur-lex.europa.eu/legal-content/EN/TXT/?uri=CELEX:52018DC0283

[29] A Alemanha aprovou, em maio de 2021, legislação que permitirá eventualmente a circulação de carros autónomos, em 2022, em determinadas regiões, abrindo a porta a táxis autónomos e a veículos de entrega (nível 4 de autonomia, que significa que o carro pode

2.2.3. Regulação e cumprimento normativo

Também no contexto do cumprimento normativo as soluções com base em sistemas de inteligência artificial apresentam diversas vantagens, para regulados e reguladores, na prevenção da fraude, na monitorização do funcionamento das empresas e dos seus trabalhadores, ou na redução dos enormes custos do "*regulatory compliance*"[30].

No horizonte da prevenção da fraude financeira, há vários exemplos concretos de aplicações práticas que têm vindo a ser desenvolvidas por instituições financeiras tendo por fim cumprir exigências impostas pelos reguladores, sobretudo em matéria de branqueamento de capitais. As soluções de IA prometem uma contínua monitorização da empresa, aliviando a empresa de custos com a autorregulação e facilitando, de outro lado, ao regulador, o acesso rápido a informação em caso de incumprimento[31]. Mas a *RegTech* garante ainda uma outra enorme vantagem, como referem *Arner et. al.*[32]*: a contínua monitorização da empresa permite identificar problemas e resolvê-los antecipadamente, prevendo "compliance breaches"*, e, com isso, evitando que o regulado (a empresa) tenha que responder perante o regulador e outras autoridades judiciárias. Mais do que *know your customer*, evolui-se para *know your data*! E com isso, como sublinham *Aziz* e *Dowling*, à medida que a organização e a análise dos dados se tornam mais orientadas e focadas através da AI, a informação em tempo real permitirá antecipar os próprios riscos e chegar ao santo graal de um sistema de *compliance inteligente*: "ser capaz de, com exatidão, conhecer antecipadamente os riscos, sejam eles da empresa, do mercado, operacionais ou de crédito"[33].

Não surpreende, por isso, o elevado investimento em formas de *compliance* "inteligente", seja por *bic-tech corporations*, por reguladores ou por instituições financeiras. Veja-se o caso da infraestrutura de IA, fundada e criada pelos grandes bancos nórdicos, inicialmente designada por *KYC Utility* e, a partir

desempenhar todas as funções atribuídas a um condutor humano). Cf. https://www.bundestag.de/dokumente/textarchiv/2021/kw20-de-autonomes-fahren-840196

[30] Cf., de forma desenvolvida, Butler, Tom / O'Brien, Leona (2019 a), p. 44.

[31] Butler, Tom /O'Brien, Leona (2019), p. 45, referem-se mesmo a uma revolução capaz de transformar a "*risk and compliance monitoring into a predictive process*".

[32] Arner, Douglas W. / Barberis, Janos / Buckley, Ross P. (2016).

[33] Aziz, Saqib / Dowling, Michael (2016), p. 47.

de 2019, como *IVIDEM*, com o propósito de congregar informação precisa e adequada ao cumprimento da exigência de "conhecer e diagnosticar o cliente" (*Know Your Customer*)[34].

Ao enorme investimento do setor bancário na implementação de novas tecnologias, a partir de algoritmos inteligentes, liga-se, ainda, no plano das vantagens, a possibilidade de uma enorme redução dos custos que as entidades bancárias suportam com as obrigações de *compliance*. Como dão conta *Aziz* e *Dowling*, o BBVA, segundo maior banco espanhol, tem 8000 de cerca de 130 000 trabalhadores em *compliance*, vindo a investir nos últimos anos em soluções de cumprimento inteligente como forma de reduzir este custo base[35]. Também *Buttler* e *O'Brien*, de forma muito clara, identificam os principais fatores que favorecem o investimento em sistemas de IA tendo por fim a regulação e *compliance* financeiros: os enormes custos do cumprimento normativo – os custos de cumprimento com o *Dodd Frank Act* superavam, em 2019, $ 36 biliões e com a DMIF II mais de €2.5 biliões, esperando-se ainda o seu incremento –, o volume e a complexidade de normas, orientações e regras, bem como a velocidade a que são emitidas – a DMIF II gerou cerca de 30 000 páginas em textos conexos e o *Dodd Frank Act* americano originou mais 22 000 páginas de orientações – e a dificuldade sentida pelas entidades financeiras em compreender (aceder) e corresponder às exigência regulatórias, tanto no exercício da sua atividade como na resposta aos consumidores. Os sistemas de IA oferecem a poderosíssima vantagem de modelar toda esta informação, tornando-a acessível e compreensível[36].

Contudo, a concretização destas promessas e vantagens de eficiência tecnológica na regulação e *compliance* não se faz sem dificuldades, entre as quais se tem vindo a destacar uma necessária harmonização semântica e conceptual que mitigue o risco de se transferir para o plano digital o caos regulatório. Atente-se que um sistema inteligente e automatizado de *compliance* e de regulação financeira dependerá sempre da transformação de normas e orientações regulatórias em comandos capazes de serem apreendidos e compreendidos

[34] Aziz, Saqib / Dowling, Michael (2016), p. 44.

[35] Aziz, Saqib / Dowling, Michael (2016), p. 47. Dados mais recentes podem ser encontrados em https://www.bbva.com/en/corporate-information/#bbva-due-diligence

[36] Butler, Tom / O'Brien, Leona (2019 b), p. 86s.; também, dos mesmos autores, (2019 a) p. 44s.

pelo algoritmo, questão que tem merecido a atenção, quer da indústria, quer de regulados e reguladores[37].

O combate à fraude financeira passa ainda pela aplicação das novas técnicas de IA como garantes da segurança e integridade do sistema financeiro, impedindo ciberataques e sinalizando situações ilícitas ou criminosas (por exemplo, indícios de branqueamento de capitais). O mercado de *software* crítico capaz de impedir e detetar fraude está em expansão, sendo cada vez mais as empresas que se dedicam à oferta destes produtos. Veja-se o caso da *Feedzai*, uma *start-up* portuguesa de tecnologia financeira, especializada na deteção de fraude e na prevenção do cibercrime no setor financeiro e bancário, utilizando técnicas de IA e de *machine learning*[38].

As vantagens, entre promessas futuras e benefícios presentes, da digitalização empresarial são, assim, de diversa natureza e permitem compreender e explicar o processo de digitalização de serviços e de atividades empresariais já ocorrido em alguns setores económicos – como a área financeira – ou em vias de se realizar, a vários ritmos, em conformidade com o setor de mercado, a dimensão da empresa ou seu âmbito de atuação geográfico.

3. Consequências e desafios no plano criminal

O processo de digitalização empresarial tem, contudo, uma outra face, mais oculta, mas que se expõe problematicamente quando, através e por causa dos sistemas computorizados complexos, se ponham em causa interesses protegidos pela ordem jurídica. É o caso da lesão de bens jurídicos-penais por decisão do algoritmo em contexto empresarial, ou ainda o uso de técnicas agressivas de monitorização da atividade empresarial, a gestão de dados privados recolhidos pela empresa ou a utilização de informação armazenada ou criada pelo sistema para fins penais. É sobre estes pontos que nos debruçaremos em seguida.

[37] Butler, Tom / O'Brien, Leona (2019 b), p. 95s.

[38] A empresa mereceu a atenção dos meios de comunicação social pela avaliação internacional em cerca de mil milhões de dólares, atribuindo-lhe o estatuto de "*start-up unicórnio*". Em 2018, a *Feedzai* tinha sido considerada uma das 50 empresas mais promissoras na área da tecnologia financeira pela *Forbes*, tendo recebido várias distinções internacionais. Cf. https://feedzai.com/about-us/

3.1. Automatização da empresa e *responsability gap*

A transformação digital das empresas determina que muitas das decisões tomadas em contexto empresarial são (ou serão) automatizadas, tomadas pela máquina ou com base em informação por si gerada. Facilmente se intui um conjunto de dificuldades, no plano da responsabilidade, quando daquela decisão ou da atuação do algoritmo resulte a lesão de interesses e de modo particular, no plano penal, se ofendam bens jurídicos-penais[39]. Em palavras simples, quem responde quando máquina atua incorretamente, *v. g.*, não reconhecendo um sinal de trânsito, favorecendo uma transação ilegítima ou discriminando um cliente ou um trabalhador?

A pluralidade de intervenientes, entre humanos e não humanos, aumenta a complexidade na atribuição de responsabilidade. Entre os primeiros, os humanos, contam-se, desde logo, os programadores de IA, os que recolhem dados e treinam os algoritmos, aqueles que produzem as máquinas, os seus proprietários, aqueles que as introduzem no processo produtivo, etc.[40] Do lado dos intervenientes não humanos temos a máquina e a empresa, a pessoa jurídica. Num contexto de acelerada digitalização empresarial, a responsabilidade da empresa pelos danos causados pelo algoritmo constitui uma questão nuclear.

É sabido que na europa continental, contrariando a teoria clássica de um direito penal em torno do agente individual, se vem afirmando e expandido uma responsabilidade criminal dos entes coletivos em resposta à criminalidade empresarial[41]. Em Portugal, a responsabilidade criminal da pessoa coletiva é conhecida desde há muito, destacando-se, na evolução desta forma de controlo da criminalidade empresarial, o DL 28/84, de 20 de janeiro (Regime Jurídico dos Crimes contra a Saúde Pública e contra a Economia), que, no seu artigo 3º, prevê uma modelo de responsabilização dos entes jurídicos[42]. No plano europeu, cabe ainda destacar a lei penal francesa de 1994 e a lei belga de 1999. Contudo, esta solução político-criminal modificar-se-ia, progressivamente, de um regime tido como excecional e extravagante, para merecer

[39] Sobre este ponto, de forma desenvolvida, Sousa, Susana Aires de (2020), p. 59s.

[40] Cf. Giuffrida, Iria (2019), p. 443.

[41] Sobre esta tendência e as suas razões, Sousa, Susana Aires de (2019), p. 82s.

[42] Sobre a evolução do regime legal da responsabilidade das pessoas coletivas em Portugal cf. Sousa, Susana Aires de (2019), p. 99s., e bibliografia aí citada.

acolhimento nos códigos penais, mesmo em países tradicionalmente avessos a uma responsabilidade criminal desta natureza, como ocorreu, em 2010, no âmbito do Código Penal espanhol. A abertura à responsabilização penal da pessoa coletiva foi-se alargando, para além dos ordenamentos jurídicos já referidos, a países como a Áustria, Dinamarca, Estónia, Eslovénia, Eslováquia, Holanda, Finlândia, Hungria, Irlanda, Luxemburgo ou a Suíça. Do outro lado, procurando manter a fidelidade ao princípio *societas delinquere non potest* e recusando, pelo menos formalmente, uma responsabilidade criminal dos entes coletivos, encontram-se a Bulgária, a Grécia, a Itália, ou a Lituânia e, por enquanto, com perspetivas de mudança em pouco meses, a Alemanha, onde se discute a inclusão na legislação penal desta responsabilidade através da *Verbandssanktionengesetz*[43].

A questão da imputação do facto criminal à pessoa coletiva está naturalmente ligada à sua capacidade de, enquanto agente abstrato, poder agir e poder fazê-lo com culpa. Isto é, à determinação dos pressupostos e condições para *lhe* atribuir um facto com relevância criminal sem incorrer em uma responsabilidade puramente objetiva pelo dano causado. A literatura penal sobre este tópico é extensa, quase inabarcável, bem como as distintas propostas doutrinárias nela descritas[44]. Ainda assim, no que diz respeito à imputação do facto criminal à pessoa coletiva, é possível identificar dois grandes modelos de imputação: de um lado, o modelo de heterorresponsabilidade ou vicarial, que fundamenta a responsabilidade da pessoa jurídica no facto praticado por pessoas físicas individuais organicamente ligadas ao ente coletivo e que, como seus representantes ou trabalhadores, atuam em seu nome e no seu interesse; de outro lado, um modelo de autorresponsabilidade ou responsabilização direta, que procura construir a responsabilidade criminal da pessoa coletiva de forma autónoma, baseada em pressupostos próprios e distintos da responsabilidade individual das pessoas singulares que a ela se ligam[45].

[43] Cf. Sousa, Susana Aires de (2021), p. 29s.

[44] Fundamental para a compreensão das propostas doutrinárias mais representativas é a obra coordenada por Gómez-Jara Díez, Carlos (2006).

[45] Cf. Bacigalupo, (1998), p. 148s., Feijoo Sánchez (2007), p. 131s., Tiedemann, Klaus (2007), p. 136s.; entre nós, por todos, Silva, Germano Marques da (2009), p. 174s., com referências adicionais; Magalhães, Tiago Coelho (2015), p. 145s., Sousa, Susana Aires de (2019), p. 89s. e Rodrigues, Anabela Miranda (2020), p. 110.

No primeiro, a atuação da pessoa individual é o substrato de atuação e de vontade da pessoa coletiva. Já, no segundo, o facto é da pessoa coletiva, plasmando-se uma imputação direta, tanto no plano da ação como da culpa. A atribuição objetiva e subjetiva do facto sustenta-se num defeito de organização da empresa que permitiu a realização do facto criminoso: censura-se o agente coletivo por esta falha estrutural que permitiu a lesão de bens jurídicos. Trata-se, assim, de uma responsabilidade coletiva por defeito na organização, iniciada no pensamento de *Klaus Tiedemann* e posteriormente concretizada e desenvolvida em várias propostas doutrinárias.

Ambos os modelos, vicarial e direto ou autónomo, descritos nas suas linhas essenciais, são colocados à prova pela digitalização empresarial e, de modo particular, pela introdução de algoritmos com algum grau de autonomia no contexto da empresa. Os desafios despontam tanto no plano da exclusão da responsabilidade como no plano da sua atribuição, muito embora com razões e argumentos de distinta natureza e substância. De um lado, no plano da atribuição de responsabilidade, a natureza dinâmica do algoritmo, que se ajusta continuamente, criando o seu próprio modelo através da aprendizagem e da identificação de padrões que lhe permitem tomar decisões, desafia os modelos de imputação da ofensa, quer a pessoas jurídicas quer a pessoas humanas. De outro lado, entre as vantagens que se reconhece ao algoritmo está a capacidade de eliminar o erro humano e, com isso, de libertar a pessoa jurídica dos defeitos de organização, constituindo um meio por excelência para que ela cumpra o direito e varra do seu âmbito qualquer responsabilidade pelo facto criminoso.

3.1.1 O problema da imputação

Caberá, neste contexto, distinguir dois tipos situações com base no grau de dificuldade que cada uma coloca ao juízo de imputação da ofensa a interesses jurídicos. Em primeiro lugar, as situações em que a máquina é pré-programada e orientada para a realização de terminada tarefa criminosa (*deterministic robots*) e, de outro lado, os casos de algoritmos "inteligentes", tecnologicamente complexos, capazes de autonomamente fazerem opções qualificáveis como criminosas, mas que não foram pré-programados nesse sentido ou sequer tais decisões eram previsíveis para o programador (*cognitive robots*)[46]. Será essencialmente neste último caso que as dificuldades em atribuir a responsabilidade pelos danos causados aumentam significativamente.

Com efeito, a criação e a utilização de meios informáticos, mais ou menos sofisticados, para fins de natureza ilícita não constitui novidade. Em muitos ordenamentos jurídicos, o cibercrime esteve na origem de legislação especial que procura responder ao abuso ilícito de mecanismos informáticos e tecnológicos[47]. Também os sistemas autónomos de inteligência artificial têm estado ligados a situações com relevância criminal, designadamente quanto a atos de manipulação da informação do mercado de valores mobiliários, criando situações fraudulentas que determinam a alteração dos preços de mercado, designadamente através de ordens de compra fantasma (*spoofing*)[48]. Como exemplo, pode apontar-se o caso *U. S. v. Coscia*[49], que resultou na primeira condenação criminal por *spoofing* de um intermediário financeiro pelo uso de um algoritmo de HFT. *Michael J. Coscia* e a empresa *Panther Energy Trading LLC* foram acusados pela *Commodity Futures Trading Comission* (CFCT), em 2011, de empregarem um algoritmo de alta frequência para de forma ilícita influenciarem os preços de mercado dos valores transacionados. Analisando este caso em pormenor, *Gregory Scopino*[50] dá conta de condenações (não criminais) proferidas pelas entidades reguladoras por manipulação do mercado. Em causa estava o recurso a um algoritmo de alta frequência, *ab initio* criado para gerar significativas ordens de transação de um lado do mercado, canceladas milissegundos após a entrada de pequenas ordens do outro lado do mercado. Com as primeiras, criava-se um cenário de aparente interesse e liquidez financeira sobre os produtos que favorecia de forma artificial a sua transação a preços mais elevados. A obtenção de ganhos por práticas de *spoofing* está dependente da velocidade e da intensidade da transação. Se a intensidade é necessária para que possam ser lançadas grandes ordens, a velocidade é

[46] Sobre esta distinção, de forma clara no contexto dos robôs, o *Report of COMEST on Robotic Ethics*, 2017, p. 48, disponível em https://unesdoc.unesco.org/ark:/48223/pf0000253952

[47] Tome-se, como exemplo, no ordenamento jurídico português, os crimes previstos nos artigos 3.º a 8.º da Lei 109/2009, de 15 de setembro, construídos em torno da proteção da integridade do sistema de informação.

[48] Cf. Rodrigues, Anabela Miranda (2021).

[49] A decisão está disponível em: https://law.justia.com/cases/federal/appellate-courts/ca7/16-3017/16-3017-2017-08-07.html. Também Copler, Catriona (2016), p. 268s.

[50] Scopino, Gregory (2020), p. 355s.

fundamental para que o algoritmo crie uma janela de tempo que permita a transação a preços favoráveis, aproveitando-se da aparência por si criada, antes que o mercado – e os algoritmos que nele operam – corrijam a inflação ou deflação, eliminado as condições de lucro[51]. O regulador aplicou a *Coscia* e à empresa *Panther* uma sanção pecuniária no valor de $2.8 milhões[52]. Contudo, para além desta sanção, *Coscia* e a empresa de intermediação financeira enfrentariam também um processo de natureza criminal por violação das leis federais contra a fraude ao mercado mobiliário. Em 2014, o Departamento de Justiça norte-americano anunciou uma investigação criminal por violação das leis federais que proíbem o *spoofing*, que avançaria para julgamento em outubro de 2015. Para a convicção dos jurados e para a sua rápida deliberação, seriam decisivas as declarações prestadas pelo programador, que teria recebido instruções específicas e concretas sobre o tipo de algoritmo pretendido: um algoritmo desenhado para lançar um largo volume de ordens, cuja execução seria cancelada imediatamente a seguir (milissegundos depois) ou por via da execução de pequenas ordens entretanto cumpridas[53]. Em novembro de 2015, *Coscia* seria condenado em 36 meses de prisão, tornando-se a primeira condenação criminal pelo uso de algoritmo capaz de determinar o autocancelamanto de ordens por si dadas. Não obstante o recurso interposto pelo arguido, pondo em causa a constitucionalidade da norma incriminadora com fundamento na indeterminabilidade e no carácter aberto da incriminação, o tribunal superior confirmaria condenação criminal[54].

Importa salientar que, neste caso concreto, a imputação do ilícito à pessoa jurídica e à pessoa física fundamentou-se nas declarações prestadas pelo programador. A hipótese a considerar é, neste contexto, a de que, se a máquina é programada na sua origem para explorar os limites das orientações legais, seja em matéria de *trading* seja para outros fins, como os de branqueamento de capitais, haverá lugar a responsabilidade penal.

Todavia, a resposta sobre a responsabilidade criminal, designadamente em empresas com alguma dimensão e estrutura organizativa, complica-se quando o algoritmo tenha capacidade para, perante um *input* que lhe é dado,

[51] Cf. Olychyk, Abram (2015), p. 143.

[52] Scopino, Gregory (2020), p. 355.

[53] Scopino, Gregory (2020), p. 361.

[54] Em pormenor, Scopino, Gregory (2020), p. 366s.

produzir, com autonomia, informação nova, não previsível nem programada. A novidade está então no facto de a máquina ser programada para aprender, chegando a um resultado novo que é, num certo sentido, seu. Particularmente relevante, por ser nesse contexto que se identificam as questões mais difíceis de responsabilidade, é o caso dos *cognotive computers*, enquanto *"máquinas que aprendem"*[55]. Enquanto sistema de inteligência artificial, uma "máquina que aprende" não se confunde com um complexo processador de dados, isto é, não se limita a calcular a melhor opção de entre os milhares de dados que lhe foram introduzidos, análise inacessível ou muito difícil para o humano (como por exemplo, optar por uma das inúmeras possibilidades de jogada num jogo de estratégia como o xadrez). Antes, o algoritmo, alimentado com dados, ajusta-se continuamente, por forma a diminuir o erro e criar a sua própria jogada. É esta natureza dinâmica da máquina – que alguns qualificam como autonomia – que desafia a atribuição de responsabilidade às pessoas que estão por detrás da máquina, sejam pessoas físicas sejam pessoas jurídicas.

Com isto, alcança-se aquele que parece ser o problema principal que os *softwares* computacionais complexos colocam ao regime de imputação do facto à pessoa coletiva: em que medida a autonomia da máquina perturba o nexo de imputação, objetivo e subjetivo, à agente pessoa coletiva? Instala-se assim a dúvida se aquela ofensa pode ainda ter-se como uma conduta da pessoa coletiva ou a imputação é interrompida pela autonomia da máquina. Dúvidas que ganham vigor reforçado se se atender aos modelos legais e aos respetivos pressupostos de responsabilização dos entes coletivos. Um sistema vicarial de imputação faz assentar a responsabilidade da pessoa jurídica numa ação ou omissão de uma pessoa física: o administrador, o gerente, ou mesmo o trabalhador. As decisões e ações criminalmente relevantes realizados pela máquina sem qualquer intervenção humana cumprem este requisito? À luz da norma-texto, a resposta dificilmente pode ser positiva, evidenciando-se desde logo, na maioria dos ordenamentos jurídicos, um forte obstáculo fundado no princípio da legalidade criminal. Tomando como exemplo o regime legal português previsto no artigo 11º do Código Penal, a imputação do crime ao ente coletivo assenta em atos ou omissões realizados por *pessoas* que atuam

[55] Sobre este tipo de tecnologia e as dificuldades que levanta no plano da imputação, com adicionais referências bibliográficas, Sousa, Susana Aires de (2020), p. 65s.

em nome da empresa ("pessoas que nelas [pessoas coletivas] ocupem uma posição de liderança").

As exigências próprias de um modelo vicarial constituiriam, à partida, um argumento favorável a modelos de responsabilização direta, tomando-se o acontecimento criminal como um facto autónomo da pessoa coletiva. Contudo, uma tal responsabilidade direta autónoma assenta numa censura dirigida à pessoa coletiva por não se ter organizado de forma a prevenir a prática do crime. Isto é, em causa está uma deficiente auto-organização da pessoa coletiva que veda a possibilidade de controlar um risco que era *ab initio* previsível, porque ligado à sua organização. Porém, também por esta via persistem as dificuldades na exata medida em que o "defeito" do algoritmo não seja passível de ser conhecido e, como tal, prevenido e evitável. A capacidade cognitiva da máquina torna-a imprevisível, capaz de reagir ao inesperado, retirando a sua decisão do domínio da previsibilidade do programador. É esse espaço de liberdade da máquina, explorando as suas capacidades de aprendizagem, que não pode ser determinado (ou impedido). O "defeito" do algoritmo não existe; está no futuro e, por isso, escapa à auto-organização ... do algoritmo... e por aqui da empresa! Pelo menos em abstrato, se a ofensa causada por uma aprendizagem do algoritmo leva a um resultado imprevisível, dificilmente se pode censurar a empresa por não evitar um risco que não podia conhecer.

No momento presente, a digitalização e a automatização empresariais não eliminarão decisões erradas tomadas por *softwares* inteligentes, de que constituem exemplos comprovadas opções discriminatórias na contratação ou no despedimento de trabalhadores, situações de combinação de preços, reconhecimento incorreto de sinais de trânsito, ou transações financeiras fantasmas. Na verdade, esta transformação evidencia uma patente desconformidade entre a evolução tecnológica das empresas e os modelos legalmente previstos para aferir da sua responsabilidade penal. Desconformidade que, por sua vez, é fonte de uma lacuna já identificada por alguma literatura.

As propostas de integração dessa lacuna, sendo diversas, reclamam uma extensão ou reconfiguração dos pressupostos de responsabilidade penal. Perante a manifesta dificuldade em fazer responder a pessoa humana, as soluções apresentadas oscilam entre a modificação e atualização dos pressupostos da responsabilidade das empresas, até soluções mais radicais que admitem a responsabilidade da máquina.

Referindo-se especificamente a esta problemática, *Mihailis Diamantis*, procura a solução do lado da responsabilidade da empresa. Para tal explora um modelo que consiste na adaptação ao contexto empresarial da "*extended mind thesis*"[56]: desta perspetiva, no processo de automatização da empresa, os algoritmos integram a forma como a empresa pensa e decide e, assim, constituem uma extensão do seu estado mental e da sua vontade, vinculando-a criminalmente.

De outro lado, a suposta insuficiência dos esquemas jurídicos clássicos de atribuição de responsabilidade penal constituiu um impulso decisivo para o surgimento de propostas teóricas defensoras de uma *personalidade jurídica eletrónica*, no plano civil, e de uma consequente responsabilização criminal direta da máquina como resposta ao *responsability / accountability gap*. Defende, por exemplo, *Gabriel Hallevy* a ideia aparentemente simples de que, estando verificados os pressupostos da responsabilidade criminal numa entidade, ela deve ser responsabilizada, seja ela um ente físico, um ente coletivo ou um ente artificial[57]. Numa clara compreensão utilitarista da responsabilidade penal, a extensão do direito penal às máquinas autónomas e inteligentes não exigiria, na visão do autor, grandes modificações aos pressupostos exigidos por esta responsabilidade[58], sendo possível identificar, na atuação da IA, os elementos externos (*actus reus*) e mentais (*mens rea*) exigidos por uma responsabilização penal[59].

3.1.2 O algoritmo perfeito: o fim do defeito de organização?

A digitalização empresarial com recurso a algoritmos cognitivos representa um potencial enorme para as empresas, orientadas para a maximização da sua eficiência e produtividade, em condições de maior controlo e segurança, sendo a sua implementação uma tendência crescente em alguns setores do mercado, como anteriormente se desenvolveu. A tecnologia constitui um meio importante para melhorar a resposta empresarial ao cumprimento de

[56] Diamantis, Mihailis (2020); também Bryson / Diamantis/ Grant (2017), p. 273s.

[57] Hallevy Gabriel (2010), p. 199. Uma análise crítica em Cappellini, Alberto (2018) p. 499s.

[58] Hallevy, Gabriel (2015), p. 61.

[59] Para uma apreciação crítica da construção deste autor, Sousa, Susana Aires de (2020), p. 77s. Em sentido crítico também Rodrigues, Anabela Miranda (2020), p. 52s.

obrigações legais e, com isso, é um poderoso instrumento para excluir a responsabilidade da empresa em situações de ofensa a interesses juridicamente protegidos. Representa também, num contexto empresarial complexo que envolve humanos e não humanos, uma ferramenta que permite uma ampla recolha de elementos capazes de esclarecer as circunstâncias e as causas da ofensa e, com isso, facilita a deteção e a atribuição do erro.

A tecnologia de IA aplicada ao cumprimento normativo e à regulação do mercado financeiro tornou-se não só num produto procurado como motivou uma resposta, rápida e intensa, do lado da "oferta" por conjunto crescente de empresas tecnológicas. O "génio da *RegTech* foi libertado" e, com ele, uma diversidade de soluções de *Fintech* e *RegTech*, de titularidade empresarial privada, e uma variedade de modelos, tecnologicamente pouco transparentes, de *compliance* digital. Como bem assinalam *Buttler* e *O'Brien*, as instituições financeiras que adquirem estes serviços tecnológicos deparam-se frequentemente com verdadeiras soluções *black-box*, opacas, e com inerente risco de incumprimento caso uma norma não tenha sido, por exemplo, devidamente codificada[60]. O sucesso dos algoritmos inteligentes, no contexto de autorregulação regulada, dependerá de várias circunstâncias, desde a simplificação e criação de uma linguagem comum e partilhada por humanos e sistemas até uma cooperação entre regulados, reguladores e *stakeholders* que permita uma digitalização mais universal, contrariando uma certa atomização de algoritmos de regulação e de cumprimento normativo.

Contudo, uma "empresa inteligente", capaz de atuar em comunicação contínua e sem falhas de organização – na medida em que tais defeitos seriam antecipadamente corrigidos pelo algoritmo, e com isso, excluída uma sua eventual responsabilidade – é ainda uma visão situada num futuro incerto. Um sistema de *compliance* de base algorítmica que automatize a empresa no cumprimento das obrigações impostas por reguladores, sendo um desafio em curso, prosseguido por algumas empresas, está por concretizar. Em ordenamentos jurídicos que consagrem modelos em que a imputação do facto criminoso à pessoa jurídica se sustenta num defeito de organização, como acontece em Itália ou em Espanha, os *softwares* "inteligentes" de *compliance* apresentam-se com a promessa de serem uma poderosa ferramenta para excluir de

[60] BUTTLER, TOM / O'BRIEN, LEONA (2019 b), p. 100.

responsabilidade a pessoa jurídica, facilitando, desde logo, a prova de que a empresa se auto-organizou para cumprir o direito. Do lado da empresa, as vantagens de um sistema inteligente de *compliance* revestem assim, à primeira vista, uma dupla natureza, tangível e normativa: a primeira, concretizada na mitigação ou eliminação do erro e no consequente aumento da segurança; a segunda, aproximando a atividade empresarial de um estrito cumprimento normativo apto a excluir a empresa de qualquer responsabilidade. Contudo, do outro lado do espelho, o complexo processo de realização de um tal sistema inteligente de cumprimento normativo terá um custo elevado, pelos direitos fundamentais que sacrifica, no plano substantivo e processual[61].

3.2. Algoritmos, *compliance* agressiva e responsabilidade penal

Os programas de *compliance* conheceram nos últimos anos uma enorme extensão[62], que foi alcançando de forma progressiva o direito criminal. O *criminal compliance* tornou-se uma expressão comum, incorporando fins e categorias próprios da linguagem e do procedimento punitivos, no que se designou, na expressão de *Todd Haugh*[63], por *criminalization of compliance*. De facto, temos vindo a assistir a um endurecimento dos programas de *compliance*, concretizado na implementação de mecanismos cada vez mais fortes e agressivos, apostados em detetar, denunciar, investigar, punir e até dar publicidade à punição (*shaming*). Com isto, o risco é o de termos um direito penal da pessoa jurídica que se transfere para um direito de *compliance* de natureza privada, menos societário e mais punitivo[64].

Importa salientar que esta sobreposição entre o público e o privado, acelerada pela digitalização empresarial e pelas vantagens que ela proporciona, não se faz sem custos no plano dos princípios que regem a afirmação de uma responsabilidade criminal. É nosso propósito dar visibilidade a alguns desses

[61] Uma apreciação crítica, sublinhando os elevados custos da *compliance* digital, *IA no setor económico: prevenção e responsabilidade*, organizado no contexto do Projeto Exploratório IA e responsabilidade empresarial, pelo Instituto Jurídico da Universidade de Coimbra, em 2021.

[62] Desenvolvidamente, Laufer, William (2018). Também Rodrigues, Anabela Miranda (2020), p. 83s.

[63] Haugh, (2017), p. 1215s. Sobre este ponto Sousa, Susana Aires de (2021), p. 29.

[64] Sobre este ponto Sousa, Susana Aires de (2021), p. 29. Num movimento contrário ao que defende para o *compliance* um sentido socializador, apontando-o como a socialização dos tempos modernos para os agentes empresariais, cf. Rodrigues, Anabela Miranda (2020), p. 98s.

"custos", elencando-os, na tentativa de que essa sua identificação possa contribuir para o ensaio de soluções mais equilibradas.

A digitalização potencia uma maior eficácia na deteção, na investigação e na consequente responsabilização da pessoa humana que, na empresa, cometeu o erro. A falha humana escapa com grande dificuldade à vigilância da máquina. A contínua monitorização dos trabalhadores facilita a identificação do erro e, sobretudo, facilita que se aponte aquela falha individualizada como causa do acontecimento criminoso. E, com isso, transfere-se para aquela conduta individual, identificada e indicada pelo algoritmo, uma *presunção de responsabilidade*. Esta reflexão sugere-nos duas breves inquietações, a primeira do lado substantivo, a segunda do lado processual.

Quanto à primeira, a digitalização, sob a forma de contínua monitorização dos trabalhadores, promove uma dupla transferência de responsabilidade da empresa para as pessoas individuais, e, entre estas, dos administradores para os quadros intermédios ou mais baixos da empresa (*top-down*). Com efeito, o algoritmo tem a capacidade de identificar com precisão o momento do erro, desconsiderando o contexto e o "filme do acontecimento»[65].

Este aspeto prende-se com um outro de grande relevância ao nível do princípio da presunção de inocência. A "fotografia" do erro alivia a empresa e sobrecarrega a defesa do trabalhador. O algoritmo permite que a empresa supere, com facilidade, o teste da adequação abstrato-concreta do programa de cumprimento, aumentando a possibilidade de excluir a sua responsabilidade à custa da presunção de culpa do trabalhador[66].

Ainda do lado processual, ocorrendo no exercício da atividade empresarial um facto com relevância criminal, por exemplo um pagamento indevido ligado a um ato de corrupção ou uma manipulação defeituosa do produto ou, ainda, uma alteração das contas societárias, em que termos se pode aproveitar a informação acumulada pelo algoritmo? A digitalização na empresa cria um novo fluxo informacional, um conjunto de dados útil ao esclarecimento do acontecimento criminoso, cabendo indagar do seu aproveitamento probatório

[65] O chamado "filme dos acontecimentos, cf. RODRIGUES, ANABELA MIRANDA (2020), p. 112, nota 229.

[66] Sobre esta questão de particular relevância em modelos autónomos de responsabilidade criminal das empresas, RODRIGUES, ANABELA MIRANDA (2020), p. 112 e ss. Também, da mesma autora, (2018), p. 5s.

na investigação penal[67]. O algoritmo transforma-se agora num meio de obtenção da prova, de criação privada, gerando-se, assim, um conjunto de questões, não só ligadas ao seu enquadramento processual e ainda ao exercício do contraditório e do direito de defesa, mas também atinentes à supressão de um conjunto de direitos, essencialmente dos trabalhadores, como o direito à imagem, à palavra ou à intimidade privada[68].

De facto, a digitalização empresarial, associada a um discurso securitário (de controlo) de prevenção da criminalidade empresarial, potencia a imolação de direitos fundamentais, sobretudo de trabalhadores, obnubilando entre as suas vantagens um custo elevado, quase invisível, porém irreversível[69]. Há um lado mais obscuro da monitorização "inteligente" da atividade empresarial que tem vindo a merecer a atenção da doutrina. A introdução da tecnologia em contexto empresarial conduz a uma rede invisível de vigilância, capaz de reunir informações e dados privados daqueles que interagem com a empresa ou que atuam no espaço empresarial, designadamente dos trabalhadores. Num extenso estudo sobre esta matéria, *Bales* e *Stone* elencam diversos mecanismos digitais hoje utilizados por diversas empresas, em distintos momentos e com distintas finalidades: contratação, evolução e avaliação do desempenho do trabalhador, cumprimento das obrigações laborais e manutenção da segurança do trabalhador. Alguns destes instrumentos, contudo, ao mesmo tempo que favorecem, por exemplo, a segurança do trabalhador, permitindo-lhe ampliar o seu campo de visão (*computer vision*) ou diminuir a carga e o esforço físico (exoesqueletos), recolhem informações pessoais (sobre a sua localização, características físicas ou mesmo resultantes de monitorização de sinais e reações biológicos) que alimentam algoritmos capazes de prever a *performance* individual, a ética laboral, a personalidade, a lealdade à empresa, futuros custos médicos ou mesmo a permanência na empresa. Cabendo assinalar que, do lado do aproveitamento probatório destas informações para fins de responsabilidade criminal, sempre sobrariam, no ordenamento jurídico português, os limites inultrapassáveis à sua validade resultantes do disposto

[67] Sobre este problema, em geral, Gless, Sabine (2020), p. 197s.

[68] Sobre a utilização das novas realizações tecnológicas como prova digital e do perigo que ela representa para alguns direitos fundamentais, em geral, Fidalgo, Sónia (2020), p. 137.

[69] Em geral, sobre o modelo de *compliance* perspetivado para a vigilância e controlo, Rodrigues, Anabela Miranda (2020), p. 105.

no artigo 32º, n.º 8, da Constituição, e no artigo 126º, do Código de Processo Penal.

4. Conclusão

Este estudo congrega algumas reflexões sobre o processo de digitalização empresarial, acelerado por fatores externos e internos às empresas. Foram identificados, entre as circunstâncias externas que estimulam esta digitalização, fatores económicos e políticos. Do lado endógeno, fizeram-se sobressair razões de eficiência e de produtividade, de cumprimento normativo e de prevenção da criminalidade financeira e empresarial (*compliance*).

Entretanto, a automatização digital das empresas tem uma outra face, menos positiva e mais oculta, que se projeta no plano criminal. A delegação de decisões em sistemas computadorizados complexos, capazes de decidir com algum grau de autonomia, gera dificuldades de imputação de ofensas criminalmente relevantes. O *responsability gap* resulta, desde logo, da falta de adequação dos modelos legais de atribuição de responsabilidade, estruturados em torno do conceito de *pessoa*, humana e jurídica. Para além disso, nos casos em que o erro resulta de uma atuação humana, uma monitorização e vigilância digitais da atividade empresarial promovem a transferência de responsabilidade da organização para os quadros mais baixos ou intermédios da empresa. Acresce que o controlo digital é feito, em alguns casos, à custa da compressão indevida de direitos fundamentais. Do lado processual, faz-se notar como a emergência de novos elementos probatórios produzidos por algoritmos, de titularidade e propriedade privada, desafiam, entre outros, princípios, como o da presunção e inocência, ou colocam em causa o exercício de direitos, como o do contraditório.

I. Bibliografia

ALDRIDGE e KRAWCIW, *Real-time risk: What investors should know about FinTech, high-frequency trading, and flash crashes*, Wiley, 2017.

ARNER, Douglas W. / BARBERIS, Janos / BUCKLEY, Ross P., «The Evolution of FinTech: A New Post-Crisis Paradigm?», *University of Hong Kong Faculty of Law Research Paper* No. 2015/047, *UNSW Law Research Paper* No. 2016-62, disponível em SSRN: https://ssrn.com/abstract=.

ARNER, Douglas W. / BARBERIS, Janos / BUCKLEY, Ross P., «The emergence of RegTech 2.0: from know your customer to know your data, *Journal of Financial Transformation* 79, 2016, *disponível em https://ssrn.com/abstract=3044280*

ASHTON, Matthew, «Debugging the Real World: Robust Criminal Prosecution in the Internet of Things», *Arizona Law Review*, Vol. 59, 2017.

AZIZ, Saqib / DOWLING, Michael, «Machine Learning and AI for Risk Management», *Disrupting Finance*, Palgrave Macmillan, 2019,

BACIGALUPO, Silvina, *La Responsabilidad Penal de las Personas Jurídicas*, Barcelona: 1998.

BARONA VILAR, Silvia, *Algoritmización del Derecho y de la Jusicia. De la Inteligencia Artificial a la Smart Justice*, Tirant lo Blanch, 2021.

BRYSON / DIAMANTIS / GRANT, «Of, for, and by the people: the legal lacuna of synthetic persons», *Art. Intelll Law* (2017).

BUTLER, Tom, «What's next in the Digital Transformation of Financial Industry», *IT Professional*, vol. 22, no. 1, Jan.-Feb. 2020.

BUTLER, Tom / O'BRIEN, Leona, «Artificial intelligence for regulatory compliance: Are we there yet?», *Journal of Financial Compliance*, Vol. 3, N 1, 2019a.

BUTLER, Tom / O'BRIEN, Leona (B), «Understanding RegTech for Digital Regulatory Compliance», *Disrupting Finance*, Palgrave Macmillan, 2019b.

CAPPELLINI, Alberto, «Machina delinquere non potest? Brevi appunti su intelligenza artificiale e responsabilità penale», *Criminalia* 2018.

COPLER, Catriona, «The Anti-Spoofing Statute: Vague As Applied to the 'Hypothetically Legitimate Trader'», *American University Business Law Review*, Vol. 5, No. 2, 2016.

FEIJOO SÁNCHEZ, Bernardo, *Derecho Penal de la Empresa e Imputación Objetiva*, Madrid: Editorial Reus, 2007.

DIAMANTIS, Mihailis E., «The Extended Corporate Mind: When Corporations Use AI to Break the Law», 98 *N.C. L. Rev.* 893 (2020).

FIDALGO, Sónia, «A utilização de inteligência artificial no âmbito da prova digital – direitos fundamentais (ainda mais) em perigo», *A Inteligência Artificial no Direito Penal*, Almedina, 2020.

GIUFFRIDA, Iria, «Liability for AI Decision-Making: some legal and ethical considerations», *Fordham Law Review*, Vol. 88., 2019.

GLESS, Sabine, «AI in the courtroom: a comparative analysis of machine evidence in criminal courts», *Georgetown Journal of International Law*, Vol. 51, 2020.

GÓMEZ-JARA DÍEZ, Carlos, *Modelos de Autorresponsabilidade Penal Empresarial. Propuestas Globales Contemporáneas*, Cizur Menor: Editorial Aranzadi, 2006.

HALLEVY, Gabriel, «The Criminal Liability of Artificial Intelligence Entities – From Science Fiction to Legal Social Control», *Akron Intellectual Property Journal* Vol. 4, Issue 2 (2010).

HALLEVY, Gabriel, *Liability for crimes involving artificial intelligence systems*, Springer, 2015.

HAUGH, Todd, «The criminalization of Compliance», Notre Dame Law Review, Col. 92, 2017.

HILGENDORF, Eric, «Automated driving and the law», *Robotics, Autonomics and the Law*, Nomos, 2017.

LAUFER, William S., «A Very Special Regulatory Milestone», *20 Univ. Pa. J. Bus. Law* 391 (2018).

MAGALHÃES· Tiago Coelho, «Modelos de imputação do facto à pessoa colectiva em direito penal: uma abordagem do pensamento dogmático (e de direito comparado) como tentativa de compreensão do discurso legislativo», *RPCC 25* (2015).

MONACO, E. «What Fintech can learn from high-frequency trading», *Disrupting Finance*, Palgrave Macmillan, 2019.

OLYCHYK, Abram, «A Spoof of Justice: Double Jeopardy Implications for Convictions of Both Spoofing and Commodities Fraud for the Same Transaction», *American University Law Review*, Vol. 65, 2015.

RODRIGUES, Anabela Miranda, «Compliance programs and corporate criminal compliance», *Polar – Portuguese Law Review*, Vol. 2, January 2018, n.º 1.

RODRIGUES, Anabela Miranda, «Uma leitura dos crimes de abuso de mercado praticados por agentes artificiais (o caso do *spoofing*)», *Julgar 45*, 2021.

RODRIGUES, Anabela Miranda, «A justiça preditiva entre a americanização e a europeização», *A Inteligência Artificial no Direito Penal*, Almedina, 2020.

RODRIGUES, Anabela Miranda, *Direito Penal Económico. Uma Política Criminal na Era Compliance*, 2ª ed., Almedina, 2020.

SCOPINO, Gregory *Algo bots and the Law*, Cambridge University Press, 2020.

SILVA, Germano Marques da, *Responsabilidade Penal das Sociedades e dos seus Administradores e Representantes*, Lisboa: Verbo, 2009.

SOUSA, Susana Aires de, *Questões Fundamentais de Direito Penal da Empresa, Livraria Almedina*, 2019.

SOUSA, Susana Aires de, «"Não fui eu, foi a máquina": teoria do crime, responsabilidade e inteligência artificial», *A Inteligência Artificial no Direito Penal* (coord. Anabela Miranda Rodrigues), Almedina, 2020.

SOUSA, Susana Aires de, «As diferentes faces dos progamas de compliance», *Legitimidade e efetividade dos programas de compliance* (org. Adán Nieto Martin / Eduardo Saad Diniz), Tirant lo blanch, 2021.

SZOSTEK, Dariusz *Blockchain and the Law*, Nomos, 2019.

TIEDEMANN, Klaus, *Wirtschaftsstrafrecht*, Munique: Carl Heymanns Verlag, 2007.

II. Documentos

Artificial intelligence in road transport, European Parliament,2021, disponível em https://www.europarl.europa.eu/RegData/etudes/STUD/2021/654212/EPRS_STU(2021)654212_EN.pdf

Comunicação da Comissão Europeia sobre uma estratégia das PME's para uma Europa sustentável e digital, disponível em https://eur-lex.europa.eu/legal-content/EN/TXT/?uri=CELEX:52020DC0103

Final report of the Expert Group on Regulatory Obstacles to Financial Innovation: 30 recommendations on regulation, innovation and finance, p. 22, disponível em https://ec.europa.eu/info/sites/default/files/business_economy_euro/banking_and_finance/documents/191113-report-expert-group-regulatory-obstacles-financial-innovation_en.pdf

Report of COMEST on Robotic Ethics, 2017, p. 48, disponível em https://unesdoc.unesco.org/ark:/48223/pf0000253952

On the road to automated mobility: an EU strategy for mobility of the future https://eur-lex.europa.eu/legal-content/EN/TXT/?uri=CELEX:52018DC0283

III – Outros

Diretiva 2014/65/EU do Parlamento Europeu e do Conselho, de 15 de maio de 2014 (DMIF II), disponível em https://eur-lex.europa.eu/legal-content/PT/TXT/?uri=CELEX%3A32014L0065

Lei n.º 27/2021, de 17 de maio, publicou a *Carta Portuguesa dos Direitos Humanos na Era Digital*.

Crimes no ciberespaço: os desafios do metaverso

Sónia Fidalgo

Sumário: 1. Introdução. 2. O direito penal do bem jurídico. 3. A criminalidade informática. 4. Legislação nacional em matéria de cibercrime. 5. O crime no metaverso. 6. A utilização de material pornográfico com representação realista de menor. 7. Conclusão.

1. Introdução

1. O mundo físico já não é o único espaço da atuação humana. O ciberespaço surge como um ambiente onde é possível praticar (se não todas) quase todas as condutas que praticamos no mundo físico[1]. No contexto atual, todos utilizamos o ciberespaço como ferramenta que nos permite, designadamente, comunicar com pessoas em qualquer parte do mundo, celebrar negócios, obter informação do mais variado tipo e aceder a entretenimento. Nesta dimensão, o ciberespaço surge como uma ferramenta utilizada para melhorar a qualidade de vida no mundo real[2]. Há, porém, pessoas que além de usarem o ciberespaço como

[1] Cf. Brenner (2008), p. 3. Sobre o ciberespaço como um domínio a explorar, depois da terra, do mar e do ar, cf. Karie / Kebande / Venter (2019), p. 62.

[2] Cf. Brenner (2007), p. 75 e ss.

ferramenta nos termos referidos, também *habitam* no ciberespaço, transferindo um segmento das suas vidas para mundos virtuais nele criados[3].

A ideia de um mundo virtual que reproduza a nossa realidade não é uma novidade[4]. No início do nosso século surgiu o *Second Life* – um mundo virtual criado com o propósito de reproduzir o metaverso – com a proposta revolucionária de transpor para o ambiente digital a rotina, as atividades e os relacionamentos que temos na vida real[5]. A expressão *metaverse* (*meta* + *universe*) é usualmente atribuída a Neal Stephenson, que a utilizou no seu livro de ficção científica *Snow Crash*, em 1992. Neste livro, o autor descreve o metaverso como um ambiente virtual, paralelo ao mundo real, onde as pessoas interagem através de avatares[6].

Embora ainda haja no tempo presente uma ampla discussão sobre o que é o metaverso, poderá considerar-se que se trata de um ambiente virtual que combina aspetos dos mundos físico e digital, criado através da convergência entre a *internet* (e as tecnologias em rede) e a *extended reality*[7]. A experiência pessoal dentro do metaverso conta atualmente com diversos equipamentos tecnológicos, como óculos de realidade virtual e holografia, que proporcionam uma interação tridimensional, muito semelhante à que ocorre na vida real.

Os sistemas de inteligência artificial constituem um dos pilares sobre os quais está a ser desenvolvido o metaverso. A utilização destes sistemas é, também neste domínio, muito diversificada. Estão a ser desenvolvidos sistemas de inteligência artificial, designadamente, com o objetivo de auxiliar no processamento de dados gerados pelo utilizador, na criação de ambientes virtuais foto-realistas e de avatares que se assemelhem aos utilizadores, bem como na facilitação da tradução em tempo real. Estão ainda a ser desenvolvidos sistemas capazes de reconhecer os movimentos corporais do utilizador e, assim,

[3] Cf. Brenner (2008), p. 19.

[4] A criação dos primeiros mundos virtuais terá ocorrido na década de setenta. Sobre o aparecimento e o desenvolvimento dos mundos virtuais, cf. Brenner (2008), p. 19 e ss.

[5] O *Second Life* foi criado em 1999 e lançado em 2003 (cf. Au (2008), p. 1).

[6] Stephenson (1992), *passim*. Avatar é a representação digital do utilizador do metaverso. Um utilizador pode criar diferentes avatares em diferentes jogos ou aplicações, assumindo a forma humana, a de criaturas imaginárias ou a de animais (cf. Lee *et al.* (2021), p. 16).

[7] Cf. Lee *et al.* (2021), p. 1. A *extended reality* (XR) integra aspetos do mundo físico e do mundo digital a vários níveis, por exemplo, a *augmented reality* (AR), a *mixed reality* (MR) e a *virtual reality* (VR) – cf. Milgram *et al.* (1995), p. 282 e ss.

tornar a experiência no metaverso mais *natural* e mais próxima do mundo real[8]. E, também neste domínio, se fazem ouvir vozes no sentido da necessidade de regulação do uso de inteligência artificial, salientando-se, também aqui, a importância da utilização de uma *inteligência artificial responsável*[9].

2. Alguns destes mundos virtuais proporcionam aos utilizadores um campo de interação social que se assemelha à vida em sociedade (real). Os utilizadores podem estabelecer contactos sociais, fazer investimentos, criar empresas ou simplesmente viajar e beneficiar de programas de entretenimento[10]. Neste contexto, podem os utilizadores realizar condutas que causem ofensas a outro(s) utilizador(es) ou à própria comunidade virtual. A questão que se coloca será, então, a de saber se estas condutas deverão integrar a previsão de algum tipo legal de crime. Convocando aquela que é a função do direito penal – e partindo (ainda) da consideração do bem jurídico-penal como padrão crítico da norma penal incriminadora –, a resposta a esta questão passará por uma distinção entre condutas do mundo virtual que produzem ofensas no mundo real e condutas do mundo virtual que produzem ofensas apenas no mundo virtual[11].

2. O direito penal do bem jurídico

1. Num sentido *legal-formal* pode dizer-se que direito penal é o conjunto de normas jurídicas que ligam a certos comportamentos humanos, os crimes, específicas consequências jurídicas privativas deste ramo do direito,

[8] Sobre a utilização de sistemas de inteligência artificial no metaverso, cf. Sambucci (2022) e, com pormenor, Lee *et al.* (2021), p. 14 e ss.

[9] Chamando a atenção para que, no metaverso, a utilização de uma inteligência artificial responsável deve ser uma "prioridade", Pedro (2022). Sobre a proposta de Regulamento do Parlamento Europeu e do Conselho que estabelece regras harmonizadas em matéria de inteligência artificial, cf. Raposo (2021), p. 9 e ss.; sobre os problemas fundamentais suscitados pela aplicação da inteligência artificial a várias áreas do direito penal em sentido amplo, cf. Rodrigues (coord.) (2020a), *passim*; e, sobre os novos problemas suscitados no domínio do direito civil, cf. Barbosa (2021), *passim*.

[10] Cf. Laue (2011), p. 26.

[11] Assim também Brenner (2008), p. 53 e ss.

as penas e as medidas de segurança[12]. De uma perspetiva teleológico-funcional e racional, o conceito *material* de crime resultará da função que é atribuída ao direito penal[13]. Na conhecida formulação de *Roxin*, o direito penal tem por função a tutela subsidiária de bens jurídicos[14] dotados de dignidade penal (de "bens jurídico-penais"); ou, o que é dizer o mesmo, "*bens jurídicos cuja lesão se revela digna e necessitada de pena*"[15].

Não será este o contexto adequado para uma exposição (ainda que breve) da complexa discussão sobre a noção de bem jurídico nem sobre as diversas funções desempenhadas por esta categoria[16]. Diremos apenas que, reconhecendo as dúvidas e as controvérsias que ainda hoje envolvem o conceito, *Figueiredo Dias* define bem jurídico como "a expressão de um interesse, da pessoa ou da comunidade, na manutenção ou integridade de um certo estado, objeto ou bem em si mesmo socialmente relevante e por isso juridicamente reconhecido como valioso"[17].

Já desde o início dos anos oitenta, Figueiredo Dias vem defendendo que, se "num Estado de Direito material, toda a atividade se submete à Constituição, então também a ordem legal dos bens jurídicos há de constituir uma ordenação axiológica *como aquela* que preside à Constituição. Entre as duas ordens se verificará, pois, uma relação, que não é por certo de identidade, ou sequer de recíproca cobertura, mas de analogia substancial, fundada numa especial correspondência de sentido"[18]. Assinale-se apenas, também quanto a este ponto, que o entendimento maioritário da doutrina portuguesa acompanha Figueiredo Dias no sentido da verificação de uma *relação de mútua referência* entre a ordem axiológica jurídico-constitucional e a ordem jurídico-penal dos bens jurídicos[19]. Será por esta via da referência constitucional que os

[12] Dias (2019), 1º Cap., § 1.

[13] Cf. Dias (2019), 6.º Cap., § 15.

[14] Já na primeira edição da sua obra, Roxin (1992), § 2, Rn. 28.

[15] Dias (2019), 6.º Cap., § 15.

[16] Sobre estas questões *vide*, por todos, Dias (2019), 6.º Cap., § 15 e ss.; cf., também, Sousa (2006), p. 171 e ss.

[17] Dias (2019), 6.º Cap., § 16. Cf., ainda, com pomenor, Andrade (2004), p. 51 e ss.

[18] Dias (1983), p. 15-16 (itálicos do autor).

[19] Cf., entre outros, Andrade (1992), p. 183 e Andrade (1997), p. 200 e ss., Rodrigues (1995), p. 254 e ss. e 287 e ss., Rodrigues (2020), p. 149 e ss., Silva (2010), p. 41 e ss., Palma (2014), p. 17 e ss., Sousa (2006), p. 171 e ss., Brandão (2016), p. 567 e ss. Diferentemente, defendendo que "o que se pode identificar é apenas uma tendencial relação de convergência

bens jurídicos se "transformam" em bens jurídicos dignos de tutela penal ou, numa palavra, em bens jurídico-penais, entendendo Figueiredo Dias que o "direito penal do bem jurídico" deve ser considerado também um "princípio jurídico-constitucional implícito"[20]. Daqui resulta, desde logo, que a função do direito penal não é a tutela de uma qualquer moral: puras violações morais não conformam como tais a lesão de um autêntico bem jurídico[21].

A esta noção de dignidade penal terá de acrescer, porém, um outro critério que torne a criminalização legítima. Este critério adicional é o da *necessidade (carência) de tutela penal* (como, de resto, se conclui a partir do artigo 18º, n.º 2, da Constituição). A violação de um bem jurídico-penal não basta por si para desencadear a intervenção do direito penal, antes se requerendo que "esta seja absolutamente indispensável à livre realização da personalidade de cada um na comunidade"[22]. Nesta aceção, o direito penal constitui a *ultima ratio* da política social e a sua intervenção é de natureza definitivamente subsidiária – o direito penal "só pode intervir nos casos em que todos os outros meios da política social, em particular da política jurídica não-penal, se revelarem *insuficientes* ou *inadequados*"[23].

2. A restrição da função do direito penal à tutela de bens jurídico-penais, por um lado, e o carácter subsidiário desta tutela, por outro, conduzem à justificação de uma proposição político-criminal fundamental, defendida por *Figueiredo Dias* há já quatro décadas: "a de que, para um eficaz domínio do fenómeno da criminalidade dentro de cotas socialmente suportáveis, o Estado e o seu aparelho formalizado de controlo do crime devem intervir o menos possível; e devem intervir só na precisa medida requerida pelo asseguramento das condições essenciais de funcionamento da sociedade"[24].

entre os bens jurídico-constitucionais e os bens jurídico-penais, que pode muito bem ser afastada pela prerrogativa de avaliação do legislador ordinário", Costa (2013), p. 162 e, já antes, Costa (2000), p. 188 e ss.

[20] Dias (2019), 6.º Cap., § 25, e já Dias (2009), p. 31 e ss., e Dias (2016), p. 250 e ss. Com pormenor, sobre a evolução da Constituição como *limite* à Constituição como *fundamento* (também como fundamento) do direito penal, cf. Antunes (2019), p. 43 e ss.

[21] Assim também Dias (2019), 6.º Cap., § 32, e Dias (2016), p. 251.

[22] Assim também Dias (2019), 6.º Cap., § 37, e já Dias (1983), p. 11.

[23] Dias (2019), 6.º Cap., § 38 (itálicos do autor).

[24] Dias (2019), 6.º Cap., § 41; e, em sentido próximo, já Dias (1983), p. 11.

Sendo assim, devem ser afastados do conceito de crime todos os comportamentos que "*não acarretem lesão (ou perigo de lesão) para bens jurídicos* claramente definidos; ou que, ainda quando a acarretem, possam razoavelmente ser *contidos ou controlados por meios não penais* de política jurídica ou mesmo de política social não jurídica"[25]. Esta implicação está na base do movimento de descriminalização a que assistimos na legislação penal portuguesa codificada, sobretudo, na década de noventa. Por outro lado, processos de neocriminalização "só devem ser aceites como legítimos onde novos fenómenos sociais, anteriormente inexistentes, muito raros ou socialmente pouco significativos, revelem agora a emergência de novos bens jurídicos para cuja proteção se torna indispensável fazer intervir a tutela penal em detrimento de um paulatino desenvolvimento de estratégias não criminais de controlo social"[26].

3. No momento presente, tem vindo a questionar-se com insistência crescente a função do direito penal no sistema social e, por conseguinte, a manutenção do modelo do direito penal do bem jurídico[27]. Salienta-se a incapacidade de um conceito material de crime assente na função de tutela de bens jurídicos servir de padrão crítico da intervenção legislativa penal. Ao ponto de, nas palavras de *Maria João Antunes*, sermos confrontados "com a questão de saber se ainda há espaço para melhorar o direito penal da proteção de bens jurídicos ou se resta antes substituí-lo por algo melhor"[28].

Neste contexto, ouvem-se vozes no sentido da necessidade de utilização de investigação criminológica, de apoio em literatura científica e de recurso a estudos empíricos que corroborem as opções legislativas em matéria penal e as fundamentem[29]. O que se vem acentuando – salienta *Anabela Miranda Rodrigues* – é que "o princípio do direito penal do bem jurídico, tão certeiramente formulado e feito frutificar pela doutrina e na jurisprudência

[25] Dias (2019), 6.º Cap., § 42 (itálicos do autor).

[26] Dias (2019), 6.º Cap., § 42.

[27] Cf., por todos, Dias (2019), 6.º Cap., § 46 e ss., Rodrigues (2020), p. 152 e ss., Antunes (2019), p. 45 e ss., e Sousa (2006), p. 201 e ss.

[28] Antunes (2019), p. 56.

[29] Assim, Rodrigues (2017), p. 30 e ss., Rodrigues (2020), p. 158, e Rodrigues (2020b), p. 58; cf., também, Palma (2016), p. 114 e ss., e, da perspetiva do controlo da constitucionalidade da lei penal, Antunes (2019), p. 88 e ss.; cf., ainda, desenvolvidamente, Nieto Martín (2012), p. 411 e ss. e 420 e ss.

constitucional, não pode desligar-se dos deveres de motivação da lei penal que cabem ao legislador no âmbito da reserva de lei. Está em causa a justificação da carência do direito penal – o que, exatamente, vai permitir que o bem jurídico ganhe operatividade como padrão (instrumento) de controlo das decisões de criminalização"[30]. E do mesmo passo se conclui que, para cumprir esta sua função de instrumento de controlo da intervenção penal, o princípio do bem jurídico não pode desligar-se do princípio da legalidade no plano da determinabilidade do tipo legal. Para que possa afirmar-se que o bem jurídico invocado é efetivamente objeto de proteção é essencial "que o ilícito seja tipificado o mais precisa e minuciosamente possível por forma a permitir afirmar que [aquele] é lesado ou posto em perigo com a realização típica"[31]. E sem que, com isto, "o bem jurídico deixe de ser o *prius* do direito penal"[32].

É, pois, daqui – do paradigma da tutela subsidiária de bens jurídico-penais – que, no momento presente, partimos para as considerações em torno dos desafios que o metaverso lança ao direito penal.

3. A criminalidade informática

1. Um dos domínios em que o legislador considerou justificar-se, nos últimos anos, uma (nova) intervenção do direito penal, foi no âmbito relacionado com a utilização das tecnologias. O uso da informática invadiu todos os setores da vida em sociedade, desde a defesa nacional e a atividade científica, passando pela atividade económica e financeira, até à saúde, à educação, à segurança social e à administração pública em geral[33]. A evolução tecnológica permitiu um incremento da qualidade de vida, tendo aberto, simultaneamente, a porta a novas formas de prejudicar interesses alheios, individuais ou coletivos[34]. Os equipamentos informáticos, o *software* de que se servem e as próprias redes informáticas (nacionais e internacionais) funcionam no tempo presente sob a ameaça de *ataques* que podem paralisar infraestruturas essenciais à vida

[30] Rodrigues (2020b), p. 58-59.
[31] Rodrigues (2020), p. 161.
[32] Rodrigues (2020), p. 161.
[33] Assim, também, Marques / Martins (2006), p. 637
[34] Assim, Carvalho / Morales García / Alvaréz Feijoo (2018), p. 48.

em sociedade, como a distribuição de energia, os transportes, as telecomunicações, os serviços de saúde ou os mercados financeiros[35]. Foram-se reunindo, assim, as condições para que começasse a falar-se de um *direito penal da informática*[36].

2. Apesar do grande desenvolvimento doutrinal e legislativo nesta matéria nos últimos anos, não há um conceito preciso de *criminalidade informática* ou de *cibercrime*[37]. Tem sido integrado no fenómeno da criminalidade associada às tecnologias de informação uma multiplicidade de comportamentos violadores de bens jurídicos de natureza diversa. Poderá distinguir-se entre *criminalidade informática em sentido amplo* – que abrange todas as condutas criminosas que envolvam a utilização de meios informáticos (neste contexto, a "informática" pode surgir apenas como um diferente meio, de entre outros, utilizado na prática do crime); e *criminalidade informática em sentido estrito* – que abrange as condutas criminosas em que a "informática" surge como elemento do tipo incriminador (como objeto da ação e / ou como bem jurídico protegido)[38].

Na verdade, os meios informáticos podem ser usados enquanto instrumentos para a prática de crimes *tradicionais* da realidade corpórea e em que o tipo legal está previsto sem consideração da utilização dos meios tecnológicos. Pense-se, por exemplo, nos crimes contra a honra (injúria ou difamação)

[35] Cf. Marques / Martins (2006), p. 640.

[36] Esclarecendo que o "direito penal informático" não deve ser visto como uma autónoma e nova disciplina jurídico-penal, mas antes como indício de uma precisa área de incriminação penal, Costa / Moniz (1997), p. 299, e Costa (1998), p. 103 e ss.; sobre o desenvolvimento do direito penal da informática, cf. Sieber (1992), p. 55 e ss.

[37] Tem-se defendido que a expressão *crime informático* é mais abrangente do que *cibercrime*, na medida em que esta última terá de envolver a utilização de redes informáticas, enquanto a primeira pode estar relacionada apenas com computadores isolados. Nestes termos, Gercke (2014), p. 11, e Natário (2013), 3.1. Sobre a noção de criminalidade informática, cf., entre nós, Costa / Moniz (1997), p. 297 e ss., Marques / Martins (2006), p. 639 e ss., e Venâncio (2011), p. 16 e ss.

[38] Sobre a distinção (nem sempre clara para alguns autores) entre bem jurídico e objeto da ação, cf. Dias (2019), 11º Cap., § 44. Traçando também esta distinção entre criminalidade informática em sentido amplo e criminalidade informática em sentido estrito, embora em termos não inteiramente coincidentes com os referidos em texto, Venâncio (2011), p. 17.

praticados mediante a inclusão das expressões ofensivas em redes sociais, *blogs* ou difundindo-as por meio de correio eletrónico[39].

Outros casos há em que o objeto sobre que incide a conduta típica é um produto informático (por exemplo, um programa de computador), embora o bem jurídico protegido não esteja diretamente relacionado com a informática. É o que se verifica, por exemplo, no tipo legal de crime de reprodução ilegítima de programa protegido, em que o bem jurídico protegido é a propriedade intelectual[40].

E há ainda casos em que o bem jurídico protegido pelo tipo legal de crime está, ele mesmo, *relacionado* com a informática. É o que se verifica, designadamente, no tipo legal de crime de sabotagem informática, em que o bem jurídico protegido é a segurança dos próprios sistemas informáticos[41].

3. Pode concluir-se, então, que apenas uma parte da cibercriminalidade pressupõe ofensas verdadeiramente novas – novos fenómenos sociais que, por terem revelado a existência de novos bens jurídico-penais, deram lugar a processos de neocriminalização. Grande parte da cibercriminalidade é constituída por crimes *tradicionais*, cometidos com recurso a meios informáticos. No entanto, toda a cibercriminalidade é uma *nova* criminalidade, porque tem um conjunto de caraterísticas que a distinguem da criminalidade *tradicional*. É comum reconhecer-se à cibercriminalidade as caraterísticas de transnacionalidade, utilização de tecnologia, anonimato dos agentes, caráter organizado e grande impacto financeiro[42]. Destas caraterísticas resultam duas notas essenciais: os agentes destes crimes podem cometê-los a uma escala nunca antes alcançada; é muito difícil para as autoridades procederem à investigação dos crimes e à determinação dos seus agentes[43].

[39] Neste sentido, também, Venâncio (2011), p. 18.

[40] Sobre a discussão em torno deste tipo legal de crime e da necessidade da sua criação em face dos tipos legais de crime já previstos no Código do Direito de Autor e dos Direitos Conexos, cf. Venâncio (2011), p. 70 e ss.; Verdelho (2010), p. 520 e ss.; e, em geral, sobre a questão, ver ainda Costa / Moniz (1997), p. 333 e ss.

[41] Cf. Venâncio (2011), p. 52.

[42] Com referência a estas caraterísticas do cibercrime, Natário (2013), 3.2.

[43] Em sentido próximo ao do texto, Brenner (2008), p. 4.

4. Legislação nacional em matéria de cibercrime

1. Na sequência da Decisão Quadro n.º 2005/222/JAI, do Conselho, de 24 de fevereiro, relativa a ataques contra sistemas de informação, e da ratificação por Portugal da Convenção sobre Cibercrime do Conselho da Europa, foi opção do nosso legislador adaptar o direito português à regulamentação internacional sobre esta matéria agrupando-a num corpo normativo específico: a Lei do Cibercrime (Lei n.º 109/2009, de 15 de Setembro)[44]. Esta lei "estabelece as disposições penais materiais e processuais, bem como as disposições relativas à cooperação internacional em matéria penal, relativas ao domínio do cibercrime e da recolha de prova em suporte eletrónico, transpondo para a ordem jurídica interna a Decisão Quadro n.º 2005/222/JAI, do Conselho, de 24 de fevereiro, relativa a ataques contra sistemas de informação, e adaptando o direito interno à Convenção sobre Cibercrime do Conselho da Europa" (artigo 1º)[45]. Com a Lei do Cibercrime o legislador procurou, assim, condensar num só diploma legislativo todas as normas respeitantes à criminalidade informática: normas de direito substantivo, normas de direito processual e normas relativas à cooperação judiciária internacional.

2. A dimensão processual da Lei do Cibercrime – artigos 12º e ss. – é a mais inovadora e uma das mais importantes desta lei[46]. Já a dimensão substantiva (artigo 3º e ss.) não constituiu verdadeira novidade no ordenamento jurídico português[47]. Em Portugal já vigorava, desde 1991, a Lei da Criminalidade Informática (Lei n.º 109/91, de 17 de agosto), que foi revogada pela Lei do Cibercrime (artigo 31º). E, no capítulo relativo às disposições penais materiais, a Lei do Cibercrime não seguiu o modelo dos instrumentos internacionais que a motivaram, ficando muito mais próxima da Lei da Criminalidade Informática,

[44] A Lei do Cibercrime foi, entretanto, alterada pela Lei n.º 79/2021, de 24 de novembro.

[45] Refira-se que a Decisão Quadro n.º 2005/222/JAI, do Conselho, de 24 de fevereiro, foi, entretanto, substituída pela Diretiva 2013/40/EU, do Parlamento Europeu e do Conselho, de 12 de agosto de 2013, relativa a ataques contra os sistemas de informação.

[46] Neste sentido, também, Verdelho (2009), p. 718 e 734, Neves (2011), p. 269, e Fidalgo (2019), p. 61.

[47] Neste sentido também Carvalho / Morales García / Alvaréz Feijoo (2018), p. 53. Estamos, naturalmente, a referir-nos, neste momento, à versão originária da lei.

herdando parte relevante do que esta já estabelecia. Até as epígrafes dos artigos e a ordem das infrações previstas são essencialmente as mesmas[48].

Até às alterações introduzidas na Lei do Cibercrime em 2021, estavam previstos nesta lei os crimes de "falsidade informática" (artigo 3.º), "dano relativo a programa ou outros dados informáticos" (artigo 4.º), "sabotagem informática" (artigo 5.º), "acesso ilegítimo" (artigo 6.º), "interceção ilegítima" (artigo 7.º), e "reprodução ilegítima de programa protegido" (artigo 8.º). Com as alterações introduzidas na Lei do Cibercrime por via da Lei n.º 79/2021, de 24 de novembro, a Lei do Cibercrime passou a prever também os crimes de "contrafação de cartões ou outros dispositivos de pagamento" (artigo 3.º-A), "uso de cartões ou outros dispositivos de pagamento contrafeitos" (artigo 3.º-B), "aquisição de cartões ou outros dispositivos de pagamento contrafeitos" (artigo 3.º-C), "atos preparatórios da contrafação" (artigo 3.º-D), e "aquisição de cartões ou outros dispositivos de pagamento obtidos mediante crime informático" (artigo 3.º-E).

3. No nosso ordenamento jurídico encontramos, porém, outros crimes informáticos (quer pertencendo ao âmbito da criminalidade informática em sentido estrito, quer ao âmbito, mais abrangente, da criminalidade informática em sentido amplo) além dos que estão previstos na Lei do Cibercrime.

Desde logo, há certos crimes informáticos previstos no Código Penal. Estamos a referir-nos, designadamente, aos crimes de "pornografia de menores" (artigo 176.º), "difamação" e "injúria" por via eletrónica (artigos 180.º a 183º), "devassa por meio de informática" (art.º 193.º), "violação de correspondência ou de telecomunicações" (artigo 194.º), "burla informática e nas comunicações" (artigo 221.º), "abuso de cartão de garantia ou de cartão, dispositivo ou dados de pagamento (artigo 225.º), e "discriminação e incitamento ao ódio e à violência" (art.º 240.º).

Encontramos também crimes informáticos previstos na Lei que assegura a execução do Regulamento Geral de Proteção de Dados (Lei n.º 58/2019, de 8 de agosto), designadamente, os crimes de "acesso indevido" a dados pessoais (artigo 47.º) e "inserção de dados falsos" (artigo 50.º).

[48] Neste sentido, também, Ascensão (2012), p. 313. O autor critica esta dimensão substantiva da Lei do Cibercrime, salientando, entre outros aspetos, a "violência" das sanções (p. 317).

Encontramos ainda crimes informáticos previstos na Lei que aprova as regras relativas ao tratamento de dados pessoais para efeitos de prevenção, deteção, investigação ou repressão de infrações penais ou de execução de sanções penais (Lei n.º 59/2019, de 8 de agosto), designadamente, os crimes de "acesso indevido aos dados" (artigo 53.º) e "interconexão ilegal de dados" (artigo 56.º).

E há ainda crimes informáticos previstos no Código do Direito de Autor e dos Direitos Conexos, designadamente, os crimes de "usurpação de obra" (artigo 195.º) e "contrafação de obra" (artigo 196.º).

Na generalidade destes tipos legais de crime (cuja prática envolve a utilização de meios informáticos) será possível identificar um bem jurídico – do mundo *real* – cuja lesão (ou perigo de lesão) se revela digna de pena e carente de punição. Trate-se de bens jurídicos de carácter individual, como a honra, o património, a privacidade, a autodeterminação sexual; ou de bens jurídicos de carácter coletivo, como a segurança das relações jurídicas ou a segurança dos sistemas informáticos.

5. O crime no metaverso

1. As condutas criminosas que utilizam meios informáticos podem ser praticadas nas *áreas tradicionais* do ciberespaço ou ser praticadas no metaverso. Vimos já que o metaverso pode ser entendido como um ambiente virtual que combina aspetos dos mundos físico e digital. Os utilizadores desse ambiente virtual vivem uma parte (mais ou menos significativa) das suas vidas em um *mundo* que é simultaneamente real e irreal. E aquilo que fazem nesse mundo virtual, – parafraseando um *slogan* popular –, pode "ficar nesse mundo virtual", ou transbordar desse mundo, repercutindo-se no mundo real[49].

2. À primeira vista poderia parecer que uma conduta praticada no mundo virtual – no metaverso – não sendo praticada no mundo real, nunca causaria uma ofensa real e, como tal, não poderia ser criminalmente punida. Mas o erro deste raciocínio é o de se pensar que se a ação tem lugar no mundo virtual,

[49] Precisamente nestes termos, Brenner (2008), p. 51-52.

a ofensa também se produz apenas e integralmente no munto virtual. Não tem de ser necessariamente assim. Quando o agente usa meios informáticos para cometer um crime no metaverso (furtando-se aos *constrangimentos* do mundo físico), os fins que ele persegue podem ainda situar-se no mundo real e a ofensa pode manifestar-se no mundo físico[50].

Imagine-se um caso em que agente *A* (o avatar *A*), com intenção de obter para si um enriquecimento ilegítimo, se apropria de bens alheios do mundo virtual, bens esses que têm valor no mundo real, causando a outra pessoa um prejuízo patrimonial não só no mundo virtual, mas também no mundo real. Neste caso, poderia equacionar-se a punição do agente pela prática de um crime contra o património (designadamente, o crime de burla informática – artigo 221º do Código Penal)[51]. Pense-se, ainda, num outro caso, em que o agente *B* (o avatar *B*), de modo reiterado, persegue ou assedia outra pessoa (outro avatar), de forma a provocar-lhe medo na vida real. Neste contexto, poderia equacionar-se a punição do agente pela prática de um crime contra a liberdade pessoal (designadamente, o crime de perseguição – artigo 154º-A do Código Penal)[52].

Em situações como estas – em que a conduta virtual lesa (ou põe em perigo) um bem jurídico-penal do mundo real –, na generalidade dos casos, o problema não será (em primeira linha) o da falta de previsão legal do comportamento como crime. A conduta poderá integrar o conceito de cibercrime e ser punida nos termos já referidos[53]. O principal problema neste contexto está relacionado com as dificuldades verificadas na investigação do crime e na identificação dos seus agentes. Problema comum à investigação de qualquer cibercrime (quer seja cometido numa das *áreas tradicionais* do ciberespaço, quer no metaverso)[54].

[50] Nestes termos, BRENNER (2008), p. 54

[51] Já não é novidade que, com a proliferação dos mundos virtuais, os meios tecnológicos criaram um conjunto de novas possibilidades, por exemplo, para branqueamento de capitais (cf. BRENNER (2008), p. 59).

[52] O Relatório Explicativo da Convenção do Conselho da Europa para a Prevenção e o Combate à Violência Contra as Mulheres e a Violência Doméstica refere, expressamente, no parágrafo 182º, que o *stalking* pode consistir na perseguição da vítima no mundo virtual (em *chat rooms, social networking sites*, etc).

[53] *Supra* ponto 4.

[54] A inteligência artificial tem vindo a ser indicada como a *solução ideal* para resolver algumas das dificuldades com que se confrontam as autoridades na investigação do cibercrime. O que não pode ser silenciado é o *custo* que a utilização dessas técnicas de inteligência artificial pode

3. Há, porém, situações, em que a conduta virtual produz uma ofensa somente no mundo virtual. Estaremos, nestes casos, perante o que vem sendo designado de *crime de fantasia (fantasy crime)*[55]. Trata-se aqui de condutas realizadas no mundo virtual *que constituiriam crime se fossem praticadas no mundo real.*

Pensemos numa situação em que um avatar *mata* outro avatar, ou *ofende a integridade física* de outro avatar, ou *viola* outro avatar (*rectius*, um avatar realiza uma conduta que, se praticada no mundo real, seria suscetível de integrar o tipo legal de crime de homicídio, ou de ofensa à integridade física, ou de violação). Deverão estas condutas virtuais ser criminalmente punidas?[56]

Sabemos que a interação tridimensional proporcionada pelos novos equipamentos tecnológicos é já muito semelhante à interação que ocorre na vida real. E um dos objetivos da utilização de sistemas de inteligência artificial no metaverso é precisamente o de tornar as interações na realidade virtual ainda mais próximas das experiências no mundo físico. Para isso, os sistemas de inteligência artificial pretendem apreender os movimentos do corpo humano, capturando-os através de sensores de diferentes tipos e transformando-os em movimentos do avatar. Os sistemas de inteligência artificial poderão também copiar as expressões faciais replicando-as no avatar, de modo a que, por exemplo, o sorriso do utilizador seja também o sorriso do avatar. Poderão, assim, vir a transferir-se cada vez mais expressões para *o gémeo digital* do utilizador – como franzir a testa, bocejar, piscar os olhos –, de modo a tornar a transposição do mundo físico para o virtual o mais real possível[57]. Deste modo, quando um utilizador interage com outro no metaverso, a sensação que tem é a de que está *verdadeiramente* na presença dessa pessoa – do ponto de vista sensorial, a aproximação do mundo virtual ao mundo físico é cada vez maior.

ter do ponto de vista do direito à privacidade e da perspetiva do direito de defesa. Sobre estas questões, cf. Fidalgo (2020), p. 134 e ss., 137 e ss. e 142 e ss.

[55] Nestes termos, Brenner (2008), p. 61 e ss.

[56] Têm vindo a ser tornados públicos pelos meios de comunicação social vários relatos de situações vividas no metaverso e que, se verificadas no mundo real, poderiam consubstanciar crimes, designadamente, crimes contra a liberdade sexual.

[57] Cf. Sambucci (2022).

4. Seja como for, a intervenção do direito penal pressuporá sempre a identificação de um bem jurídico cuja lesão (ou perigo de lesão) se revele digna e necessitada de pena. Pensemos novamente no caso em que o avatar *A viola* o avatar *B*. Poderemos identificar, neste caso, no mundo real, um bem jurídico-penal cuja lesão careça de punição?

Desde a revisão do Código Penal de 1995, os crimes sexuais passaram a ser considerados autênticos crimes contra as pessoas e contra um bem jurídico estritamente individual: a liberdade sexual[58]. Cada pessoa adulta tem o direito de se determinar como quiser em matéria sexual, "seja quanto às práticas a que se dedica", seja quanto ao "momento e ao lugar que a elas se entrega", ou ainda quanto "ao(s) parceiro(s), também adulto(s) com quem as partilha"[59]. Pressuposto que aquelas sejam praticadas em privado e este(s) nelas consinta(m). Se e quando esta liberdade for lesada de forma importante, "a intervenção penal encontra-se legitimada e torna-se necessária"[60].

Por mais que a experiência no mundo virtual se aproxime da experiência no mundo real, não nos parece que possa afirmar-se que o bem jurídico-penal liberdade sexual do utilizador do avatar *B* foi ofendido com a "violação" verificada no mundo virtual. Consequentemente, estaria excluída a possibilidade de punição do utilizador do avatar *A* pela prática de um crime de violação[61].

5. Não estará excluído, no entanto, que esta conduta – que seria suscetível de integrar o tipo legal de crime de violação se tivesse sido praticada no mundo real – venha a lesar, no mundo real, outros bens jurídicos (distintos da liberdade sexual) dignos de proteção e carentes de tutela penal. O que com isto se quer dizer é que não será de excluir que a conduta em causa possa vir a ser punida

[58] DIAS (2012), § 1.

[59] DIAS (2012), § 3.

[60] DIAS (2012), § 3.

[61] Ouvem-se vozes no sentido de que a prática da *violação virtual* torna as pessoas pouco sensíveis às consequências do crime de violação no mundo real e poderá, assim, *banalizar* a prática do crime (no mundo real). Mas há quem defenda, também, que a *violação virtual* pode até atuar como um mecanismo de prevenção dos crimes de natureza sexual (no mundo real), porque os agentes satisfazem os seus desejos no mundo virtual. Ao que parece, não há, porém, dados seguros que suportem qualquer uma das duas conclusões (cf. BRENNER (2008), p. 81 e as fontes bibliográficas aí indicadas).

na medida em que integre a previsão típica de outras incriminações: pense--se, designadamente, nos crimes contra a honra e em alguns crimes contra a liberdade pessoal (*v. g.*, ameaça ou perseguição), na medida em que a execução da conduta típica seja compatível com a utilização de meios informáticos. E, de uma outra perspetiva, pode também a conduta integrar a previsão de alguma das incriminações em que a informática surge como um elemento do tipo legal de crime (*v. g.*, a falsidade informática ou o acesso ilegítimo). Estas duas dimensões do problema integrarão já, porém, o domínio das condutas praticadas no mundo virtual, cujos efeitos "não ficam no mundo virtual".

6. A utilização de material pornográfico com representação realista de menor

1. O problema da pornografia infantil virtual tem suscitado particular interesse neste domínio dos crimes no metaverso[62]. A questão que aqui se coloca é a de saber, designadamente, se a utilização de vídeos com avatares (com aspeto de) menores envolvidos em comportamentos sexualmente explícitos pode ser considerada pornografia de menores e punida como tal. A questão ganha particular relevo em face do disposto no n.º 4 do artigo 176º do Código Penal, o que justifica o tratamento *autónomo* deste problema.

O tipo legal de crime de pornografia de menores (artigo 176º do Código Penal) foi autonomizado no Código Penal por via da Lei n.º 59/2007, de 4 de setembro. Algumas das condutas previstas neste tipo incriminador eram já tipificadas no crime de abuso sexual de crianças (artigo 172º, n.º 3, alíneas *c)* a *e)*, e n.º 4, na redação anterior a 2007); outras foram acrescentadas em 2007. O tipo legal foi alterado em 2015 e em 2020, tendo resultado de todas estas alterações (em 2007, 2015 e 2020) uma clara ampliação da intervenção penal nesta matéria[63]. Estas alterações – que resultaram, na sua generalidade, de compromissos assumidos pelo Estado português perante a comunidade europeia e

[62] Cf., com pormenor, BRENNER (2008), p. 90 e ss.

[63] Sobre os momentos essenciais da evolução legislativa do crime, cf. ANTUNES / SANTOS (2012), §§ 1 e 2, e ANTUNES / SOUSA (2019), p. 240 e ss.

internacional – estão em grande parte relacionadas com o reconhecimento de que as tecnologias de informação vieram facilitar o acesso a materiais de pornografia de menores, bem como a sua difusão[64].

Embora o tipo legal de crime de pornografia de menores tenha sido inserido na secção dos crimes contra a autodeterminação sexual, a doutrina portuguesa tem discutido se o bem jurídico protegido pelo tipo incriminador é, em todas as modalidades típicas, o livre desenvolvimento da vida sexual do menor[65]. E questiona-se mesmo se algumas das condutas típicas violam (ou põem em perigo) um qualquer bem jurídico digno de pena e carente de tutela penal[66]. *Maria João Antunes* e *Susana Aires de Sousa* salientam, de todo o modo, que importará sempre distinguir, no universo dos comportamentos típicos, "aqueles que pressupõem uma *relação direta* entre o agente da prática do crime e o menor, ofendendo a sua autodeterminação sexual – os previstos nas alíneas *a)* e *b)* do n.º 1 do artigo 176º –, e os que *não* pressupõem uma *relação direta* entre um e outro – alíneas *c)* e *d)* do n.º 1 e n.ºs 4, 5 e 6, do artigo 176º", defendendo que o bem jurídico protegido por via da incriminação destes últimos comportamentos não é a autodeterminação sexual dos menores[67].

2. Na sequência da revisão do Código Penal de 2007, o tipo legal de pornografia de menores passou a prever (no n.º 3 do artigo 176º) a punição de quem praticar as condutas descritas nas alíneas *c)* e *d)* do n.º 1 da norma, utilizando material pornográfico com *representação realista de menor*. Por via do atual n.º 4 do artigo 176º[68] pune-se quem produzir, distribuir, importar, exportar, divulgar, exibir, ceder ou disponibilizar a qualquer título ou por qualquer meio fotografia, filme ou gravação pornográficos envolvendo representação realista de menor; e quem adquirir, detiver ou alojar fotografia, filme ou gravação

64 Cf. Considerando 12 da Diretiva 2011/93/EU, de 13 de dezembro de 2011, relativa à luta contra o abuso sexual de crianças e a pornografia infantil; e Antunes / Sousa (2019), p. 240.

65 Cf., por todos, Antunes / Sousa (2019), p. 249 e ss., bem como a bibliografia aí citada.

66 Cf. Antunes / Sousa (2019), p. 249, e já Antunes (2005), p. 57 e ss., e ainda Antunes / Fidalgo (2008), p. 124. Discussão que, aliás, se verifica também em países vizinhos (cf. Pastor Muñoz (2005), p. 99).

67 Antunes / Sousa (2019), p. 256 (itálicos das autoras).

68 Com as alterações introduzidas por via da Lei n.º 103/2015, de 24 de agosto, a conduta anteriormente prevista no n.º 3, passou a integrar o n.º 4 da norma.

pornográficos envolvendo representação realista de menor, com o propósito de os distribuir, importar, exportar, divulgar, exibir ou ceder.

O elemento típico "representação realista de menor" colocou ao intérprete a questão de saber que condutas seriam abrangidas por esta modalidade típica, tendo-se levantado dúvidas quanto à legitimidade da incriminação (por eventual ausência da referência a um bem jurídico-penal)[69].

Tem-se entendido que para esclarecer esta questão deve partir-se da distinção entre pedopornografia virtual total e pedopornografia virtual parcial[70]. A primeira – pedopornografia virtual total – manifesta-se na utilização de imagens realistas de crianças não existentes, ou seja, situações em que as imagens são "puro fruto da tecnologia gráfica e da imaginação do seu autor"[71]. Já a pedopornografia virtual parcial abrange as imagens que, "embora fruto da tecnologia gráfica e da imaginação do seu autor, resultam, em parte, de imagens ou de parte de imagens de menores de 18 anos de idade"[72].

No nosso entendimento, a interpretação que restrinja a incriminação aos casos de pedopornografia virtual parcial é a que se harmoniza com o paradigma do direito penal do bem jurídico[73]. Entender-se que a norma pretende abranger também os casos de pornografia virtual total, além de levantar questões no domínio da liberdade de expressão[74], seria defender um direito penal "contra o vício e promotor da virtude"[75]. E, como vimos, não é função do direito penal proteger uma qualquer moralidade (sexual).

[69] Cf. a este propósito, Antunes / Fidalgo (2008), p. 124, e Albergaria / Lima (2010), p. 216 e ss.

[70] Assim Antunes / Santos (2012), § 14, e Albergaria / Lima (2010), p. 214.

[71] Antunes / Santos (2012), § 14

[72] Antunes / Santos (2012), § 14.

[73] Precisamente nestes termos, por referência ao bem jurídico individual da autodeterminação sexual, cf. Antunes / Santos (2012), § 14.

[74] Cf., sobre este (e outros) aspeto(s), o julgamento de inconstitucionalidade do *Supreme Court of the United States – Ashcroft et al. v. Free Speech Coaliation et al.*, de 16 de Abril de 2022.

[75] Albergaria / Lima (2010), p. 217

7. Conclusão

O mundo virtual deixa-nos realizar as fantasias e os desejos que tradicionalmente mantínhamos para nós mesmos. Enquanto as consequências das fantasias virtuais se manifestarem exclusivamente no mundo virtual – enquanto se tratar de *crimes de fantasia* –, parece-nos que não haverá espaço para a intervenção do direito penal[76]. Não se identificando um bem jurídico digno de proteção e cuja lesão seja carente de punição, a solução do conflito deve ser deixada a outros meios da política social[77], em particular, da política jurídica não-penal, sob pena de o direito penal deixar de cumprir a sua função: intervir apenas quando tal intervenção for absolutamente indispensável à livre realização da personalidade de cada um na comunidade.

[76] Nestes termos também BRENNER (2008), p. 95.

[77] Em muitos destes casos, a solução do conflito poderá encontrar-se a partir do que vem sendo designado *punição virtual*, nomeadamente, através da exclusão do utilizador do mundo virtual em causa.

Bibliografia citada:

ALBERGARIA, Pedro / LIMA, Pedro, "O crime de detenção de pseudopornografia infantil – evolução ou involução", *Julgar*, 12 (2010), p. 195 e ss.

ANDRADE, Manuel da Costa, "A 'dignidade penal' e a 'carência de tutela penal' como referências de uma doutrina teleológico-racional", *Revista Portuguesa de Ciência Criminal*, 2 (1992), p. 173 e ss.

ANDRADE, Manuel da Costa, "Constituição e Direito Penal", *in*: *A Justiça dos dois lados do Atlântico. Teoria e prática do processo criminal em Portugal e nos Estados Unidos da América*, Fundação Luso-Americana para o Desenvolvimento, 1997, p. 198 e ss.

ANDRADE, Manuel da Costa, *Consentimento e Acordo em Direito Penal (Contributo para a Fundamentação de um Paradigma Dualista)*, reimp., Coimbra Editora, 2004

ANTUNES, Maria João, "Crimes contra menores – incriminações para além da liberdade e da autodeterminação sexual", *Boletim da Faculdade de Direito da Universidade de Coimbra*, vol. LXXXI, 2005, p. 57 e ss.

ANTUNES, Maria João, *Constituição, lei penal e controlo de constitucionalidade*, Almedina, 2019

ANTUNES, Maria João / FIDALGO, Sónia, "Os crimes contra a liberdade e autodeterminação sexual", *in*: *Justiça Penal Portuguesa e Brasileira – Tendências de Reforma. Colóquio em Homenagem ao Instituto Brasileiro de Ciências Criminais*, IBCCRIM, 2008, p. 121 e ss.

ANTUNES, Maria João / SANTOS, Cláudia, "Artigo 176.º (Pornografia de menores)", *in*: *Comentário Conimbricense do Código Penal. Parte Especial* (dir. Jorge de Figueiredo Dias), t. I, 2.ª ed, Coimbra Editora, 2012

ANTUNES, Maria João / SOUSA, Susana Aires, «Da relevância da identificação do bem jurídico protegido no crime de pornografia de menores», *Revista Portuguesa de Ciência Criminal*, 2 (2019), p. 239 e ss.

ASCENSÃO, José de Oliveira, "O cibercrime", *in*: *Direito penal económico e financeiro: conferências do curso pós-graduado de aperfeiçoamento*, Coimbra Editora, 2012, p. 307 e ss.

AU, Wagner James, *The Making of Second Life – Notes from the new world*, HarperCollins, 2008

BARBOSA, Mafalda Miranda, *A Inteligência Artificial. Entre a utopia e a distopia, alguns problemas jurídicos*, Gestlegal, 2021

BRANDÃO, Nuno, *Crimes e contraordenações: da cisão à convergência material*, Coimbra Editora, 2016

BRENNER, Susan W., *Law in an era of "smart" technology*, Oxford University Press, 2007

BRENNER, Susan W., "Fantasy Crime: The Role of Criminal Law in Virtual Worlds", *Vanderbilt Journal of Entertainment and Technology Law*, 11 (2008), p. 1 e ss.

CARVALHO, Francisco Proença de / MORALES GARCÍA, Oscar / ALVARÉZ FEIJOO, Manuel, "Regulamentação supranacional sobre criminalidade informática e técnicas de transposição. O direito penal português e espanhol como paradigmas", *Actualidad Jurídica Uría Menéndez*, 48 (2018), p. 48 e ss.

COSTA, José de Faria, "Algumas reflexões sobre o estatuto dogmático do chamado 'Direito Penal Informático'", *in*: *Direito Penal e Comunicação. Alguns escritos*, Coimbra Editora, 1998, p. 103 e ss.

Costa, José de Faria, *O perigo em direito penal (contributo para a sua fundamentação e compreensão dogmáticas)*, reimp., Coimbra Editora, 2000

Costa, José de Faria, "Sobre o objeto de proteção do direito penal: o lugar do bem jurídico na doutrina de um direito penal não iliberal", *Revista de Legislação e de Jurisprudência*, 142 (2013), p. 158 e ss.

Costa, José de Faria / Moniz, Helena, "Algumas reflexões sobre a criminalidade informática em Portugal", *Boletim da Faculdade de Direito*, 73 (1997), p. 297 e ss.

Dias, Jorge de Figueiredo, "Os novos rumos da política criminal e o direito penal português", *Revista da Ordem dos Advogados*, 43 (1983), p. 5 e ss.

Dias, Jorge de Figueiredo, "O 'Direito Penal do bem jurídico' como princípio jurídico-constitucional", *in*: *XXV Anos de Jurisprudencia Constitucional Portuguesa*, Coimbra Editora, 2009, p. 31 e ss.

Dias, Jorge de Figueiredo, "Nótula antes do art. 163º", *in*: *Comentário Conimbricense do Código Penal. Parte Especial* (dir. Jorge de Figueiredo Dias), t. I, 2.ª ed, Coimbra Editora, 2012

Dias, Jorge de Figueiredo, "O 'direito penal do bem jurídico' como princípio jurídico-constitucional implícito (à luz da jurisprudência constitucional portuguesa)", *Revista de Legislação e de Jurisprudência*, 145 (2016), p. 250 e ss.

Dias, Jorge de Figueiredo, *Direito Penal. Parte Geral. Tomo I* (com a colaboração de Maria João Antunes, Susana Aires de Sousa, Nuno Brandão, Sónia Fidalgo), 3ª. ed., Gestlegal, 2019

Fidalgo, Sónia, "A apreensão de correio eletrónico e a utilização noutro processo das mensagens apreendidas", *Revista Portuguesa de Ciência Criminal*, 29 (2019), p. 59 e ss.

Fidalgo, Sónia, "A utilização da inteligência artificial no âmbito da prova digital – direitos fundamentais (ainda mais) em perigo", *in: A Inteligência Artificial no Direito Penal* (coord. Anabela Miranda Rodrigues), Almedina, 2020, p. 129 e ss.

Gercke, Marco, *Understanding Cybercrime: Phenomena, Challenges and Legal Response*, International Telecommunication Union, 2014, *in*: https://www.itu.int/en/ITU-D/Cybersecurity/Documents/Cybercrime2014_E.pdf (último acesso em 10.07.2020)

Karie, Nickson M. / Kebande, Victor / Venter, H.S., "Diverging deep learning cognitive computing techniques into cyber forensics", *Forensic Science International: Synergy*, vol. 1, 2019, p. 61 e ss.

Laue, Christian, "Crime Potential of Metaverses", *in*: *Virtual Worlds and Criminality* (Cornelius and Hermann eds.), Springer, 2011, p. 19 e ss.

Lee, Lik-Hang / Braud, Tristan / Zhou, Pengyuan / Wang, Lin / Xu, Dianlei / Lin, Zijun / Kumar, Abhishek / Bermejo, Carlos / Hui, Pan, "All One Needs to Know about Metaverse: A Complete Survey on Technological Singularity, Virtual Ecosystem, and Research Agenda", *Journal of Latex Class Files*, 40 (2021), p. 1 e ss.

Marques, Garcia / Martins, Lourenço, *Direito da Informática*, 2ª ed., Almedina, 2006

Milgram, P. / Takemura, H. / Utsumi, A. / Kishino, F., "Augmented Reality: A Class of Displays on the Reality-Virtuality Continuum", *Telemanipulator and Telepresence Technologies*, 2351 (1995), p. 282 e ss.

Natário, Rui, "O combate ao cibercrime: anarquia e ordem no ciberespaço", *Revista Militar*, n.º 2541 (2013), disponível *in*: https://www.revistamilitar.pt/artigo/854 (último acesso em 10.07.2020)

Nieto Martín, Adan, "Un triangulo necessário: ciência de la legislación, control constitucional de las leyes penales e legislación experimental", *in*: *Hacia una evaluación racional de las leyes penales*, Marcil Pons, 2012, p. 83 e ss.

Palma, Maria Fernanda, "Conceito material de crime e reforma penal", *Anatomia do Crime*, 0 (2014), p. 11 e ss.

Palma, Maria Fernanda, "O argumento criminológico e princípio da necessidade da pena no juízo de constitucionalidade", *Julgar* (2016), p. 105 e ss.

Pastor Muñoz, Nuria, *Los delitos de posesión y los delitos de estatus: una aproximación político-criminal y dogmática*, Atelier, 2005

Pedro, Vasco, "No Metaverso, a Inteligência Artificial responsável deve ser uma prioridade", *Jornal Expresso*, 12 de maio de 2022, *in*: https://expresso.pt (último acesso em 25.07.2022)

Raposo, Vera Lúcia, "Proposta de Regulamento sobre Inteligência Artificial: The devil is in the details", *Privacy and Data Protection Magazine*, 3 (2021), p. 9 e ss.

Rodrigues, Anabela Miranda, *A determinação da medida da pena privativa da liberdade*, Coimbra Editora, 1995

Rodrigues, Anabela Miranda, "O Direito Penal Europeu à luz do princípio da necessidade – o caso do abuso de mercado", *Católica Law Review*, 3 (2017), p. 30 e ss.

Rodrigues, Anabela Miranda, "Direito penal e constituição – o que resta do conceito de bem jurídico-penal", *in*: *Estudos em homenagem ao Prof. Doutor Germano Marques da Silva*, Vol. I, 2020, p. 149 e ss.

Rodrigues, Anabela Miranda (coord.), *A Inteligência Artificial no Direito Penal*, Almedina, 2020a

Rodrigues, Anabela Miranda, *Direito Penal Económico. Uma política criminal na era compliance*, 2ª ed., Almedina, 2020b

Roxin, Claus, *Strafrecht, Allgemeiner Teil*, C.H. Beck, 1992

Silva, Germano Marques da, *Direito Penal Português I. Parte Geral. Introdução e teoria da lei penal*, Verbo, 2010

Sambucci, Luca , "How will AI power the metaverse", *in*: *Artificial Intelligence News*, 24 February 2022, *in*: https://www.artificialintelligence.news/how-will-ai-power-the-metaverse/ (último acesso em 25.07.2022)

Sieber, Ulrich, "Les crimes informatiques et de'autres crimes dans le domaine de la technologie informatique", *Revue Internacionale de Droit Penal* – AIDP – Colóquio de Wurzbourg, 1992, p. 55 e ss.

Sousa, Susana Aires, *Os crimes fiscais – Análise dogmática e reflexão sobre o discurso criminalizador*, Coimbra editora, 2006

Stephenson, Neal, *Snow Crash*, Penguin Books Ltd, 1992

Venâncio, Pedro Dias, *Lei do Cibercrime Anotada e Comentada*, Coimbra Editora, 2011

Verdelho, Pedro, "A nova lei do cibercrime", *Scientia Iuridica*, LVIII (2009), p. 717 e ss.

VERDELHO, Pedro, "Artigo 8º (Reprodução ilegítima de programa protegido)", *in*: *Comentário das Leis Penais Extravagantes* (Albuquerque / Branco coords.), Universidade Católica Editora, 2010, p. 520 e ss.

Meritíssima, a culpa não é minha! Imputação de Responsabilidade Penal por Danos Provocados por Veículos Autónomos

Rosana Teixeira

Sumário: 1. Introdução. 2. Veículos autónomos e Inteligência Artificial (IA): definição e problemática. 3. Níveis de autonomia. 4. Responsabilidade do veículo autónomo *per se*. 5. Responsabilidade do ser-humano por detrás do veículo autónomo. 5. 1. Responsabilidade do utilizador do veículo (condutor/ passageiro). 5.1.1. Atribuição de um dever de garante ao utilizador. 6. Imputação pelo risco. 7. Responsabilidade do produtor. 7. 1. Responsabilidade imediata ou mediata? – breve consideração. 7. 2. Responsabilidade do produtor por omissão (dever de garante). 8. Conclusão.

1. Introdução

A Indústria 4.0, também conhecida como *Quarta Revolução Industrial,* trouxe com ela uma nova mudança de paradigma para a sociedade: a introdução de veículos dotados de Inteligência Artificial (IA) e com níveis de autonomia nunca antes vistos.

Da ficção científica à realidade foram precisos alguns anos, mas, pouco a pouco, estes entes autónomos tornaram-se num novo aliado do ser humano. A evolução da tecnologia e a sua introdução no setor dos transportes, tal como é o caso de carros autónomos, aeronaves e embarcações[1], permitiram à sociedade usufruir de um novo leque de benefícios. Nomeadamente, no que diz respeito aos veículos autónomos, objeto do nosso estudo, espera-se que, por exemplo, com a introdução destes entes nas vias rodoviárias, pessoas com deficiências motoras ou psíquicas possam voltar a "conduzir" um carro. A capacidade do veículo circular sem qualquer intervenção humana possibilitará aos agentes humanos passarem de condutores ativos a meros passageiros, isto é, permitirá ao Homem a possibilidade de se transportar no próprio veículo e, por exemplo, ler um livro ao mesmo tempo. Realidade que ainda não era viável até aos dias de hoje.

A transformação tecnológica não tardou a chegar a estes meios de transporte e hoje é possível encontrar modelos de carros totalmente autónomos a serem testados. Carros dotados de IA, capazes de processar dados dez vezes mais rapidamente (ou mais) do que um ser humano e de tomarem decisões autónomas que poderão ser, muitas das vezes, imprevisíveis[2].

Embora a transformação a que temos assistido tenha tornado os veículos autónomos capazes de recolher dados, processá-los e decidir em função deles, não os tornou infalíveis. Inclusive, foi no ano de 2018, no Arizona[3], que se deu o primeiro acidente com um carro autónomo da *Uber*. Poder-se-á dizer que problemas desta natureza não serão tão recorrentes como os acidentes com veículos sem autonomia, contudo poderão ocorrer.

Os Estados deverão estar prontos a dar resposta a estes casos, pelo que é importante debater e repensar como se resolverão situações causadas por um veículo autónomo. Quem será o responsável por danos cometidos por um veículo totalmente autónomo, sem qualquer intervenção humana? A quem se atribuirá a responsabilidade?

2. Veículos autónomos e IA: definição e problemática

Antes de abordamos a problemática que nos tem inquietado, convém percebermos o que são carros autónomos dotados de IA e as implicações que esta

[1] JANUÁRIO, Túlio Xavier (2020), p. 95.

[2] *Idem*, p. 96.

[3] Notícia disponível em https://www.jn.pt/mundo/uber-sem-condutor-atropela-mortalmente-mulher-nos-eua-9198880.html;

característica acarreta, para efeitos de imputação de responsabilidade penal por danos provocados por um veículo autónomo.

Atualmente, ainda não existe um conceito formal e consensual do que é a IA. Contudo, a União Europeia definiu-a como a capacidade que uma máquina tem de reproduzir competências semelhantes às humanas, tais como o raciocínio, a aprendizagem e outras[4]. Poderemos utilizar um conceito de IA que a define como a capacidade de captar e processar informação do ambiente e de aprendizagem com esses dados, a partir dos quais é "feita a opção pela forma de reação que entender adequada, tudo isto sem interferência humana".[5] Isto significa, então, que a sua principal característica é a capacidade de realizar várias tarefas sem qualquer intervenção humana, tal como a capacidade de aprender com as experiencias que adquire ao longo do tempo e, assim, desenvolver as suas respostas.

Os veículos com IA, denominados veículos autónomos, são dotados de sensores e câmaras que permitem a recolha desses dados, de forma a conseguir processá-los e, consequentemente, agir. A grande diferença entre os tradicionais carros a que estamos habituados e os veículos autónomos é, então, o facto destes entes inteligentes serem dotados de uma "habilidade de captura e processamento de informação"[6], tomando as próprias decisões sem qualquer intervenção por parte do homem. Pelo que o seu comportamento e processo decisório poderá ser, muitas das vezes, imprevisível.

Estes sistemas ligam-se através da *internet of things* e utilizam-se de *big data* "como forma de *input* para a identificação de regras e padrões aplicáveis ao caso".[7] E é a capacidade de *machine learning* que lhes permite serem capazes de aprender para além daquilo para o que foram programados[8].

O facto de os carros autónomos serem capazes de tomar decisões desta forma torna a imputação de responsabilidade penal por danos causados por esses entes inteligentes extremamente difícil. A opacidade quanto ao processo

[4] PARLAMENTO EUROPEU, "O que é a inteligência artificial e como funciona?", disponível em https://www.europarl.europa.eu/news/pt/headlines/society/20200827STO85804/o-que-e-a-inteligencia-artificial-e-como-funciona

[5] JANUÁRIO, Túlio Xavier (2020), p. 98.

[6] *Idem*, p. 99.

[7] *Idem*.

[8] JANUÁRIO, Túlio Xavier (2020), p. 99; ESPINOSA, Alejandra Morán (2021).

decisório da máquina, designado de *black box problem*[9], leva a que a doutrina se debata sobre aquilo a que se vem designando como "*the responsability gap*"[10], a propósito de uma eventual responsabilidade por danos causados por sistemas de IA.

A nossa investigação cingir-se-á, então, somente aos casos em que o veículo autónomo, dotado de IA, for capaz de, "perante um *input* que lhe é dado, produzir, com autonomia, informação nova, não previsível nem programada".[11]

Existindo uma morte provocada por um veículo autónomo, nos dois últimos níveis de autonomia que referiremos de seguida, onde não há qualquer representação ou intenção humana, torna-se difícil ou quase impossível a atribuição de responsabilidade penal. Assim sendo, é necessário e de extrema importância debater todas as possibilidades e perceber se o nosso ordenamento jurídico, no estado atual, será ou não capaz de dar resposta a situações como esta.

3. Níveis de autonomia

Antes de abordamos o cerne da problemática do nosso estudo, é importante ter presente os vários níveis de autonomia de um veículo. Os problemas vão diferindo consoante seja o nível de autonomia em questão, sendo que o nosso estudo centrar-se-á nos níveis de autonomia mais elevados. Todavia, é indispensável conhecer todos estes modelos e perceber as várias distinções. Vejamos.

[9] "O *black box problem* ou problema da caixa negra remete para a opacidade e a falta de transparência de alguns modelos mais complexos de IA na forma como processam os dados (*input*) e alcançam determinado resultado (*output*). Isto é, o tratamento algorítmico dos dados, segundo uma estrutura complexa, torna opaco o processo que conduz a determinado resultado, não obstante a sua capacidade de grande precisão na determinação de nova informação. A opacidade será tanto maior quanto mais complexos (e precisos) sejam os modelos de *machine learning* utilizados, sendo que, em alguns casos, o estado atual de desenvolvimento tecnológico não permite determinar, atendendo ao grau de complexidade do sistema, como se chegou àquele resultado (...)": SOUSA, Suana Aires de (2020), p. 66.

[10] *Idem.*

[11] SOUSA, Susana Aires de (2020), p. 61.

A SAE – *Society of Automative Engineers* – definiu uma escala de 5 níveis de autonomia nos veículos, a qual serviu de base à nossa investigação[12].

O nível 0, denominado de "Não-autonomia" ou "*No automation*", representa o veículo onde é o motorista que controla a 100% todas as tarefas de condução, sendo ele que tem o total controlo do veiculo. Não existe aqui qualquer autonomia.

O nível 1, conhecido por "Direção Assistida" ou " *Driver Assistance*", refere-se a um modelo que já compreende determinadas funções que auxiliam o controlo do veículo, tais como o controlo de velocidade, ABS (*Anti-lock Branking System*) ou controlo de estabilidade. Contudo, continuamos num nível de autonomia em que é o condutor humano que assume o controlo da viagem. São exemplos deste tipo de funcionalidades a "*lane centering*" (controlo de estabilidade), que auxilia o motorista a manter o veículo centrado na faixa que lhe compete ou "*adaptive cruise control*" (numa tradução portuguesa o "controlo de velocidade")[13].

O nível 2, designado por "Autonomia Parcial" ou "*Partial Automation*", é o nível onde há uma inclusão de certas funções no veículo, tais como poder executar a direção e a aceleração, e este já consegue executá-las em simultâneo. Porém, o condutor continua a não ser dispensável e tem de permanecer atento ao meio que o rodeia – a autonomia, neste patamar, fica aquém da condução autónoma, já que a componente humana continua a ser uma parte essencial em todo o processo. Trata-se, como o próprio nome indica, de uma autonomia parcial.

Um exemplo claro deste nível de autonomia são os carros da *Tesla*[14]. Os motoristas deste tipo de carros poderão retirar as mãos do volante por uns momentos, mas deverão continuar a supervisionar o veículo e assumir o controlo assim que percebem que é necessário.

[12] *Society of Automative Engineers*, *Surface Vehicle Recommended Practice*, J3016, APR2021; disponível em https://www.sae.org/standards/content/j3016_202104 e https://www.sae.org/blog/sae-j3016-update;

[13] MARQUES, José/ SOARES, Mário (2019), p. 4.

[14] MARQUES, José/ SOARES, Mário (2019), p.5, referem que "podemos encontrar já em circulação carros com este nível de autonomia, como é o caso do *Tesla Model S* e *Tesla Model 3* equipados pelo sistema *Tesla Autopilot* que lhes conferem a capacidade de, em ambientes muito específicos e a velocidades abaixo dos 60km/h, transportar os passageiros sem intervenção humana.".

A partir do Nível 3, "Autonomia condicional" ou "*Conditional Automation*", as coisas são um pouco diferentes, já que se nota uma evolução comparativamente com os níveis anteriores. Neste patamar de autonomia, o veículo já consegue controlar a sua própria direção e as suas funções básicas. O veículo passa a ser capaz de travar, acelerar, ultrapassar, etc. Deixamos de ter um humano somente como condutor. Contudo, este condutor-humano deverá continuar atento à condução e, em caso de necessidade, preparado para assumir o controlo quando receber um alerta pelo sistema do veículo autónomo. "Em caso de acidente iminente, o veículo é capaz de tomar decisões autónomas, como desviar-se de um outro veículo que dele se aproxima ou mudar de faixa quando estejam reunidas as condições de segurança necessárias. O condutor é somente um "sistema de recurso".[15]».

Esta categoria de autonomia já é uma realidade, por exemplo, nos Estados Unidos, vindo a ser testada pela *Google, Uber* e *Tesla*.

A partir do nível 4, "Alta autonomia" ou "*High Automation*", os carros deixam de necessitar da intervenção humana para conseguir circular, assumindo todas as tarefas de condução. Neste nível, deixa de ser necessário que o humano retome o controlo do veículo, porém, continua a ter a opção de se substituir manualmente, se assim pretender[16]. Atualmente, este tipo de carros apenas poderão conduzir em condições limitadas, tais como geográficas, climáticas, entre outras[17].

Chegamos ao último nível de autonomia, o nível 5, denominado de "Autonomia Total" ou "*Full Automation*", onde existe uma completa capacidade do veículo autónomo em conduzir e tomar as rédeas da viagem. Inclusive, não há necessidade da presença humana no seu interior. Neste nível, o ser humano deixa definitivamente de ser condutor e passa a ser um mero passageiro. Estes modelos poderão ir a qualquer lugar, em qualquer momento, sem necessidade de motorista humano. A grande diferença, comparativamente como os veículos de autonomia 4, é o facto de eles poderem conduzir sob todas as condições.

[15] FREITAS, Pedro Miguel (2018), p. 20.

[16] *Idem*.

[17] MARQUES, José/ SOARES, Mário (2019), p. 4.

É nestes últimos níveis de autonomia que se concentram os maiores problemas a nível de imputação de responsabilidade penal, já que dispensam o controlo do veículo por um ser humano.

Até ao nível 3, os modelos de responsabilidade existentes são capazes de responder às questões que vão surgindo no dia-a-dia. Porém, os últimos níveis de autonomia, principalmente, o nível 5, acarretam difíceis respostas para o direito penal, pelo que encontramos várias lacunas na nossa legislação nacional.

Ainda que, de momento, os veículos dotados de IA nos dois últimos níveis de autonomia não circulem nas estradas portuguesas, a realidade é que não tardarão a chegar. A evolução tecnológica é mais rápida do que aquilo de que estamos à espera e os problemas, com certeza, também nos baterão à porta.

Por essa razão é necessário refletirmos sobre o tema e, se possível, encontrarmos respostas para as seguintes perguntas: Quem será responsável, quando um veículo autónomo matar uma pessoa? Quem será responsável, quando um veículo autónomo causar danos a alguém? O próprio veículo? O condutor ou utilizador do veículo? O produtor ou programador?

4. Responsabilidade do veículo autónomo *per se*

Começamos por fazer a pergunta que mais dificuldades tem suscitado na doutrina: poderemos responsabilizar um veículo autónomo por si mesmo? Poderá o nível de autonomia do veículo permitir uma punição do próprio veículo?

Embora encontremos autores que perfilham uma resposta positiva em relação às perguntas mencionadas *supra*, a verdade é que a doutrina maioritária tende a seguir o caminho contrário.

O modelo de responsabilização do próprio veiculo partirá da ideia de que este é um ser capaz de determinar todas as suas ações e agir consoante as mesmas, sem a necessidade de um ser humano controlar a direção do veículo[18]. Reconhecemos a característica natural ao ser humano que carrega a culpa de todas as suas ações "quando realiza, dolosamente ou culposamente, um tipo penal e, com isso, reconhece o ilícito do seu comportamento e pode evitá-lo de forma exigível"[19]. Mas será um veículo capaz de entender as consequências das

[18] GRANDI, Nicolás Mario (2020), p. 45.

[19] GLESS, Sabine/WEIGEND, Thomas (2019), p. 458.

suas próprias ações? Conseguirá este entender o próprio conceito de direitos e obrigações? Será este um ser passível de se lhe atribuir direitos e obrigações?

Para conseguirmos dar resposta às anteriores perguntas teremos de perceber se os veículos autónomos conseguem pensar livremente, ou seja, se estes têm capacidade de autorreflexão e consciência, já que é esta capacidade que permite a uma pessoa autodeterminar as suas próprias ações.

Embora os veículos autónomos consigam monitorizar o meio ambiente que os rodeia e daí retirarem dados para determinarem as suas ações, eles não são seres dotados de consciência. Atualmente, os veículos autónomos carecem de autorreflexão em relação às suas ações, já que até ao momento ainda não detêm capacidade de valoração dos seus próprios comportamentos[20]. "Pode-se dizer (...) que faltam aos agentes inteligentes elementos essenciais do ser-pessoa"[21]: embora o veículo possa aprender com os dados que recolhe e tomar as suas próprias decisões, muitas das vezes imprevisíveis, este não consegue, ainda, ter consciência da sua própria liberdade.

Há autores, tais como *Sabine Gless, Emily Silverman* e *Thomas Weigend* que entendem que no futuro poderá ser possível considerar estes agentes artificiais como passíveis de culpa. Admitem que, num futuro próximo, os veículos autónomos dotados de IA possam adquirir qualidades e capacidades morais que os possam tornar mais semelhantes aos humanos. Entendem que, caso estes venham a adquirir capacidade de autorreflexão e consciência, a questão de atribuição de personalidade a estes entes poderá ter que ser repensada.[22]

Embora nos pareça difícil atribuir responsabilidade a um carro dotado de IA, não podemos negar que a evolução se verifica a uma velocidade inimaginável e, ainda que nos possa parecer longínquo, é possível que no futuro se possa vir a responsabilizar os veículos *per se*.

Outros autores, tais como *Hallevy*[23], perfilham a responsabilização de um veículo diretamente, aplicando analogicamente o que sucede com as pessoas coletivas: atribuindo personalidade jurídica ao próprio veículo, propugnando

[20] GRANDI, Nicolás Mario (2020) p. 46.

[21] GLESS, Sabine/WEIGEND, Thomas (2019), p. 45.

[22] GLESS, Sabine/ SILVERMAN, Emily/ WEIGEND, Thomas (2016), p. 417.

[23] HALLEVY, Gabriel (2013).

pela criação de uma "pessoa eletrónica"[24]. Porém, não nos parece que se possa fazer essa interpretação. As pessoas coletivas têm na sua base uma organização humana e são estes indivíduos que, de alguma forma, acarretam com as consequências das sanções aplicadas à pessoa coletiva. No caso do veículo autónomo, responsabilizando-o *per se*, não temos nenhuma componente humana detrás deste agente. Deste modo, não consideramos que seja, de momento, a solução mais adequada.

Gabriel Hallevy propõe, igualmente, a possibilidade de responsabilizar diretamente o veículo autónomo, acreditando ser possível identificar nas ações deste ente, tanto os elementos externos (*actus reus*), como mentais (*mens rea*). Quanto aos *mens rea*, o maior desafio na atribuição de responsabilidade, *Hallevy* defende que os agentes artificiais detêm mecanismos de receção sensorial capazes de analisar os dados e, assim, deterem o conhecimento exigido para a atribuição da responsabilidade penal. O autor afirma, então, que os pressupostos de atribuição de responsabilidade penal poderão ser aplicados, tanto a um ente físico, como a um ente coletivo ou a um artificial[25].

Não nos parece ser possível aplicar este modelo de responsabilização, já que não nos parece que, pelo facto do veículo deter meios de receção e recolha de dados, se possa considerar que este detém conhecimento do ato ilícito que está a cometer. Atribuir tal responsabilidade através desta conceção acaba por confundir a capacidade de agir ilicitamente com a "capacidade, reconhecida ao algoritmo, de fazer opções", e "confundir livre-arbítrio com escolha pré-programada (ainda que não controlada) e direcionada ao cumprimento de uma tarefa"[26]. Como vimos *supra*, os veículos autónomos ainda não são dotados de capacidades morais que lhes permitam entender o sentido das suas ações, muito menos os sentidos das normas que estão a infringir, pelo que não os poderemos considerar culpados pelas ações que delas possam resultar.

[24] "Um relevante impulso neste sentido adveio do Parlamento Europeu, na Resolução de 16.02.2017, que contém recomendações dirigidas à Comissão Europeia em matéria de futura legislação civil sobre robótica e IA. Entre outras recomendações, o relatório admite no ponto 59 f) a criação de "um estatuto jurídico específico para os robôs", abrindo a possibilidade de conferir aos robôs autónomos mais sofisticados o estatuto de "pessoa eletrónica": assim, SOUSA, Susana Aires de (2020), p. 75.

[25] HALLEVY, Gabriel (2012), p. 207s; para uma análise crítica, cf. SOUSA, Susana Aires de (2020), p.76 e 77.

[26] SOUSA, Susana Aires de (2020), p. 77.

E ainda que possamos defender uma responsabilização do veículo pelas suas próprias ações, teremos de perceber, nestes casos, qual será o sentido da punição. Como vimos anteriormente, os agentes de inteligência artificial ainda não estão dotados de capacidades de autorreflexão, pelo que não reconhecem sequer que a sua conduta está errada.

E, olhando para as reações criminais atualmente previstas no nosso ordenamento jurídico, criado e desenvolvido em função de um ser humano, serão estas adequadas a responsabilizar um veículo autónomo? Será a pena de prisão adequada a satisfazer as necessidades de prevenção geral e especial da punição quando aplicada a um carro inteligente?

A opção de punição de um ente inteligente, com o sentido e as finalidades com que é aplicada ao ser humano, parece não ser a mais correta. Qual será a "função da punição de um agente artificial inteligente individualmente considerado?"[27]. Bastará pensar em qual será a finalidade de aplicação de uma pena de multa a um veículo autónomo, que nem património próprio tem (a não ser que esta venha a ser paga pelo próprio proprietário ou por um fundo de responsabilidade, mas continuávamos a não responsabilizar o veículo diretamente).

E, se pensarmos na possibilidade de aplicação de uma pena de prisão a estes entes inteligentes, muito menos fará sentido. Ou ainda que se fale na aplicação de uma pena de morte aos veículos autónomos dotados de IA, como referência à própria destruição da máquina, esta também não parece "atingir o agente da mesma forma que um ser humano"[28]. Embora pareça ser a punição mais adequada a este tipo de agentes, a verdade é que não me parece que os veículos autónomos, atualmente, sejam dotados de um desejo de viver. Como referimos anteriormente, a estes falta a característica de ser pessoa, de ter vontade de viver e, portanto, de sentir a pena de morte como uma "sanção" do seu comportamento. Parece-nos que um veículo autónomo não sentiria sequer o impacto de tal punição, porque, de momento, ainda não são dotados de capacidades morais – "só pode existir responsabilidade onde exista um agente consciente, moral e com capacidade de entender o sentido da norma, enquanto destinatário dos comandos jurídicos nela inscritos"[29].

[27] JANUÁRIO, Túlio Xavier (2020), p. 119.

[28] GLESS, Sabine/ WEIGEND, Thomas (2019), p. 53.

[29] SOUSA, Susana Aires de (2020), p. 77.

Se, num futuro que acreditamos ser próximo, os agentes inteligentes começarem a ser dotados de valores morais, semelhantes aos dos seres humanos, poderá ser possível atribuir responsabilidade aos veículos autónomos *per se*. Não negamos essa possibilidade, pois só o futuro nos poderá trazer respostas. Até lá, "muita água correrá...".

5. Responsabilidade do ser-humano por detrás do veículo autónomo

Deixando de lado as considerações sobre a responsabilidade penal do próprio veículo, resta-nos refletir sobre a possibilidade da sua imputação ao ser humano detrás da máquina inteligente.

O desafio da responsabilização de entes humanos torna-se bastante difícil nos casos em que a realização do resultado juridicamente desvalioso não tem atrás nenhuma intenção ou representação humanas. Existem casos em que assim será.

Embora a construção clássica da teoria do crime assente na imputação de um resultado desvalioso a uma conduta humana, os "esquemas de atribuição de responsabilidade penal não exigem, porém, que tal dano seja causado pela ação imediata do agente humano"[30]. A imputação de um comportamento desvalioso a uma *pessoa individual* poderá ser feita, assim, em situações de comparticipação, podendo ser o facto ilícito total ou parcialmente realizado por outrem (designadamente, nos termos do Artigo 26º, do Código Penal); ou, *no plano da conduta*, são conhecidos modelos de atribuição de responsabilidade através de responsabilidade por omissão de uma ação que impedisse o acontecimento do resultado, quando sobre o agente recaísse o dever de o evitar (hipóteses previstas nos termos do Artigo 10º, do Código Penal, relativamente à omissão impura)[31].

Ora, quando um veículo autónomo (nível 4 ou 5) causa a morte de um peão, por exemplo, torna-se difícil atribuir responsabilidade ao ser humano, já que o facto desvalioso acontece sem qualquer intervenção humana. Nestas hipóteses, a responsabilização do condutor ou do programador/produtor apenas terá lugar quando estivermos perante condutas negligentes e desde que

[30] SOUSA, Susana Aires (2020), p. 71.

[31] *Idem*.

se identifique uma violação de um dever objetivo de cuidado. [32] O desafio da responsabilização de entes humanos torna-se, assim, bastante difícil, já que detrás da realização do resultado juridicamente desvalioso não existe nenhuma intenção ou representação humana. Qual será, então, a solução?

5.1. Responsabilidade do utilizador do veículo (condutor/ passageiro)

Começamos por questionar: poderemos responsabilizar o utilizador do carro autónomo quando ocorrer, por exemplo, uma lesão a um peão? Poderá ser aquele responsável por um comportamento no qual não teve qualquer intervenção? Vejamos.

5.1.1. Atribuição de um dever de garante ao utilizador

Um dos modelos discutidos sobre a imputação de responsabilidade penal ao utilizador do veículo passa pela atribuição de um dever de controlo e atenção à via rodoviária por parte deste e a necessidade de intervenção quando for necessário para evitar acidentes. A responsabilidade seria, assim, baseada na falta de atenção do "condutor" e na omissão de uma conduta que fosse capaz de evitar o dano, caso esta fosse exigível[33].

Da nossa perspetiva, entendemos que esta responsabilização apenas poderá ocorrer no caso dos carros com autonomia até ao nível 3, em que ainda é exigido, como vimos, que o condutor esteja atento à direção do veículo e se substitua quando conseguir prever que algo não está bem. Nos três primeiros níveis, sendo o nível 0 (zero) vazio de autonomia, há uma atribuição ao condutor de um dever de monotonizar a condução do veículo e de agir quando se aperceber que um possível acidente poderá ocorrer. Caso este não intervenha, poderá vir a ser responsabilizado, nos termos previstos no Artigo 10º, do nosso Código Penal[34], devido à omissão de uma conduta que lhe era exigível. Há aqui, então, um dever de intervir por parte do condutor.

[32] *Idem*, pág. 72.

[33] HEVELKE, Alexander/ NIDA-RÜMELIN, Julian (2014), p. 624.

[34] "**Exemplos** de crimes *impuros* ou *impróprios* de omissão (...) parece poderem ser em princípio – tomando-se no seu teor literal imediato o disposto no art.10º-1 – constituídos por todo e qualquer outro tipo legal de crime, descrito na lei somente como crime de ação, se ele "compreender um certo resultado" (homicídio, ofensa à integridade física, sequestro, burla, etc.)". Assim, DIAS, Jorge de Figueiredo (2019), p. 1068 (negrito e itálicos no original).

Considerando um veículo autónomo como uma fonte de possíveis perigos, poderemos considerar que há um dever de garante por parte do condutor em vigiar e controlar o rumo da viagem (ou seja, um dever de vigilância de uma fonte de perigo) e, por isso, será possível responsabilizá-lo por uma omissão impura, nos termos do supramencionado dispositivo.

Já nos casos dos veículos de nível 4, em que há um grau de autonomia bastante elevado, havendo ainda a possibilidade de, como vimos, o condutor se substituir manualmente, se assim o pretender, será possível pensar na mesma forma a sua responsabilização? É neste ponto que se concentra a maior reflexão. Poderemos responsabilizar um "condutor" por não ter tomado o controlo do veículo a tempo de evitar o dano? Tendo em consideração que os veículos de nível 4 não necessitam de qualquer intervenção humana para tomar o controlo da viagem, poderá ser uma opção responsabilizar os "condutores", a que tendemos a chamar de "passageiros", por uma omissão impura?

Propendemos para responder negativamente a esta questão. Considerando o elevado grau de autonomia existente nos carros de nível 4, denominados de alta autonomia, e a inexistente intervenção humana para conseguir colocar o veículo em andamento, não nos parece possível responsabilizar, nestes casos, o utilizador do veículo.

Para além da rapidez com que os veículos dotados de IA processam os dados e tomam as suas decisões, sendo um processo muito mais rápido do que o do ser humano, há toda uma opacidade na forma como estes as tomam. Será correto exigir a um passageiro que se substitua ao veículo quando estiver na iminência de um acidente, quando o próprio carro não conseguiu evitá-lo? Um veículo autónomo processa a informação dez vezes mais rapidamente do que um ser humano (senão mais). Ora, muito possivelmente, o veículo monitorizou o ambiente e conseguiu detetar que o acidente ocorreria e nada fez para evitá-lo. Um ser humano não tem a rapidez de reação de um veículo autónomo.[35] Será correto responsabilizar o "condutor" mesmo assim? Tendemos a discordar desta solução.

Para além do mais, atribuir responsabilidade ao "condutor" é negar as vantagens que advêm da utilização de um veículo autónomo. Com a introdução destes agentes inteligentes nas vias rodoviárias promoveram-se novas

[35] HEVELKE, Alexander/ NIDA-RÜMELIN, Julian (2014), p. 625.

utilidades para os seus passageiros, tais como a possibilidade de ir para qualquer lado no próprio carro e, ao mesmo tempo, ler um livro durante a viagem. Com a responsabilização do "condutor" nestes casos, deixa de ser possível, por exemplo, que menores de 18 anos ou pessoas com deficiências, que até agora necessitam de outra pessoa para se poderem deslocar num automóvel, viajem sozinhos no veículo[36].

Exigir que o passageiro continue atento durante toda a viagem é retirar grande parte da utilidade e da inovação que se verifica com a introdução dos veículos autónomos. É necessário balancear todas estas considerações e perceber se fará sentido atribuir responsabilidade ao utilizador nestes casos.

Quanto ao nível 5 de autonomia, nada haverá a dizer, sendo que a aplicação de tal responsabilização, em nosso entender, seria totalmente descabida, já que o ser passageiro não tem qualquer forma de intervir.

6. Imputação pelo risco

Uma outra alternativa de responsabilização deixa de exigir ao utilizador do veículo o dever de intervir, mas continua a considerá-lo responsável por possíveis acidentes[37]. Esta teoria considera que o passageiro aceita o risco ao colocar o veículo em andamento, sabendo e aceitando que poderá causar acidentes[38]. Segundo alguns autores, "usar o carro representa um risco – para a própria pessoa e para os outros".[39] De acordo com esta posição, é justificável responsabilizar os utilizadores dos veículos autónomos por quaisquer danos, mesmo que não tenham maneira de influenciar o comportamento dos automóveis. Consideram os autores, no entanto, que "essa responsabilidade não deve exceder o risco geral permitido assumido ao usar o veículo".[40]

Gabriel Hallevy propugna, para o ordenamento jurídico norte-americano, três possíveis modelos de responsabilização, sendo um deles neste sentido.

[36] *Idem*, pág. 624.

[37] *"One alternative would be an approach in which the person in charge of the autonomous vehicle has no duty (and possibly no way) of interfering, but still be considered morally responsible for possible accidents. The rationale behind this would be that he took the risk of using the vehicle, knowing and accepting that it might cause accidents."*: cf. HEVELKE, Alexander/ NIDA-RÜMELIN, Julian (2014), p. 626.

[38] *Idem*.

[39] *Idem* (tradução própria).

[40] *Idem* (tradução própria).

O autor denomina o modelo de imputação de "*Natural-Probable-Consequence*", atribuindo responsabilidade ao utilizador do veículo (no mesmo sentido ao produtor) por assumir o risco quando coloca o veículo em movimento, acarretando para este a obrigação de prever a possibilidade de tais acidentes poderem ocorrer[41]. Assim, é possível responsabilizar o utilizador por uma ofensa à integridade física de um peão quando essa lesão for consequência natural e provável desta conduta[42]. Refere, ainda, que "*users are not required to know about any forthcoming commission of an offense as a result of their activity, but are required to know that such an offense is a natural, probable consequence of their actions*"[43]. Este modelo permitiria, assim, responsabilizar o utilizador por negligência.

Armin Engländer é outro dos autores que considera possível responsabilizar o utilizador do veículo autónomo, nomeadamente, através da recusa de exclusão de responsabilidade pelo risco permitido no caso de situações dilemáticas. Para o referido autor, não será possível excluir a imputação da responsabilidade através do risco permitido, defendida por *Hilgendorf*[44], nem do estado de necessidade desculpante, equiparando, ao que parece, "as posições do condutor humano e de usuário do veículo[45], como se este último fosse o responsável pela definição de critérios de programação em face de situações dilemáticas"[46].

Segundo *Engländer*, o risco permitido[47] refere-se "a condutas que, de um lado, se consideram úteis do ponto de vista social e, do outro, apesar do cumprimento de todas as precauções exigidas, excecionalmente também podem

[41] HALLEVY, Gabriel (2012), p. 204 s.

[42] *Idem.*

[43] *Idem.*

[44] Cf. ENGLÄNDER, Armin (2019), p. 95: "*Hilgendorf* considera aqui uma exclusão da imputação sob o ponto de vista do risco permitido. Segundo este autor, carros autónomos diminuem consideravelmente o risco geral de acidentes e seriam, portanto, altamente benéficos para todos os participantes do sistema de tráfego. Não obstante, é possível que se encontre uma situação-dilema na qual a violação do bem seria razoável, portanto, considerar a realização excecional do risco como uma causa de exclusão pelo risco permitido.".

[45] Distingue o condutor humano de usuário do veículo, para nós utilizador ou passageiro. Quando se refere ao condutor humano está a referir-se ao condutor nos termos clássicos, que é o ser humano que controla a direção do veículo. Já quanto ao utilizador, a referência é ao agente humano que não intervém na direção do veículo, surgindo como um mero passageiro.

[46] Nestes termos, criticamente, JANUÁRIO, Túlio Xavier (2020), p. 120.

[47] Sobre o risco permitido, ESTELLITA, Heloisa / LEITE, Alaor (2019), p. 26.

vir a causar danos que não se permitem evitar. Trata-se de condutas em que o resultado típico só poderia ser evitado prescindindo universalmente dessas condutas – alternativa que a sociedade não está disposta a aceitar, em razão dos benefícios que tais condutas trazem."[48]. Assim, a "característica decisiva do risco permitido é a falta de capacidade para evitar o resultado que impede responsabilizar o autor, ou seja, a incapacidade de impedir o resultado no caso concreto"[49].

Nestes termos, *Engländer* parece considerar que é possível responsabilizar o utilizador pela colocação do veículo em andamento, conduta que levou a posteriores danos: a morte ou ofensa à integridade física de alguém, por exemplo[50]. O autor aparenta responsabilizar, em último termo, o próprio utilizador pela programação do veículo autónomo, quando refere que "não se produz um resultado, por assim dizer, de forma predestinada e inevitável. Pelo contrário, produz-se deliberadamente um resultado para evitar outro (...). Isto significa que não há um caso de risco permitido. Portanto, a impunidade do usuário do carro autónomo não se pode explicar com essa causa de exclusão da imputação"[51].

Diferentemente deste entendimento, continuamos a considerar que apenas poderá ser possível responsabilizar o passageiro ou "condutor" do veículo nos níveis em que não haja uma sua autonomia total, isto é, até ao nível 3, onde o ser humano tem a possibilidade de retomar a direção do veículo quando consiga prever que um possível dano poderá ocorrer e tenha poder de decisão. Na nossa perspetiva – acompanhando *Túlio Xavier Januário*[52] –, o facto de colocar o veículo autónomo em movimento, só por si, encontra-se no plano do «risco residual permitido», isto é, «aquele que persiste mesmo com o cumprimento das normas de cuidado», tal como acontece nos carros não autónomos.

Considerando a possibilidade de responsabilização nestes casos, entendemos também que esta apenas será possível nos casos em que houver efetivamente uma oportunidade real do condutor em prevenir o acidente. Se um

48 ENGLÄNDER, Armin (2019), p. 95.

49 *Idem.*

50 *Idem.*

51 *Idem.*

52 Cf. JANUÁRIO, Túlio Xavier (2020), p.120 e 121.

condutor médio não for capaz de prever e evitar tal dano, não deverá, então, haver imputação de responsabilidade[53].

7. Responsabilidade do produtor

Por último, resta-nos analisar uma outra possível responsabilização do ser humano por detrás do agente inteligente, nomeadamente, a responsabilidade pelo produto ou "*products liability*"[54].

De acordo com *Túlio Xavier Januário*, as eventuais responsabilidades penais dos programadores e fabricantes deverão ser apreciadas "com muito zelo", já "que o liame entre a atividade destas pessoas e o resultado danoso, quando existente, poderá ser muito ténue, diante até mesmo do elevado grau de imprevisibilidade do *output* dos agentes inteligentes"[55].

O modelo de responsabilização pelo produto recai, desta forma, sobre o produtor (fabricante) ou sobre o engenheiro que programou o carro. Poderão os produtores/engenheiros ser responsabilizados por um dano que o veículo autónomo cometeu? A problemática centra-se exatamente neste ponto.

7.1. Responsabilidade imediata ou mediata? – breve consideração

Nos casos em que um produtor fabricar ou programar um carro autónomo para intencionalmente cometer crimes, não se suscitarão grandes problemas a respeito da sua eventual responsabilidade penal, apesar de não devermos deixar de considerar a questão, ainda que de forma abreviada.

Imaginemos o caso de um veículo autónomo programado pelo fabricante para, por exemplo, atropelar os peões que atravessem uma passadeira ou para transportar os estupefacientes de um traficante[56]. Nestes situações temos alguém – um ser humano – que se serve do automóvel como instrumento para

[53] HEVELKE, Alexander/ NIDA-RÜMELIN, Julian (2014), p. 629.

[54] Mais detalhadamente SOUSA, Susana Aires de (2014); cf., também, RAFFO, Francisca Emília (2019), p. 12s. Sobre a responsabilidade pelo produto aplicado a veículos autónomos, cf., designadamente, GURNEY, Jeffrey K. (2014), *passim*; WESTBROOK, Clint W. (2017), *passim*.

[55] JANUÁRIO, Túlio Xavier (2020), p.118.

[56] A este respeito, propugnando um modelo de responsabilização que denomina de "*Perpetration-by-Another liability*" HALLEVY, Gabriel (2012), p. 201 s: "*The Perpetration-by-Another model assumes mens rea, the criminal intent of the programmers or users to commit an offense via the instrumental use of some of the AIUV's capabilities.*" (p. 204).

a prática do crime, tratando-se, por isso, de uma autoria imediata da pessoa que controla a máquina[57].

Há quem discuta se poderemos aplicar a autoria mediata[58] nestes casos, nos termos do disposto no Artigo 26º, do Código Penal. Numa breve análise sobre a questão e sem adentrarmos nela, julgamos ser de adiantar que não se poderá responsabilizar por esta via o produtor. Para que tal fosse possível, teríamos de considerar o veículo autónomo dotado de personalidade jurídica e detentor de direitos e deveres. Enquanto não conseguirmos considerar o carro como um agente, não será possível atribuir tal responsabilidade ao produtor. Como vimos, nos dias que correm, ainda não é possível fazê-lo, pelo que apenas poderemos responsabilizar o produtor por autoria imediata do dano que foi causado.

Já serão diferentes os casos, todavia – a implicar uma abordagem diferente da questão –, em que o fabricante não programou uma resposta por parte do veículo nos moldes que acabámos de indicar. Exemplo será o caso em que o produtor não programou o automóvel para atropelar o peão que iria a passar na passadeira, sendo a resposta dada pelo veículo totalmente autónoma. Não existe aqui nenhuma representação humana.

Sobre isto versam as considerações que se seguem.

7.2. Responsabilidade do produtor por omissão (dever de garante)

De acordo com *Susana Aires de Sousa*, a imputação de um resultado danoso por parte do veículo a um ser humano – no caso do produtor – apenas terá lugar quando estivermos perante uma conduta negligente e desde que se identifique a violação de um dever objetivo de cuidado[59].

A responsabilidade pelo produto é, assim, enunciada como a responsabilidade dos "produtores e distribuidores de bens de consumo defeituosos ou perigosos pela lesão ou colocação em perigo de bens jurídicos essenciais ao consumidor, tidos como valiosos pelo direito penal"[60] Os carros autónomos, devido ao grau de perigosidade que poderão apresentar, só poderão ser

[57] GLESS, Sabine/ WEIGEND, Thomas (2019), p. 54.

[58] A este propósito, *vide* DIAS, Jorge de Figueiredo (2019), p. 905 s.

[59] SOUSA, Susana Aires de (2020), p. 72.

[60] SOUSA, Susana Aires de (2020), p. 82; no mesmo sentido, SOUSA, Susana Aires de (2014), p. 147 refere que "trata-se de uma responsabilização pela lesão ou colocação em perigo de

permitidos se estiver assegurado o cumprimento de deveres de cuidado e de medidas de precaução previamente estabelecidas pelos ordenamentos jurídicos, cuja violação, em casos mais graves, poderá levar à própria paralisação do seu fabrico[61].

Existirão casos típicos de responsabilização pelo produto quando existe um defeito de fabrico no produto em causa. Contudo, o problema surge quando o dano não está relacionado com um defeito, mas com a própria autonomia do veículo. A imprevisibilidade da tomada de decisão não advém de um defeito, mas sim das próprias características do veículo, pelo que se torna assim mais complexa a atribuição de responsabilidade ao produtor[62].

Tratando-se de uma responsabilidade pela negligência, o produtor terá de se certificar, antes de comercializar os veículo autónomos, que estes são seguros e que foram devidamente testados, cumprindo as regras estipuladas sobre o seu fabrico, se estas existirem.[63] Caberá, assim, aos Estados estabelecer regras ou *standards* de conduta para os produtores, que devem ser cumpridas.

Após a introdução destes entes inteligentes no mercado, o produtor deverá monitorizar o *feedback* dos clientes e reagir, logo que deteta que ocorreram acidentes ou danos causados pelos veículos[64] e, se necessário, retirá-los do mercado. É atribuído ao produtor o dever de controlar o veículo mesmo após o seu fabrico, sendo que há autores que lhe atribuem responsabilidade quando não cumpriu o seu dever de cuidado[65].

Inclusive, há tribunais que entendem ser possível responsabilizar o produtor por lesões intencionais, quando este souber dos problemas causados e, ainda assim, decidir manter os produtos no mercado[66].

bens jurídicos por via da comercialização e disponibilização ao público-consumidor de bens defeituosos ou perigosos, situando-se por excelência no domínio económico.".

[61] SOUSA, Susana Aires de (2020), p. 84.

[62] *Idem*, p.82.

[63] GRANDI, Nicolás Mario (2020), p. 49; no mesmo sentido, GLESS, Sabine/ SILVERMAN, Emily/ WEIGEND, Thomas (2016), p. 427 e 428.

[64] GLESS, Sabine/ SILVERMAN, Emily/ WEIGEND, Thomas (2016), p. 428.

[65] Sobre esta discussão SOUSA, Susana Aires de (2016), p.140 s.

[66] Decisão "*The Lederspray case*" desenvolvido em SOUSA, Susana Aires de (2016), p.134; o Tribunal Alemão decidiu condenar o produtor pela omissão de retirar o produto do mercado e por lesões intencionais, através de ação direta, devido ao facto de ter mantido os produtos no mercado após a reunião onde se discutiu a retirada do mercado de tais produtos perigosos para a saúde.

Gless, Silverman e *Weigend* atribuem um dever de cuidado ao produtor, devido à própria imprevisibilidade dos veículos autónomos. Essa imprevisibilidade faz impender sobre aquele um dever de garante perante uma fonte de perigos, nomeadamente, um veículo autónomo. Existe para o produtor um dever de controlar o carro, mesmo após a sua introdução no mercado. Pelo que, segundo os referidos autores, poderá vir a ser responsabilizado a título de omissão caso haja a quebra desse dever de cuidado[67], à semelhança do que sucede nos casos que referimos *supra*, relativamente ao utilizador.

Imaginemos o caso do produtor que é alertado da ocorrência de vários acidentes e não retirou os veículos do mercado ou não tomou a iniciativa de verificar onde residia o problema: nestes casos, poder-se-á responsabilizar o fabricante por omissão[68].

De acordo com *Susana Aires de Sousa*, em relação a estes produtos surgiu um principio da precaução, assente em medidas que deverão ser tomadas para que se evitem ou diminuam riscos ou possíveis danos. A aplicação deste princípio poderá vir a ser essencial na regulação de produtos deste tipo, podendo o critério nele contido ser base de medidas concretizadoras de deveres, tal como, de acordo com o que referimos *supra*, o dever de monitorizar o veículo mesmo após a sua introdução no mercado.[69]

A responsabilidade criminal pelo produto não se baseia, assim, "na produção ilegal de um risco, mas no simples facto do produtor, perseguindo interesses económicos, criar legalmente um risco para o público em geral ao lançar um agente inteligente cujas reações poderão não ser previstas e controladas com segurança"[70].

[67] GLESS, Sabine/ SILVERMAN, Emily/ WEIGEND, Thomas (2016), p. 427 e 428; no mesmo sentido, SOUSA, Susana Aires de (2014), p. 634.

[68] Assim, SOUSA, Susana Aires de (2016), p. 140 s.: "*With respect to the products placed in the market, the question arises whether it exists a duty of (almost permanent) control, taking into account the safety in commerce and based upon a kind of dominion of the company itself (and of the goods there produced as potentially dangerous) or, in a narrower perspective, whether that duty exists only in the cases where the potential danger of the product is objectively foreseen when it is placed in the market, in which cases the removal of the product is due if the danger is confirmed. When this duty is not fulfilled, the criminal liability (by omission) of the manufacturer can be established with respect to the damage arising from the commercialization of the product.*"

[69] Sobre este ponto, mais desenvolvidamente, SOUSA, Susana Aires (2020), p. 85 e 86.

[70] Cf. SILVERMAN, Emily/WEIGEND, Thomas (2016), p. 428 (tradução própria): "*The reason for this type of criminal product liability is not the unlawful creation of a risk but the mere fact*

Neste ponto, é importante analisar também a pré-existência de normas de conduta que os programadores estavam obrigados a cumprir, vale por dizer, de uma regulação prévia[71] que defina de antemão as regras que os produtores devem cumprir na produção de veículos autónomos. Esta regulação[72] torna-se importante para conseguirmos entender se o produtor tomou todas as medidas necessárias à diminuição do risco inerente ao produto. Assim que um dano ocorrer devido a uma ação do veículo – e no caso da referida regulação existir –, é necessário averiguar se, no momento em que ele foi produzido e programado, o produtor cumpriu todas as regras de conduta que lhe permitiam reduzir o risco que lhe está associado. Caso se verifique que todas as normas foram cumpridas, o resultado do comportamento do veículo inserir-se-á no plano do risco residual, "devendo ser considerada desde já atípica a conduta do programador"[73]. Caso contrário, a violação de tais normas de cuidado fará incorrer o produtor em responsabilidade[74].

Neste modelo de responsabilização é também essencial a função exercida pela "previsibilidade", sendo essencial que nesta regulação seja aplicado um principio de *revisibilidade*[75] que acompanha o grau de conhecimento do produto e é determinante da evolução de um contexto de plausibilidade para um estado de previsibilidade e consequente criminalização das condutas. Sendo o juízo de previsibilidade fulcral para a sua tipicidade, deverá ser afastada a tipicidade da ação dos produtores/programadores dos veículos em causa, quando o comportamento destes últimos for imprevisível, devido à sua própria autonomia[76]. Isto é, se um comportamento danoso provocado por um

that the producer, in pursuing economic interests, lawfully creates a risk for the general public by releasing an Intelligent Agent whose reactions cannot be safely predicted and controlled.". No mesmo sentido, cf. GRANDI, Nicolás Mario (2020), p. 50.

[71] Sobre esta regulação, como uma regulação dinâmica, SOUSA, Susana Aires de (2020), p. 86.

[72] "A regulação (...) permite delimitar com maior clareza o risco permitido e construir um sistema mais sólido de imputação e de responsabilidade por danos ligados à IA. A violação de deveres de cuidado que se concretizam em resultados danosos fará incorrer o produtor (empresa ou pessoa individual) em responsabilidade.". Cf, a este respeito, SOUSA (2020), p. 86 e 87; e, em geral, sobre o relevo da regulação, RODRIGUES, Anabela Miranda (2020), p.51s.

[73] JANUÁRIO, Túlio Xavier (2020), p.121.

[74] Sobre a atribuição de tais deveres de cuidado, GLESS, Sabine/ SILVERMAN, Emily/ WEIGEND, Thomas (2016) p. 427 s.

[75] SOUSA, Susana Aires de (2020), p. 89 e 90.

[76] JANUÁRIO, Túlio Xavier, (2020), p. 122.

veículo não for previsível aquando da sua produção/programação, então a responsabilidade não deverá ser imputada ao seu produtor. O contrário acontecerá nos casos em que a conduta do veículo era previsível, devendo, assim, responsabilizar-se o produtor/programador por tais acontecimentos.

Além disso, e como resulta evidente, conforme o "risco de produção se torne previsível, deve a autoridade pública averiguar da necessidade de criminalização da conduta, designadamente através da construção de incriminações especificamente voltadas para a IA forte"[77].

8. Conclusão

Procurámos mostrar as dificuldades que a introdução de entes autónomos, nomeadamente, no setor dos transportes, acarreta para o direito penal, quando nos questionamos sobre a imputação de responsabilidade penal por danos provocados por veículos autónomos.

Embora a doutrina se debata com possíveis teorias de atribuição de responsabilidade por tais danos, a verdade é que, como vimos, o tema é controvertido e apontam-se insuficiências a várias perspetivas apresentadas nos níveis de autonomia mais elevados destes veículos para solucionar problemas que se levantarão num futuro mais ou menos próximo. Acidentes com veículos autónomos poderão ser uma realidade frequente a breve prazo, pelo que é importante perceber como irão os Estados e os tribunais dar resposta aos casos suscitados.

Entendemos não ser o momento ideal para se atribuir responsabilidade ao próprio ente de inteligência artificial. Como analisámos, os veículos autónomos ainda não são dotados de capacidades morais que os tornem semelhantes aos seres humanos em um tal grau que os possamos tornar responsáveis pelas suas próprias ações. Designadamente, as teorias da prevenção geral e especial perderiam todo o seu sentido. Contudo, não afastamos que tal possibilidade possa ter que vir a ser equacionada.

Noutro prisma, imputar a responsabilidade ao próprio "condutor" com base na atribuição de um dever de garante parece ser uma possível solução nos casos em que a autonomia se encontra no nível 3. Todavia, é uma solução

[77] SOUSA, Susana Aires de (2020), p. 90.

inadequada para responder às questões levantadas por veículos de nível 4 e 5. Para além do mais, atribuir responsabilidade nestes moldes impede, de certa forma, o aproveitamento das utilidades provenientes da introdução da IA neste setor.

No mesmo sentido, atribuir responsabilidade ao produtor, onerando-o com as consequências de ações que, muitas das vezes, não consegue controlar, poderá levar, a médio e longo prazo, ao desincentivo à criação e à inovação. Cremos que ninguém estará disponível para responder por algo que não consegue controlar.

Ainda assim, analisados os vários modelos de imputação de responsabilidade penal, entendemos que o modelo mais adequado à realidade atual, e tendo em conta todas as considerações mencionadas *supra*, será a atribuição de um dever de garante ao produtor e, consequentemente, a sua responsabilização quando existir a violação de um dever objetivo de cuidado. Porém, embora certos países, como é o caso da Alemanha, tenham regulado a questão da responsabilidade criminal do produtor, o legislador português ainda não tomou posição quanto a esta questão[78]. Entretanto, a doutrina que entre nós se tem debruçado sobre o tema e aqui analisada tende largamente a seguir o caminho da responsabilidade atribuída ao produtor, de acordo com a construção que deixámos exposta.

Não obstante todas as considerações que fizemos, entendemos que, embora os acidentes como os apontados e outros possam vir a ser uma realidade, a sua frequência será muito menor do que aquela registada com automóveis "tradicionais". Uma grande percentagem das ocorrências que se verificam nos dias de hoje deve-se ao erro humano, pelo que se espera que a remoção da vertente humana nos entes autónomos contribua para uma drástica redução do número de sinistros rodoviários. Por esta razão, autores há que entendem[79] que, se a sociedade carece dos benefícios provenientes da utilização de veículos autónomos e não deve abdicar da sua utilização, também poderá, no limite, ter de acarretar com as consequências do danos por eles produzidos, sem qualquer resposta do direito penal. Isto é, as condutas danosas provocadas

78 SOUSA, Susana Aires de (2016), p. 143.

79 GLESS, Sabine/SILVERMAN, Emily/ WEIGEND, Thomas (2016), p. 435 e 436; em sentido semelhante, GRANDI, Nicolás Mario, (2020).

pelos veículos automóveis (que serão raras), inserir-se-ão no plano do risco residual permitido[80]. Desta forma, manter-se-ia o incentivo para a produção e, do mesmo passo, a utilização de tais veículos, com todos os benefícios por estes trazidos[81].

A evolução está em curso e as questões colocadas serão muitas. Certamente que o caminho não será fácil mas, ainda assim, deve ser percorrido. Se aprendemos alguma coisa com a história é que as inovações que a tecnologia traz consigo tendem a beneficiar o ser humano e a vida em sociedade, independentemente de um certo grau de relutância ou atrito com que possam ser recebidas e provoquem num primeiro "embate" com a ordem estabelecida. Assim, é importante balancear os vários argumentos trazidos a debate para que, por um lado, não deixemos de percorrer o caminho aberto e, por outro, mitiguemos o "risco" de nele nos perdermos.

[80] Sobre a figura promissora do risco residual permitido, GRECO, Luis (2019), p. 198.

[81] GRANDI, Nicolás Mario (2020), p.51.

I. Bibliografia

COSTA, Miguel João e ABRANTES, António Manuel, "Os Desafios da Inteligência Artificial da Perspetiva Transnacional: A jurisdição e a Cooperação Judiciária", *A Inteligência Artificial no Direito Penal,* Coord. Anabela Miranda Rodrigues, Almedina, 2020, p. 163-217.

DIAS, Jorge de Figueiredo, *"Direito Penal, Parte geral, Tomo I: Questões fundamentais, a Doutrina Geral do Crime"*, Gestlegal, 3º edição, 2019.

ENGLÄNDER, Armin, "O veículo autónomo e o tratamento de situações dilemáticas", *Veículos autónomos e o direito penal,* Heloisa Estellita; Alaor Leite (org.), São Paulo, Marcial Pons, 2019, p. 86-107.

ESPINOSA, Alejandra Morán, "Responsabilidad penal de la Inteligencia Artificial (IA). ¿La próxima frontera?", *Revista del Instituto de Ciencias Jurídicas de Puebla,* México, Vol. 15, n.48, Dezembro de 2021, p. 289-323.

ESTELLITA, Heloisa e LEITE, Alaor, *"Veículos autónomos e direito penal: uma introdução "*, *Veículos autónomos e direito penal,* Heloisa Estellita; Alaor Leite (org.), São Paulo, Marcial Pons, 2019, p. 15-35.

FREITAS, Pedro Miguel, "Veículos autónomos e "Inteligentes" perante conflitos de interesses: uma visão a partir do direito de necessidade jurídico-penal", *Cyberlaw by CIJIC,* Edição nº V, Março de 2018, p. 90-110.

GLESS, Sabine, SILVERMAN, Emily e WEIGEND, Thomas, "If robots cause harm, who is to blame? Self-driving cars and criminal liability", *New Criminal Law Review,* Vol.19, Number 3, 2016 p. 412-436.

GLESS, Sabine e WEIGEND, Thomas, "Agentes Inteligentes e o Direito Penal", *Veículos autónomos e direito penal,* Heloisa Estellita; Alaor Leite (org.), São Paulo, Marcial Pons, 2019, p. 37-72.

GRANDI, Nicolás Mario, "Responsabilidad penal en la conducción autónoma", *SID, Simposio Argentino de informática y Derecho,* 2020, p. 43-53.

GRECO, Luís, "Veículos autónomos e situações de colisão", *Veículos autónomos e direito penal,* Heloisa Estellita; Alaor Leite (org.), São Paulo, Marcial Pons, 2019, p. 191-201.

GURNEY, Jeffrey K., "Sue my car not me: products liability and accidents involving autonomous vehicles", *University of South Carolina School of Law,* 2014, p. 247-277.

HALLEVY, Gabriel, "*When Robots Kill*", Northeastern University Press, 2013.

HALLEVY, Gabriel, "Unmanned Vehicles: Subordination to Criminal Law under the Modern Concept of Criminal Liability", *Journal of Law, Information and Science,* Vol 21, No. 200, 2012, p. 200-211.

HEVELKE, Alexander e NIDA-RÜMELIN, Julian, "Responsibility for Crashes of Autonomous Vehicles: An Ethical Analysis", *Law Science and Engineering Ethics* Springer, 2014, p. 619-630.

HILGENDORF, Eric, "Direito e Máquinas Autónomas. Um Esboço do Problema" *Veículos autónomos e direito penal,* Heloisa Estellita; Alaor Leite (org.), São Paulo, Marcial Pons, 2019, p. 65-86.

JANUÁRIO, Túlio Xavier, *"Veículos Autónomos e Imputação de Responsabilidades Criminais por Acidentes"*, A Inteligência Artificial no Direito Penal, Coord. Anabela Miranda Rodrigues, Almedina, 2020, p. 95-127.

MARQUES, José e SOARES, Mário, *"Veículos autónomos: Breve Dissertação sobre a Autonomia nos Automóveis e os seus efeitos"*, Técnico de Lisboa, Dezembro de 2019.

RAFFO, Francisca Emília, *"Nuevas tecnologías y derecho penal: la responsabilidade penal en la era de la inteligencia artificial"*, Universidad de San Andrés, Departamento de Derecho, Buenos Aires, 31 de Julho de 2019.

RODRIGUES, Anabela Miranda, "Inteligência Artificial no Direito Penal – a Justiça Preditiva entre a Americanização e a Europeização", *A inteligência artificial no Direito Penal,* Coord. Anabela Miranda Rodrigues, Almedina, Novembro de 2020, p. 11-58.

SOUSA, Susana Aires de, "Não fui eu , foi a máquina: Teoria do crime, Responsabilidade e Inteligência artificial", *A inteligência artificial no Direito Penal,* Coord. Anabela Miranda Rodrigues, Almedina, Novembro de 2020, p. 59-93.

SOUSA, Susana Aires de, "Product liability and Criminal law", *Revue International Droit Pénal*, Vol. 87, 2016, p. 131-153.

SOUSA, Susana Aires de, *"A Responsabilidade Criminal pelo Produto e os Topos Causal em Direito Penal"*, Coimbra, 2014.

WESTBROOK, Clint W., "The Google made me do it: the complexity of criminal liability in the age of autonomous vehicles", *Michigan State Law Review*, 97, 2017, p. 97-147.

Outros:

ENGINEERS, Society of Automative, *Surface Vehicle Recommended Practice*, J3016, APR2021.

https://www.sae.org/standards/content/j3016_202104

https://www.sae.org/blog/sae-j3016-update

https://www.europarl.europa.eu/doceo/document/A-8-2017-0005_PT.html?redirect#title1-

https://www.europarl.europa.eu/news/pt/headlines/society/20200827STO85804/o-que-e-a-inteligencia-artificial-e-como-funciona

https://ec.europa.eu/commission/presscorner/detail/pt/ip_22_2012

Inteligência Artificial e Direito da Guerra: Reflexões sobre as Armas Autónomas Mortíferas[1]

Miguel Lemos
Miguel João Costa

Sumário: 1. Introdução. 2. Definição de Arma Autónoma Mortífera e de Inteligência Artificial. 3. Exemplo dilemático. 4. O Direito da Guerra, *Jus in Bello* ou Direito Internacional Humanitário. 4.1. A tensão subjacente ao direito da guerra. 4.2. O Direito Internacional Humanitário e os Direitos Humanos. 5. Os dois princípios cardeais do Direito da Guerra. 5.1. Distinção entre combatentes e civis. 5.2. Sofrimento desnecessário. 6. Outras regras de Direito da Guerra. 6.1. Proporcionalidade. 6.2. *Hors de combat*. 6.3. Precauções necessárias. 7. Lacuna de responsabilidade. 8. A cláusula de Martens. 9. Conclusão.

1. Introdução

O debate sobre os efeitos da Inteligência Artificial (IA) no âmbito da guerra é amplo. No que diz respeito a um conjunto vasto de questões, o desenvolvimento e a utilização da IA pelos exércitos colocam problemas semelhantes aos

[1] Por opção dos autores, o presente texto é escrito em português anterior ao Acordo Ortográfico. Este texto corresponde, com alterações de pormenor, ao texto publicado pelos mesmos autores em *Revista Julgar* n.º 45 (2021) – Número Especial sobre Inteligência Artificial & Direito: Anabela Miranda Rodrigues (ed.), pp. 263-286.

que colocam em outros domínios e há relativo consenso em torno da ideia de que, tal como nestes outros domínios, esse desenvolvimento e essa utilização não são, em si mesmos, ilegais.

A situação já é, porém, algo diferente no que diz especificamente respeito às Armas Autónomas Mortíferas (AAMs). Se o desenvolvimento da IA é visto como um elemento preponderante daquilo a que se vem chamando de "4.ª revolução industrial"[2], as AAMs são vistas como a 3.ª grande revolução na história militar, depois da pólvora e das armas nucleares[3].

Em 2012, a *Human Rights Watch*, uma das mais prestigiadas organizações de direitos humanos com trabalho na área do direito da guerra, em colaboração com a *International Human Rights Clinic* da *Harvard Law School*, publicou o relatório «*Losing Humanity: The Case against Killer Robots*», defendendo a proscrição das AAMs[4]. O relatório recebeu imediata atenção crítica por parte de reputados académicos do direito da guerra[5] e, desde então, o debate no meio intergovernamental, no espaço público e nos mundos académico e científico tem sido intenso[6].

Recentemente o debate ganhou novo ímpeto com a apresentação, por parte da *Human Rights Watch* e da *Campaign to Stop Killer Robots* – uma "coligação global da sociedade civil" coordenada pela primeira –, de uma proposta mais concreta para a celebração de um tratado que proscreva as AAMs, suportada por um número relevante de Estados[7]. O objectivo deste artigo é apresentar e escrutinar criticamente essa proposta e as razões que a sustentam.

[2] Na senda de SCHWAB, KLAUS (2015).

[3] Cf. «Autonomous Weapons: An Open Letter from AI & Robotics Researchers» (2015), assinada por 4.502 investigadores de IA e Robótica e com outros 26215 signatários, entre os quais *Stephen Hawking, Elon Musk e Steve Wozniak.*

[4] International Human Rights Clinic – Harvard Law School (2012).

[5] SCHMITT, MICHAEL (2013), pp. 1-37, afirmando que o conteúdo do relatório é, em grande medida, contra-factual e contra-normativo e que a recomendação de proscrição das AAMs é insuportável do ponto de vista jurídico e político – e do do bom-senso.

[6] Cf., entre muitos outros documentos, o já referido «Autonomous Weapons: An Open Letter...» (2015).

[7] Human Rights Watch / Campaign to Stop Killer Robots (2019) e Human Rights Watch (2020a).

2. Definição de Arma Autónoma Mortífera e de Inteligência Artificial

Embora não haja uma definição de AAMs acordada no direito internacional, pode dizer-se, com *Lewis*, que se trata de "armas que, uma vez activadas, podem designar, seleccionar e usar força [letal] contra alvos, sem intervenção humana adicional"[8]. Como avança, por sua vez, *Schmitt*:

> "O ponto crucial quando se fala de autonomia completa é a capacidade de identificar, fixar o alvo e atacar uma pessoa ou objeto sem interface humano. Embora um operador humano possa manter a capacidade de assumir o controlo do sistema, ele pode operar sem que nenhum controlo seja exercido. Claro que um sistema totalmente autónomo nunca é, no seu todo, livre de intervenção humana. O designer do sistema ou o operador têm, pelo menos, de programar o sistema para funcionar de acordo com parâmetros especificados."[9]

Olhando por exemplo para a indústria automóvel – um dos domínios onde a IA tem vindo a registar avanços mais claros e uma utilização prática mais alargada, por não suscitar aí tantas reservas de princípio como noutros domínios[10] (*v.g.*, no da administração da justiça[11] ou, justamente, no das AAMs, de que aqui se cura) –, tendem a distinguir-se, actualmente, com base no "Standard SAE J3016", cinco níveis de autonomia distintos nos veículos autónomos: no 1.º o veículo é controlado pelo condutor e oferece apenas algumas funções de assistência a essa actuação humana; no 2.º o veículo já executa algumas funções de condução com autonomia, cabendo todavia ao condutor a função de monitorizar as condições externas e a responsabilidade de assumir o controlo quando isso seja necessário; no 3.º o condutor pode já considerar-se um 'passageiro', estando dispensado daquela função e cabendo-lhe apenas a responsabilidade de assumir o controlo do veículo quando ele emita um '*takeover request*'; no 4.º há já uma quase total autonomia do veículo, que tem a capacidade de suprir a ausência de resposta do condutor-passageiro a um

[8] Lewis, Dustin (2020).

[9] Schmitt, Michael (2013), p. 4.

[10] Sobre o tema e as dificuldades que todavia coloca ao direito penal, cf. *e.g.* Greco, Luis (2019), pp. 191 s.

[11] Cf. *e.g.* Rodrigues, Anabela Miranda (2022a) e (2022b); Fidalgo, Sónia (2020).

'*takeover request*'; no 5.º, por fim, temos veículos integralmente autónomos, em que não é necessária qualquer intervenção por parte do condutor-passageiro[12].

O próprio conceito de IA não reúne consenso[13]. Entendido num sentido mais estrito, ele abrangerá apenas sistemas com níveis de autonomia elevados, mas numa visão mais lata, que se baste com a capacidade do sistema de "analisar o ambiente envolvente e de praticar acções, com algum nível de autonomia, para atingir objectivos específicos"[14], abrangerá todos os níveis de autonomia indicados e, assim, a generalidade das AAMs.

Não pode perder-se de vista que as diferenças no nível de autonomia têm implicações muito relevantes para o efeito de várias das reflexões jurídicas suscitadas pelo desenvolvimento e utilização de sistemas de IA. Em especial, para aquela que se relaciona com a atribuição de responsabilidade penal pelas acções levadas a cabo por esses sistemas[15], podendo sustentar-se que devam ser distintos os próprios *modelos* de responsabilidade penal[16] a aplicar às acções de sistemas com (entre outras diferenças) níveis de autonomia distintos.

3. Exemplo dilemático

Os cenários em que as AAMs poderão vir a ser utilizadas são inúmeros e de grau de complexidade muito variável. Para os propósitos deste artigo, um cenário simples servirá de referência à análise[17].

Em situação de guerra num local inóspito, o mais procurado terrorista do mundo está escondido numa caverna cujo funcionamento interior se assemelha ao de uma pequena aldeia. De acordo com as informações disponíveis, o sujeito está na caverna acompanhado de membros de sua família

[12] Cf. Costa, Miguel João / Abrantes, António Manuel (2020), p. 179 ss.; *ibid.* (2021), p. 159 s.

[13] Cf. Ligeti, Katalin (2019), p. 1.

[14] Comissão Europeia (2018), p. 1.

[15] Cf. *infra*, ponto 7.

[16] *E.g.*: (i) um modelo de negligência do produtor/programador ou do utilizador ('*natural probable consequence liability model*'); (ii) um modelo de autoria mediata do ser humano por detrás de um sistema de IA ('*perpetration by another model*'); e até (iii) um modelo de responsabilidade directa do sistema de IA ('*direct liability model*'). Sobre estes modelos, cf. Sousa, Susana Aires de (2020), p. 59 s.

[17] O exemplo é baseado em *Madam Secretary*, "Killer Robots" (2019).

(irmãs, esposa e várias crianças). O número estimado de combatentes na caverna é de 30 e o de civis de 25. Três opções estão em cima da mesa: o envio de um conjunto de soldados de uma unidade militar especial, o lançamento de um míssil através de um *drone* e a utilização de robôs combatentes.

Por ser uma caverna de difícil acesso e bem guardada, o envio de uma unidade militar de 30 soldados causaria, no mínimo, 60% de baixas (em ambas as facções) para que a missão fosse bem-sucedida, incluindo, possivelmente, civis que eventualmente pegassem em armas ou fossem usados como escudos humanos. O ataque através do *drone* seria uma solução simples permitida pelo direito da guerra, visto que os danos colaterais civis não seriam desproporcionais à elevada vantagem militar resultante da neutralização do terrorista. Já os robôs seriam capazes de realizar a tarefa de forma eficiente, eliminando o terrorista e todos os demais combatentes da outra facção. O controlo humano sobre os robôs seria interrompido quando os robôs entrassem na caverna, momento a partir do qual funcionariam autonomamente.

Não sendo certo que uma AAM tão evoluída esteja já disponível, há uma probabilidade elevada de que o venha a estar num futuro não distante e que tecnologia próxima dessa integre já o arsenal de algumas potências militares[18]. É justamente a iminência deste tipo de tecnologia que impõe a reflexão e desperta em muitos a proposta de proscrição.

4. O Direito da Guerra, *Jus in Bello* ou Direito Internacional Humanitário[19]

4.1. A tensão sujacente ao direito da guerra

Essencial é, antes de mais, um enquadramento sobre a guerra e o direito da guerra. Um compromisso entre uma "permissão desenfreada" e uma exigência absoluta de humanidade que, levada ao seu extremo lógico, proscreveria toda a guerra[20], o direito da guerra é um dos "mais velhos temas do direito internacional", com longa história costumeira, tanto em fontes ocidentais quanto asiáticas[21]. O seu propósito é limitar as medidas de guerra ao neces-

[18] Schmitt, Michael (2013), p. 11.

[19] Segue-se de perto nesta secção Lemos, Miguel (2015), p. 307-310.

[20] Baxter, Richard (2013a), p. 108.

[21] Ratner, Steven / Abrams, Jason/ Bischoff, James (2009), p. 32.

sário e refrear as acções que causem sofrimento desproporcional à vantagem militar esperada[22].

Este ramo de direito marginal, que lida com situações em que o comportamento humano toca o que é já desumano[23], sempre incluiu regras fundadas no cavalheirismo, na religião e na humanidade (regras concebidas para a proteção de não combatentes e, especialmente, de mulheres, crianças, velhos e incapazes de portar armas e cometer actos hostis), bem como regras para proteção de combatentes (em questões como o quartel, a perfídia e o sofrimento desnecessário)[24]. Por outro lado, trata-se de um ramo de direito que foi sempre, inevitavelmente, orientado por considerações de estratégia militar e de vitória[25].

A tensão entre a necessidade militar e a moderação na conduta dos beligerantes, ligada a considerações de humanidade[26], é a essência da lei do conflito armado[27]. Contudo, como avança *Meron*:

> "[O] peso atribuído a esses dois factores conflituantes tem vindo a mudar. As restrições impostas pelo princípio humanitário têm-se tornado cada vez mais importantes, particularmente no que diz respeito a desenvolvimentos normativos e à elaboração de novos *standards*, mas, lamentavelmente, menos assim no campo de batalha, que continua a ser cruel e sangrento, especialmente nos conflitos menos civilizados, os internos."[28]

A história do direito da guerra tem sido, de facto, uma história de mudança no equilíbrio entre a perspectiva das "exigências da humanidade" e a das "necessidades militares".[29] Como observa *Abi-Saab*:

[22] Baxter, Richard (2013a), p. 108.
[23] Kalshoven, Frits (2005), p. *xvii*.
[24] Cf. em geral Meron, Theodor (1993), *passim*.
[25] Meron,Theodor (2006), p. 1.
[26] Dinstein, Yoram (2009), p. 115.
[27] Sobre os conceitos "direito do conflito armado internacional", "*jus in bello*" e "direito internacional humanitário", as suas (mais semânticas que reais) diferenças e a sua extensão, de "*war*" a "*short of war*", cf. Dinstein,Yoram (2011), p. 16 s.
[28] Meron, Theodor (2006), p. 2.
[29] *Ibid.*, p. 2, ressalvando a proibição de armas devida a uma "aversão moral".

> "[U]ma é subjectiva e depende das 'ideias morais dominantes' e do 'grau de sentimento da comunidade' prevalecente entre as grandes potências; a outra é objectiva e depende da evolução da tecnologia militar e do pensamento estratégico. É a relação dialética entre estas duas forças, à luz da experiência histórica, que determina os conteúdos, os contornos e as caraterísticas do direito da guerra em qualquer momento no tempo."[30]

4.2. O direito internacional humanitário e os direitos humanos

Diz-se que há uma "relação simbiótica" entre os direitos humanos e o DIH, estimulada pelo trabalho dos órgãos que velam pelos direitos humanos; contudo, estes órgãos sustentam frequentemente posições que os especialistas do DIH vêem como "problemáticas"[31], ou mesmo simplesmente erradas, idealistas, ingénuas.

Talvez o 'idealismo' e a 'ingenuidade' do trabalho desses órgãos constituam a sua maior força e é certamente plausível que o facto de existirem poucos órgãos de DIH com competências judiciais encarregados da sua aplicação, leve os órgãos de direitos humanos a preencherem essa "lacuna institucional", orientando ainda mais o DIH para a protecção de direitos humanos; por isso, não é surpreendente que em alguns sectores se confunda o direito dos direitos humanos com o DIH[32]. Todavia, eles são autónomos e esta autonomia é bem visível. Como destaca *Meron*:

> "[A]pesar da crescente convergência de várias tendências de proteção, diferenças significativas permanecem. O direito da guerra, em contraste com o direito dos direitos humanos, permite, ou, pelo menos, tolera [não só a morte e o ferimento de soldados enquanto parte do *métier*, mas também] *a morte e o ferimento de seres humanos inocentes* que não participam diretamente num conflito armado (nomeadamente, as vítimas civis de danos colaterais lícitos)."[33]

[30] Abi-Saab, Georges (1984), p. 265.
[31] Meron, Theodor (2006), p. 8.
[32] *Ibid.*
[33] *Ibid.*

De facto, à afinidade dos termos não corresponde uma afinidade de idiomas[34]. O direito dos direitos humanos, cuja rede se estende a toda a comunidade internacional[35], protege a integridade física e a dignidade humana em todas as circunstâncias, aplicando-se essencialmente a relações entre partes desiguais, protegendo os governados dos seus governos[36]. Embora divisado primariamente para tempos de paz, não há dúvida de que se aplica também em tempo de guerra[37], salvo derrogação[38].

Pelo contrário, o DIH é uma proteção exigida a um Estado relativamente a combatentes e civis adversários[39], é diretamente divisado tendo em conta as exigências da guerra e não está sujeito a suspensão durante o conflito armado, consagrando assim direitos e deveres inderrogáveis[40]. O DIH regulamenta aspectos de uma luta aterradora de vida ou morte entre concorrentes que operam com base numa igualdade formal e – derivado como é da tradição medieval do cavalheirismo[41], que lhe garante um mínimo de *fair play*[42] –, desde que as regras do jogo sejam respeitadas, admite que se cause sofrimento e morte[43]. Não tendo alguma vez sido sua intenção assegurar uma luta justa[44] (embora seja permeável a considerações de justiça[45]), o direito da guerra está repleto de princípios e regras humanitários mas *não dá* uma proteção plena aos civis, *não ilegaliza* os danos colaterais que não violem a regra da proporcionalidade e "pouco faz" pelos combatentes, excepto no que diz respeito

[34] Cf. também DINSTEIN, YORAM (2009), p. 67.

[35] *Ibid.*, p. 69

[36] MERON, THEODOR (2006), p. 8.

[37] MERON, THEODOR (2011), p. 59 s.

[38] Tribunal Internacional de Justiça [TIJ] (1996), para. 25; DINSTEIN, YORAM (2009), pp. 69-73 e 77-79.

[39] MERON, THEODOR (2006), p. 7.

[40] DINSTEIN, YORAM (2009), p. 83.

[41] Uma fonte costumeira que governava, não as relações entre Estados, nações ou pessoas, mas entre uma classe de guerreiros, sendo *neste sentido* um sistema muito internacional: MERON, THEODOR (1993), p. 9 s.

[42] Cf. DINSTEIN, YORAM (2011), p. 163.

[43] MERON, THEODOR (2006), p. 8, acrescentando que esta é uma visão estreita e técnica da legalidade

[44] SCHMITT, MICHAEL (2007), p. 27, aludindo à possível excepção das represálias beligerantes, que todavia não visa promover uma luta justa, mas forçar uma parte a cessar uma violação do DIH.

[45] Cf. também BAXTER, RICHARD (2013b), p. 127.

a certas regras como a proibição de recusar quartel e a proibição de utilizar certas armas que suscitem "aversão moral"[46].

5. Os dois princípios cardeais do Direito da Guerra

Em *Nuclear Weapons*, o Tribunal Internacional de Justiça (TIJ) identificou os dois princípios cardeais do direito da guerra: o da *distinção* e o da proibição de *sofrimento desnecessário*[47]. Enquanto o primeiro é dos mais invocados em abono da proscrição das AAMs, o segundo tende a ser negligenciado no debate. Comecemos pelo primeiro.

5.1. Distinção entre combatentes e civis

Segundo o princípio da distinção entre civis e combatentes, "as partes em conflito devem distinguir entre civis e combatentes em todas as circunstâncias. Os ataques somente podem ser dirigidos contra os combatentes; não podem ser dirigidos contra os civis"[48].

De um dos lados no debate sobre AAMs, é sugerido, por diversas formas, que elas não têm a capacidade de distinguir combatentes de civis. Como afirma *Docherty*:

> "Nos conflitos armados de hoje, os combatentes tentam frequentemente misturar-se com a população civil. Escondem-se em áreas civis e usam roupas civis. Em consequência, a capacidade para distinguir os combatentes dos civis [...] exige aferir as intenções de um indivíduo com base em pistas comportamentais subtis, como a linguagem corporal, os gestos e o tom de voz."[49]

Para *Docherty*, "os humanos, que se podem relacionar com outras pessoas, podem interpretar mais bem essas pistas do que as máquinas"[50]. De forma semelhante, *Ligeti* afirma não haver garantia de que, na prática, os robôs sejam

[46] Meron, Theodor (2000a), p. 241, e (2006), p. 1-2, 69.
[47] TIJ (1996), para. 78.
[48] Henckaerts, Jean-Marie / Doswald-Beck, Louise (2005), p. 3, Regra 1.
[49] Docherty, Bonnie (2020), p. 2.
[50] *Ibid.*, p. 2.

mais capazes de poupar civis do que os humanos, até porque os sistemas de IA – mesmo os mais avançados – não terão as habilidades humanas necessárias para avaliar se, numa determinada situação, uma pessoa ou um alvo são civis ou não[51]. *Ligeti* concretiza esta ideia através do que considera um "exemplo esclarecedor":

> "Durante uma operação de contra-insurgência numa aldeia, os soldados recebem informações de que podem estar escondidos combatentes numa casa. Mas, sem o conhecimento dos soldados, nenhum insurgente está lá. Dentro da casa estão meninos que brincam com uma bola. As crianças chutam a bola em direção ao portão enquanto os soldados entram pela porta principal. Os habitantes masculinos desta área carregam uma adaga chamada *kirpan*, por razões puramente religiosas. Um dos pais que observava as crianças percebe que elas estão em perigo e tenta avisá-las, gritando na sua direção para que fiquem longe do portão."[52]

Para *Ligeti*:

> "[E]sta situação não representaria nenhum problema real para soldados humanos, os quais provavelmente perceberão imediatamente que as crianças que estão a correr atrás de uma bola não representam uma ameaça. Se as AAMs poderiam chegar à mesma conclusão não é, no entanto, claro."[53]

As considerações de *Docherty* e *Ligeti* são intuitivas. Contudo, apesar dos enormes desafios, é fortemente provável que venham a ser desenvolvidas – se é que, como se disse, não existem já – AAMs capazes de distinguir civis de combatentes[54]. E é possível que venham a ser desenvolvidas AAMs mais "diferenciadoras e eticamente preferíveis às alternativas"[55]. Na verdade, há

[51] Ligeti, Katalin (2019), p. 14.

[52] *Ibid.*

[53] *Ibid.*

[54] Beard, Jack M. (2014), p. 664; Scharre, Paul (2018), p. 253.

[55] Anderson, Kenneth / Waxman, Matthew C. (2013), p. 15.

– como se verá também em vários dos apartados seguintes – uma certa circularidade no raciocínio subjacente à invocação do direito da guerra em suporte da proscrição das AAMs: naturalmente que, em face do direito da guerra, estas armas não deverão ser utilizadas se não forem capazes de cumpri-lo. Há também, consequente e inevitavelmente, alguma circularidade na posição oposta: naturalmente que, em face do direito da guerra, estas armas poderão ser utilizadas se forem capazes de cumpri-lo[56]. A questão passa então a residir mais em saber se é tecnicamente possível desenvolver armas com essa capacidade do que em saber se, sendo-o, elas devem ainda assim ser proscritas[57]. Considerando os avanços técnicos já verificados (neste e noutros âmbitos, como o da já referida indústria automóvel), a segunda posição não se afigura mais implausível do que a primeira.

Se as AAMs não forem capazes de obedecer ao princípio da distinção, então *não podem* ser utilizadas de acordo com o direito costumeiro – todos concordam. Conforme afirmado pelo TIJ, "[o]s Estados nunca podem tomar civis como o alvo do ataque e, consequentemente, nunca podem usar armas que sejam incapazes de distinguir entre alvos civis e militares"[58]. Mas a proscrição das AAMs pressupõe rejeitar que elas venham a ter a capacidade de distinguir combatentes de civis e a ser programáveis para não atacarem em caso de dúvida. Pressupõe também rejeitar que essa capacidade, mesmo que não seja infalível, possa ser superior à dos seres humanos[59]. De facto, a posição que procura extrair do positivo direito da guerra razões para banir as AAMs não parece dar o devido relevo ao facto de, especialmente nas guerras modernas, os seres humanos serem já confrontados com situações em que lhes é muito difícil distinguir combatentes de civis, bem como ao de não serem raros os casos em que o "nevoeiro de guerra" os conduz inadvertidamente a atacarem civis e mesmo camaradas ou outros humanos que estão do seu lado na batalha[60].

[56] Ao conceito de *cumprimento*, para este efeito, pretendemos atribuir um sentido autónomo – mas não alternativo – em relação ao de *responsabilidade* (que é, até ver, necessariamente humana), a que voltaremos *infra*, ponto 7.

[57] Essa é a discussão que se coloca essencialmente noutros planos de análise que não o do direito da guerra: *infra*, ponto 9.

[58] TIJ (1996), para. 78.

[59] No sentido de que o será, cf. ARKIN, RONALD (2008).

[60] Ilustração em SCHARRE, PAUL (2018), p. 253-255. Cf. também SCHMITT, MICHAEL (2013), p. 12 s., aludindo a tragédias, como o ataque do USS Vincennes em 1988, que abateu um

Um outro ponto importante é o de que, em cenários onde, já nas condições tradicionais, é difícil ou mesmo praticamente impossível concluir-se pela violação do princípio da distinção (*e.g.*, em campos de batalha aérea ou marítima claramente balizados, onde se selecciona e ataca aviões ou barcos inimigos), a utilização de AAMs não levantará problemas[61]. A sua proscrição total nestes cenários não pode, portanto, ser justificada com base no princípio da distinção.

Voltando ao nosso exemplo dilemático, supondo que o robô fosse capaz de fazer uma distinção satisfatória, as consequências das opções apresentadas são claras: (i) a utilização das AAMs permitiria uma concretização do princípio sujeita à margem de erro própria da actuação da IA; (ii) a utilização do *drone* não permitiria nem uma sua mínima concretização; (iii) a utilização de uma unidade militar especial permitiria uma concretização do princípio sujeita à margem de erro própria da actuação humana (não necessariamente inferior, e até plausivelmente superior, à da IA). De um ponto de vista humanitário, a *opção imposta* seria a da utilização dos robôs.

5.2. Sofrimento desnecessário

O outro princípio cardeal do DIH, que concretiza uma das suas mais emblemáticas e antigas declarações escritas – a Declaração de São Petersburgo de 1868 –, é a proibição de meios e métodos de combate que causem ferimentos supérfluos ou desnecessários[62]. Segundo o TIJ:

> "[É] proibido causar sofrimento desnecessário aos combatentes: é, portanto, proibido usar armas que lhes causem tais danos ou agravem inutilmente o seu sofrimento. Em aplicação deste segundo princípio, os Estados não têm liberdade ilimitada de escolha dos meios nas armas que usam."[63]

avião iraniano de passageiros civis e o 'fogo amigo' que em 1994 levou ao abatimento de dois *Blackhawks* do exército dos Estados Unidos da América).

[61] Schmitt, Michael (2013), p. 11; cf. «U.S. Commentaries on the Guiding Principles, Unclassified» (2020), p. 3.

[62] Henckaerts, Jean-Marie / Doswald-Beck, Louise (2005), Regra 70.

[63] TIJ (1996), para. 78.

O que está aqui em causa é a proibição de uso de *meios* ou *métodos* de combate que agravem o sofrimento dos soldados sem que sirvam um propósito militar; tendo em conta que é proibido atacar civis, esta regra só se aplica aos ferimentos e sofrimentos dos soldados[64].

Esta proibição não é normalmente invocada no debate sobre armas autónomas[65], por não ter que ver com a decisão de atacar propriamente dita[66]. No plano convencional, os tratados que proíbem certas armas fazem-no precisamente em nome da ideia de proibição de ferimentos supérfluos ou desnecessários[67]. No entanto, para além de a bondade de algumas das proibições convencionais existentes poder ser colocada em dúvida[68], o facto é que nem mesmo as armas nucleares são *per se* banidas pelo direito costumeiro[69]. Um novo tratado que proscrevesse armas sem ligação com o princípio em análise seria certamente inovador.

Ironicamente, não só este princípio não dá suporte à proscrição das AAMs, como pode mesmo suportar a posição oposta. Atente-se na Declaração de São Petersburgo de 1868:

> "Que o progresso da civilização deve ter o efeito de aliviar, tanto quanto possível, as calamidades da guerra; Que o único objetivo legítimo que os Estados devem empreender durante a guerra é o de enfraquecer as forças militares do inimigo; Que para este propósito é suficiente incapacitar o maior número possível de homens; Que esse objetivo seria excedido pelo emprego de armas que agravam inutilmente o sofrimento dos homens incapacitados ou tornam a sua morte

64 SCHMITT, MICHAEL (2013), p. 9.

65 Mas cf. LIGETI, KATALIN (2019), p. 15, afirmando que, se os sistemas de IA forem maliciosa ou inapropriadamente desenhados, podem comprometer o princípio; cf. também HAGGER, / MCCORMACK, (2012), p. 80 s.

66 SCHARRE, PAUL (2018), p. 258. Cf. também SCHMITT, MICHAEL (2013), p. 9, sublinhando que a regra se dirige ao efeito da arma no indivíduo atacado e não à forma (autónoma) do ataque.

67 Sobre as proibições convencionais, pode-se encontrar um sumário em Comité Internacional da Cruz Vermelha (2005).

68 SCHARRE, PAUL (2018), p. 258, questionando-se sobre a racionalidade dessas proscrições.

69 TIJ (1996), para. 95.

inevitável; Que o emprego de tais armas seria, portanto, contrário às leis da humanidade".[70]

Voltando ao cenário dilemático, poderia defender-se – embora distorcendo um pouco o propósito da Declaração e deixando de parte, por um momento, que essa proibição foi pensada apenas para combatentes[71] – que: (1) o "progresso da civilização" através do desenvolvimento e do uso de AAMs pode aliviar as calamidades da guerra; (2) sendo o único objectivo legítimo dos Estados durante a guerra o de enfraquecer as forças militares do inimigo, a morte dos civis presentes na local seria inútil ou supérflua – e, assim, proibida –, porquanto o propósito militar seria suficientemente cumprido através da incapacitação ou da morte dos combatentes; (3) esse objectivo seria conseguido através de AAMs e não através do uso do *drone* ou da unidade militar especial e, portanto, a utilização das AAMs seria, neste caso, imposta pelas leis da humanidade.

De facto, tendo as leis da humanidade como desígnio proteger a vida dos seres humanos, não existirá mesmo um imperativo jurídico, à luz desse bloco normativo, de desenvolvimento de AAMs?[72] Na crua realidade das coisas, as armas que se mostram mais aptas a salvar pessoas em guerra são precisamente as de maior precisão[73]. Voltaremos às leis da humanidade adiante.

[70] «Déclaration à l'effet d'interdire l'usage de certains projectiles en temps de guerre» (1868).

[71] Cf. TIJ (1996), para. 78, afirmando que as armas que agravem inutilmente o sofrimento dos combatentes são proibidas. É, no entanto, curioso de notar que o juiz Shahabuddeen, no seu Voto de Vencido, p. 404, se questionou sobre se a proibição costumeira de danos supérfluos ou sofrimento desnecessário não se aplicaria a civis – cf. Darcy, Shane (2014), p. 153, afirmando: "Poder-se-ia dizer que a substância do princípio do sofrimento desnecessário opera em benefício dos civis por intermédio de outros princípios, como o que proíbe ataques indiscriminados, mas que o princípio em si não funciona em relação a eles".

[72] No sentido de que há um imperativo *moral* no desenvolvimento e uso de AAMs, Arkin (2008): "a ocorrência comum de massacres de civis em conflito armado ao longo de milénios dá origem ao meu pessimismo em reformar o comportamento humano, embora permita optimismo quanto à perspectiva de os robôs serem capazes de exceder o desempenho moral humano em circunstâncias semelhantes".

[73] Cf., também, Scharre, Paul (2018), p. 281, notando que as munições de precisão guiada permitem salvar vidas em guerra e comparando a situação actual (em que tais munições são frequentemente utilizadas) com a situação durante a 2.ª Guerra Mundial, em que os bombardeamentos indiscriminados eram normais.

6. Outras regras de Direito da Guerra

6.1. Proporcionalidade

Segundo o princípio da proporcionalidade, é "proibido lançar ataques previsivelmente causadores de perdas acidentais de vidas humanas ou ferimentos na população civil, ou de danos em bens de carácter civil, ou ambas as coisas, excessivos em relação à vantagem militar concreta e directa que se prevê alcançar"[74]. A utilização de armas que sejam em abstracto incapazes de respeitarem este princípio está também, obviamente, proibida, como sempre o estará a utilização de AAMs em circunstâncias concretas em que provavelmente causassem danos colaterais excessivos[75].

De um lado do debate, *Docherty* acentua que:

> "A avaliação da proporcionalidade de um ataque exige mais do que um cálculo meramente quantitativo. Os comandantes aplicam um julgamento humano, informado por normas morais e jurídicas e pela experiência pessoal, à situação específica [...]. Os robôs não poderiam ser programados antecipadamente para lidar com o número infinito de situações inesperadas que podem surgir no campo de batalha."[76]

Também *Ligeti* afirma que os sistemas de IA dificilmente poderão levar a cabo o tipo de julgamento ou "exercício qualitativo" exigido pelo princípio da proporcionalidade[77].

Do outro lado do debate acentua-se uma vez mais que a utilização de AAMs em campos de batalha sem a presença de civis não coloca quaisquer questões de proporcionalidade e que, portanto, desta perspetiva, não há razão clara para que não possam ser aí utilizadas[78]. Já em cenários onde haja também civis, conforme referido, a AAM poderá ser capaz de distingui-los e, em caso

[74] Henckaerts, Jean-Marie / Doswald-Beck, Louise (2005), Regra 14.

[75] Schmitt, Michael (2013), p. 18 s.

[76] Docherty, Bonnie (2020), p. 2.

[77] Ligeti, Katalin (2019), p. 14. Cf., também, Scharre, Paul (2018), p. 255, argumentando que as AAMs passarem o teste da proporcionalidade é mais difícil do que passarem o teste da distinção.

[78] Scharre, Paul (2018), p. 256, afirmando que até AAMs muito simples podem passar o teste se usadas em cenários em que não há civis.

de dúvida, presumir que uma pessoa é um civil e que a sua lesão, portanto, constituiria um (proibido) dano colateral.

Schmitt sustenta que o mais difícil não é assegurar que uma AAM compute de forma aceitável o dano colateral estimado; mais difícil é o cômputo da vantagem militar de um ataque, não sendo previsível que, no futuro próximo, as máquinas possam desempenhar avaliações sólidas a este respeito[79]. Independentemente do acerto dessa previsão – e sem deixar de notar que, também no que a este teste diz respeito, a fiabilidade dos humanos não é coisa que possa dar-se por provada –, não parece necessário que as AAMs façam elas próprias esse julgamento, desde que sejam programadas e usadas de maneiras que as façam cumprir o princípio. Ou seja, AAMs não programadas para replicarem o 'julgamento humano' de proporcionalidade poderão, não obstante, dar boa execução prática a um teste da proporcionalidade.

Em qualquer caso, se uma AAM for programada para de alguma forma (mais ou menos afinada) replicar o julgamento humano, mas puder atacar apenas quando a estimativa de danos colaterais for muito baixa e a da vantagem militar muito elevada, então será difícil detectar um obstáculo à utilização[80]. De um ponto de vista puramente humanitário (e deixando de lado o da vantagem militar), o facto de a AAM estar constrangida a 'decidir' sobre o ataque dentro de parâmetros muito restritos não faz antecipar resultados mais nocivos do que os decorrentes dos julgamentos altamente complexos, subjectivos e variados já permitidos pelo DIH aos seres humanos[81].

[79] Schmitt, Michael (2013), p. 20.

[80] Cf. *ibid.*, pp. 20 s., sobre este tipo de cômputos, com exemplos e concluindo que o cálculo da vantagem militar não é um obstáculo inultrapassável – e que, apesar de não ser provável que as AAMs possam levar em conta todos os cenários imagináveis de se materializarem no campo de batalha, o mesmo é verdade do ser humano confrontado com acontecimentos inesperados ou confusos: "nem o humano nem a máquina têm de ter um *standard* de perfeição; pelo contrário, no DIH, o *standard* é o da razoabilidade"). Também Scharre, Paul (2018), p. 256 s., apresenta várias "abordagens" em que as AAMs podem ser utilizadas mesmo em áreas povoadas por civis.

[81] Cf. também «Final Report to the Prosecutor by the Committee established to review NATO bombings in Yugoslavia» (2000), paras. 50 s.: "As respostas a estas perguntas não são simples. Pode ser necessário resolvê-las caso a caso e as respostas podem diferir consoante a formação e os valores do decisor. É improvável que um jurista de direitos humanos e um comandante experiente atribuam os mesmos valores relativos à vantagem militar e aos ferimentos a não combatentes. (...) A determinação dos valores relativos deverá ser a de um 'comandante militar

6.2. *Hors de combat*

Segundo esta regra:

> "Atacar pessoas que estão reconhecidamente fora de combate [*hors de combat*] é proibido. Uma pessoa está fora de combate: (a) quando está sob o poder de uma parte adversa; (b) quando está indefesa por estar inconsciente, ferida ou enferma, ou por ser um náufrago; ou (c) quando expressa claramente a sua intenção de render-se, desde que se abstenha de todo o acto hostil e não tente escapar."[82]

De forma semelhante às razões invocadas para justificar uma proscrição de AAMs com base no princípio da distinção, sugere-se que as AAMs não são capazes de respeitar a regra do *hors de combat*. Que não terão a capacidade de distinguir se um combatente se rende, se está inconsciente, etc. Aqui também a ideia que serve de fundamento à sugestão é a de que:

> "[A] capacidade de distinguir [...] aqueles que se encontram *hors de combat* frequentemente exige a aferição das intenções de um indivíduo com base em pistas comportamentais subtis, como linguagem corporal, gestos e tom de voz."[83]

Como salienta *Sparrow*, "reconhecer uma rendição é fundamentalmente uma questão de reconhecer uma intenção"[84]. Vozes de peso do direito da guerra, como Schmitt, são também da opinião de que, comparativamente com outras regras de DIH, o problema do *hors combat* é mais complicado[85]. Como ilustra *Scharre*, por referência a um cenário idêntico ao que apresentámos:

razoável'". Considerando que, em diferentes países, – mesmo tomando o conceito em sentido objectivo – o 'sentido de razoabilidade' de um comandante militar em relação a este teste pode ser muito diferente, o *standard* costumeiro de razoabilidade acaba por fixar-se em níveis que de várias perspectivas poderão ter-se como pouco exigentes.

[82] Henckaerts, Jean-Marie / Doswald-Beck, Louise (2005), Regra 47.

[83] Docherty, Bonnie (2020), p. 2.

[84] *Apud* Scharre, Paul (2018), p. 259.

[85] Schmitt, Michael (2015).

> "Imagine-se o envio de robôs pequenos para um navio militar, uma base militar ou um complexo de túneis militares com o objectivo de matar soldados individualmente, mas manter a infraestrutura intacta. Isso evitaria o problema da distinção, ao presumir-se que todos eram combatentes. Mas e se os soldados se rendessem? Não há nenhuma obrigação à luz das leis da guerra de dar a um inimigo oportunidade para este se render. Não é necessário fazer uma pausa antes de atirar e dizer: 'última chance, desista ou eu atiro!'. Mas ignorar tentativas de rendição é ilegal. Os conceitos gerais de bandeiras de trégua e rendição datam de há milénios. A Convenção de Haia de 1907 codificou este conceito em direito internacional, declarando: 'É expressamente proibido [...] declarar que não será dado quartel'. Empregar armas sem capacidade para reconhecer quando é que os soldados estão *hors de combat* violaria não só as leis de guerra modernas, como também normas de guerra milenares."[86]

Não pode, apesar disso, deixar de recordar-se que seria permitida a aniquilação total dos soldados inimigos através de um míssil lançado a partir de um *drone*, navio ou base terrestre (que na prática impossibilitaria a rendição) e que, portanto, a utilização de robôs numa situação idêntica não os colocaria, em termos materiais, em situação substancialmente diferente daquela em que estariam se o míssil os arrasasse juntamente com a infraestrutura. As AAMs, no entanto, assegurariam que nenhum civil seria atacado. Sendo esta, portanto, dessas duas, a opção 'mais humanitária', por que razão deverá ser afastada?

Saber se a utilização de AAMs em inobservância da *hors de combat* seria ou não lícita *de lege lata* e, concluindo-se pela negativa, se seria sustentável *de lege ferenda* é uma das mais complexas questões deste tema, que justificaria uma análise mais demorada do que aquela que pode aqui empreender-se. De qualquer modo, é uma vez mais difícil encontrar as razões sólidas para relutância quanto ao desenvolvimento de tecnologia capaz de reconhecer gestos de rendição com a mesma ou até maior precisão que os seres humanos, assim como razões sólidas para confiança quanto à avaliação dos seres humanos acerca da genuinidade de uma rendição. Tanto mais que as AAMs

[86] SCHARRE, PAUL (2018), pp. 260s.

apresentam a vantagem de serem imunes à sensação de risco próprio e, por isso, em abstrato, de serem suscetíveis de executar sem desvio, mesmo no cenário militarmente mais desfavorável, uma programação que aponte no sentido de não atacarem em caso de dúvida sobre a rendição – no sentido, isto é, de serem "mais cautelosas no disparo em cenários ambíguos"[87]. É francamente difícil esperar e exigir dos seres humanos postura semelhante em situações de risco, que são, para eles, de vida ou morte.

6.3. Precauções necessárias

Segundo o princípio das precauções necessárias:

> "Na condução das operações militares, um cuidado constante deve ser tomado para preservar a população civil, as pessoas civis e os bens de caráter civil. Todas as precauções possíveis devem ser tomadas para evitar e, em última instância, minimizar a perda incidental de vidas civis, ferimentos dos civis e danos aos bens de caráter civil."[88]

Esta regra parece ser algo ignorada por quem advoga a proscrição das AAMs. O que se compreende, quando se atenta no conteúdo do artigo 57.º, n.º 2, alínea iii), do Protocolo Adicional I às Convenções de Genebra (que codifica direito costumeiro):

> "No que respeita aos ataques, devem ser tomadas as seguintes precauções: (...) Tomar todas as precauções praticamente possíveis *quanto à escolha dos meios e métodos de ataque* de forma a evitar e, em qualquer caso, a reduzir ao mínimo as perdas de vidas humanas na população civil, os ferimentos nas pessoas civis e os danos nos bens de carácter civil que possam ser incidentalmente causados."

Ou seja, estas armas só poderiam ser utilizadas se esse fosse o *único meio* de prosseguir necessidades militares não alcançáveis por outros meios causadores

[87] SCHARRE, PAUL (2018), p. 259 s.

[88] HENCKAERTS, JEAN-MARIE / DOSWALD-BECK, LOUISE (2005), Regra 15; cf. também o Protocolo Adicional I, artigo 57.º.

de menores danos colaterais. Argumentando que esta ideia *é a chave* de toda a controvérsia, *Schmitt* afirma que:

> "[U]m sistema de armas autónomo pode conter armas não letais indisponíveis em sistemas tripulados, o seu conjunto de sensores pode ser mais preciso ou discriminatório do que o disponível em sistemas tripulados e a sua capacidade de decisão pode ser melhor do que a de um humano num ambiente particular (como um ambiente muito perigoso). Se o uso do sistema controlado por humanos for compatível com a regra da proporcionalidade, seria lícito que um atacante o usasse na ausência do sistema de armas autónomo. Portanto, a proibição de sistemas autónomos de armas colocaria, na verdade, civis e propriedades civis em maior risco de dano incidental do que se o sistema autónomo de armas estivesse na disponibilidade do atacante."[89]

Aplicando esta regra ao nosso cenário, ela parece também apontar para o uso de AAMs, porquanto a vantagem militar é em princípio a mesma (a neutralização do terrorista principal e dos demais combatentes), mas o uso da AAM seria o meio mais apto a "evitar" ou a "reduzir ao mínimo a perda de vidas humanas da população civil"[90].

7. Lacuna de responsabilidade

Docherty alega que o uso de AAMs pode abrir uma grave lacuna de punibilidade:

> "[O] DIH exige que os indivíduos sejam juridicamente responsabilizados por crimes de guerra e violações graves das Convenções de Genebra. Os comandantes ou os operadores militares podem ser considerados culpados se utilizarem uma arma totalmente autónoma com a intenção de cometer um crime. No entanto, seria juridicamente

[89] Cf. SCHMITT, Michael (2013), p. 24 s.

[90] Cf. também SCHARRE, PAUL (2018), p. 258, afirmando que, de modo semelhante, "se as armas autónomas se tornassem mais precisas e confiáveis do que os humanos, a obrigação de tomar 'todas as precauções possíveis' poderá *exigir* que os comandantes as usem".

desafiador e possivelmente injusto responsabilizar um operador pelas ações imprevisíveis de um robô autónomo."[91]

De forma semelhante, *Ligeti* afirma que a atribuição de responsabilidade criminal por crimes internacionais cometidos por robôs é um assunto não resolvido – e acrescenta:

> "Neste contexto, a questão talvez seja até mais complexa, uma vez que a responsabilidade por crimes internacionais geralmente envolve políticos de alto nível ou funcionários públicos (doutrina da responsabilidade de comando) e a sua responsabilidade pode não ser facilmente detectável quando se trata de crimes cometidos por meio de robôs assassinos. O risco é criar um 'sistema de irresponsabilidade organizada que desloca a responsabilidade de um actor para um outro, acabando por não se responsabilizar ninguém'. Alguns autores, portanto, sugerem o uso de uma 'abordagem distribuída' à responsabilização, que 'atribua a responsabilidade ao líder político, ao oficial de elevada patente responsável pela promulgação de políticas sobre as AAMs, ao fabricante de armas, ao designer de armas, ao comandante militar e ao operador'. Na prática, no entanto, tal sistema pode não funcionar bem."[92]

A primeira observação que estas posições suscitam é a de que quem comete crimes são, até ver, necessariamente os seres humanos, não as máquinas. Como em relação à utilização de qualquer outra arma, a questão em todo o processo de produção, aprovação e utilização de uma AAM é a de saber se alguma pessoa cometeu um crime à luz do direito internacional. Tome-se como exemplo o crime de ataques indiscriminados: se o líder, o oficial de elevada patente, o fabricante, o designer, o comandante ou o operador todos agiram intencionalmente e, de facto, a AAM foi usada de forma a causar a morte de civis de forma indiscriminada, todos eles (ou, ao menos, algum ou alguns deles) terão cometido um crime de guerra. Para atingir estes resultados

[91] Docherty, Bonnie (2020), p. 2.
[92] Ligeti, Katalin (2019), p. 15.

jurídicos não se afigura necessária uma abordagem mais 'distribuída' do que já o é a existente.

Além disso, o direito da guerra não limita a punição criminal a actos intencionais, mesmo que com o conceito se pretenda abarcar todas as espécies de dolo. Se aqueles agentes tinham razões para duvidar de que uma particular AAM tivesse a capacidade de discriminar combatentes de civis e, ainda assim, não tomaram as precauções necessárias para evitar a sua utilização no campo de batalha, todos terão agido temerariamente e, por conseguinte, todos (ou, ao menos, algum ou alguns deles) terão cometido crimes de guerra. Estas normas criminais de natureza costumeira estão reflectidas na disposição de base sobre a responsabilidade criminal individual dos tribunais *ad hoc* criados pelo Conselho de Segurança das Nações Unidas:

> "[Q]uem tiver planeado, instigado, ordenado, cometido ou, por qualquer outra forma, tiver ajudado ou encorajado a planear, preparar ou executar um [crime de guerra] tornar-se-á individualmente responsável pelo referido crime."[93]

Mas o direito penal internacional geral vai mais longe, assegurando que um comandante será responsável "se sabia ou tinha motivos para saber que o subordinado se preparava para cometer tal acto ou já o tinha cometido e não tiver tomado as medidas necessárias e razoáveis para impedir que o referido acto fosse cometido ou para punir os seus autores"[94]. Ou seja, se o comandante sabia ou tinha motivos para saber que um seu subordinado utilizaria uma AAM cuja capacidade de discriminar combatentes de civis suscitava dúvidas relevantes, e ainda assim nada fez para o impedir, então será penalmente responsabilizável pelos actos do subordinado a título de negligência (consciente ou inconsciente, consoante 'soubesse' ou 'tivesse motivos para saber')[95].

[93] Estatuto do Tribunal Internacional para a Antiga Jugoslávia, artigo 7.º, n.º 1.

[94] *Id.*, artigo 7.º, n.º 3.

[95] Sobre a responsabilidade de comando, cf., também, Schmitt, Michael (2013), p. 34 s. No âmbito do Estatuto de Roma, *talvez* haja uma lacuna de punibilidade – cf. *v.g.* Bo, Marta (2021), *passim* –, mas trata-se de um problema específico do Estatuto de Roma – cf. Lemos, Miguel (2014), p. 598.

Não há dúvidas de que a questão da responsabilidade criminal é crucial. No entanto, ela não parece colocar-se aqui em termos fundamentalmente distintos daqueles em que se coloca noutros sectores onde a IA já ganhou muito espaço, como o dos veículos autónomos. Pesem embora as grandes diferenças entre os dois sectores, também este último enfrenta sérios desafios dogmáticos no âmbito de temas como o das causas de justificação[96]. Embora mais inócuo em vários sentidos, também ele enfrenta dilemas onde se jogam vidas humanas e dificuldades em atribuir a responsabilidade pelo seu sacrifício a actuações (humanas) muito remotamente ligadas ao resultado em si. Trata-se de problemas dificílimos de superar satisfatoriamente e as respostas normativas tradicionais já estão em crise. E, todavia, a IA continua a trilhar caminho, em nome da perspectiva que traz de redução de danos no confronto com a intrínseca falibilidade humana. Se a utilização da IA efectivamente proporcionar essas vantagens[97], as dificuldades em dar-lhe o enquadramento jurídico adequado dificilmente poderão ver-se como o obstáculo decisivo.

8. A cláusula de Martens

Uma última justificação jurídica avançada para suportar a proscrição de AAMs é a de que elas violariam os princípios da humanidade e os ditames da consciência pública previstos na cláusula Martens. Aquilo que que veio a designar-se de 'cláusula de Martens' aparece pela primeira vez nas Convenções de Haia de 1899 e de 1907:

> "[A]té que um código mais completo das leis de guerra seja adoptado, julga-se oportuno constatar que, nos casos não incluídos nas disposições regulamentares adoptadas, as populações e os beligerantes permanecem sob a salvaguarda e o império dos princípios do direito das gentes, tal como eles resultam dos usos estabelecidos entre os povos civilizados, das leis da humanidade e das exigências da consciência pública."[98]

[96] Cf. Greco, Luis (2019), *passim*, e (2021) p. 17 s.

[97] Mas vd. *infra*, a conclusão, no ponto 9.

[98] Convention (IV) Concernant les Lois et Coutumes de la Guerre sur Terre et son Annexe: Reglement Concernant les Lois et Coutumes de la Guerre Sur Terre (A Haia, 18 de Outubro de

Tem vindo a sustentar-se, por um lado, que as AAMs colocariam em causa os princípios da humanidade pela sua incapacidade de actuarem com compaixão e de respeitarem a dignidade humana[99]; por outro, que contrariariam os ditames da consciência pública, o que seria demonstrado pela oposição generalizada que lhes vem sendo feita por parte líderes religiosos, cientistas, trabalhadores de tecnologia, organizações da sociedade civil e o público em geral[100].

Embora a cláusula Martens tenha sido adoptada há mais de um século, o debate sobre a sua verdadeira natureza persiste e há diferentes formas de concebê-la: que simplesmente reitera a existência do direito costumeiro[101]; que impede interpretações *a contrario*[102]; que constitui um auxiliar à interpretação judicial[103]; que consagra princípios de direito internacional, uma vez que incorpora, não apenas três fontes de direito, mas também princípios de direito internacional resultantes de qualquer uma dessas fontes ou do seu significado combinado[104]; que tem um impacto nas fontes tradicionais de direito[105]; que dá origem a duas fontes diferentes de direito no campo específico do direito internacional humanitário ou, talvez mais radicalmente, que cria duas fontes diferentes de direito internacional[106]; ou que apenas as reconhece[107].

Poucas dúvidas haverá de que a cláusula de Martens é uma fonte de direito e / ou regra jurídica no campo específico do DIH. O TIJ reconheceu-o expressamente: por um lado, ao afirmar que as regras do Protocolo Adicional 1, quando adoptadas, constituíram mera expressão do direito costumeiro pré-existente, tal como a cláusula de Martens; por outro, ao afirmar – enigmaticamente – que ela se tem revelado um meio eficaz de confrontar a rápida

1907). Novas versões da cláusula foram introduzidas nos Protocolos Adicionais às Convenções de Genebra: cf. o Protocolo Adicional, artigo 1.º, n.º 2, e o Preâmbulo do Protocolo Adicional II.

99 Docherty, Bonnie (2020), p. 3.

100 *Ibid.*

101 Esta parece ter sido a posição adoptada pelos Estados Unidos da América e pelo Reino Unido, em TIJ (1996): cf. Cassese, Antonio (2000), p. 211.

102 Schwarzenberger, Georg (1958), p. 10 s.

103 Meron, Theodor (2000b), p. 87 s.

104 Strebel, Helmut (1997), p. 327.

105 Cassese, Antonio (2000), p. 213 s.

106 Sperduti (1958), pp. 68-74, *apud* Cassese, Antonio (2000), p. 214.

107 Neste sentido, possivelmente, Wright, Lord (1949), p. *xiii*.

evolução da tecnologia militar[108]. Se o respeito pelas leis da humanidade e pelos ditames da consciência pública só pode entender-se como obrigação costumeira universal e peremptória (*jus cogens*), é plausível que a cláusula de Martens possa assumir a veste de obstáculo jurídico à adopção de certas armas que violem essas leis e ditames[109].

Contudo, embora a cláusula seja invocada em alguns tratados que proíbem determinadas armas[110], certas proibições convencionais de armas não decorrem do direito costumeiro – em virtude, fundamentalmente, da posição de algumas grandes potências militares – e, além disso, o facto de a cláusula ser invocada em específicos tratados não é garantia de que baste para determinar tais proibições. De facto, com excepção de casos extremos, ela torna ilegítimo o uso de armas ou meios de guerra, sobretudo em casos controversos[111]. Isso mesmo terá sido reconhecido pelo próprio TIJ quando – relativamente às armas nucleares e perante a posição adoptada por algumas daquelas potências no sentido de estas armas não serem ilegais em si mesmas – afirmou que "não tinha elementos suficientes que lhe permitissem concluir com segurança que o seu uso seria, em todas as circunstâncias, necessariamente contrário aos princípios e regras de direito aplicáveis aos conflitos armados"[112].

Especificamente quanto à dignidade humana e à ideia de que ela impõe que seja um humano a decidir a morte de outro, bem como à ideia de que as AAMs ofendem o direito à vida porque é "arbitrária uma decisão tomada com base num algoritmo" e / ou à distância[113], a dura realidade é a de que, em guerra, é permitido matar das formas mais horríveis (desde que comportáveis por

[108] TIJ (1996), paras. 78 e 84.

[109] Sobre a natureza peremptória dos princípios da humanidade e dos ditames da consciência pública, cf. Lemos, Miguel (2020) p. 6-8.

[110] Convenção sobre a Proibição do Uso, Armazenamento, Produção e Transferência de Minas Antipessoais e sobre a sua Destruição, Preâmbulo, para. 8; Tratado de Proibição de Armas Nucleares, Preâmbulo, para. 11.

[111] Meron, Theodor (2000b), p. 88.

[112] TIJ (1996), para. 95.

[113] Scharre, Paul (2018), pp. 287 s. Cf. também Ligeti, Katalin (2019), p. 13 s., aludindo ao problema da "mentalidade Playstation" associado ao uso de drones e concluindo que "a distância relativamente ao campo de batalha pode tornar-se ainda maior quando forem usadas AAMs; neste caso, os desincentivos para matar podem diminuir drasticamente ou mesmo desaparecer".

uma necessidade militar)[114]. A guerra é, em si mesma, um horror indigno e, até que seja proibida a crítica de que as AAMs violam a dignidade humana parece mais dirigida à guerra em geral do que às AAMs em particular[115]. Na guerra moderna há já muitas mortes 'impessoais' e 'à distância', sendo pelo menos discutível que haja mais indignidade em morrer por força de uma AAM do que de outra arma qualquer[116].

Esta perspectiva é assertivamente ilustrada por *Ken Anderson*:

> "[I]sso colocaria os militares na posição retrógrada de aceitar mais danos no campo de batalha e mais mortes em nome de um conceito abstrato [...]. Os exércitos estariam, de facto, a dizer àqueles que foram mortos em resultado de uma decisão humana, 'ouça, você não tinha que ser morto se tivéssemos cumprido o DIH e usado uma arma autónoma como sendo a melhor em termos de redução dos danos no campo de batalha. Você não teria que morrer. Mas isso teria ofendido a sua dignidade humana (...). E é por causa disso que você está morto. Espero que goste da sua dignidade humana'."[117]

Não significa isto que não possam imaginar-se situações extremas em que uma arma seja em si mesma violadora da cláusula de Martens – *v.g.* uma arma cuja produção e utilização só pudessem servir o propósito de eliminar a humanidade ou parte dela. O ponto é apenas – mas decisivamente – que, fora dessas situações, será necessário, como é próprio do *jus cogens*, que exista um consenso alargado em torno da proscrição, consenso esse que não pode ser deduzido exclusivamente da opinião pública (que em todo o caso não se mostra consensual[118]), abstraindo da *opinio iuris* estadual. Qualquer processo de formação de regras através da cláusula deverá contar, pelo menos, com a aquiescência da comunidade internacional, sendo a oposição de parte importante dessa comunidade – independentemente da bondade intrínseca dessa sua posição – determinante para os efeitos de uma fonte do direito de

[114] Cf. também SCHARRE, PAUL (2018), p. 288.
[115] Cf. *ibid.*
[116] Cf. *ibid.*, p. 289.
[117] *Apud* SCHARRE, PAUL (2018), p. 295.
[118] Cf. HOROWITZ, MICHAEL (2016), pp. 1-8.

natureza *consuetudinária*, sendo que essas condições mínimas de consenso não se afigura estarem reunidas. É o que sugere a circunstância de, em Novembro de 2019, a já referida Reunião das Altas Partes Contratantes da Convenção da ONU sobre Armas Convencionais (CCW)[119] ter endossado um conjunto de 11 "princípios orientadores", entre os quais se não conta qualquer sinal de que as AAMs sejam ou devam ser proibidas. Reveladoramente, o princípio h) diz que:

> "Deve ser dada atenção à utilização de tecnologias emergentes na área de sistemas de armas autónomas letais *de forma a garantir o cumprimento do DIH* e de outras obrigações jurídicas internacionais aplicáveis."[120]

9. Conclusão

A ideia da proscrição das AAMs não decorre *do direito da guerra*. Não decorre – para usar palavras de *Abi-Saab*[121] –, nem de "exigências de humanidade", nem de "ideias morais dominantes", nem do "sentimento da comunidade" possível de identificar em vários Estados, por um lado; nem pode, por outro, louvar-se em argumentos de "necessidade militar" e de pensamento estratégico.

A objecção mais sólida que o direito da guerra coloca à utilização de AAMs será a que decorre do postulado *hors de combat*, o qual, todavia, atentas as suas especificidades, não parece suficiente para fundar essa ideia de proibição

[119] Com a participação de Afeganistão, África do Sul, Albânia, Alemanha, Arábia Saudita, Argélia, Argentina, Austrália, Áustria, Bahrein, Bielorrússia, Bélgica, Brasil, Bulgária, Burquina Fasso, Canadá, Casaquistão, Chile, China, Colômbia, Costa Rica, Costa do Marfim, Croácia, Cuba, Chipre, El Salvador, Emirados Árabes Unidos, Equador, Eslováquia, Eslovénia, Espanha, Estado da Palestina, Estados Unidos da América, Estónia, Filipinas, Finlândia, França, Geórgia, Grécia, Guatemala, Honduras, Hungria, Índia, Iraque, Irlanda, Israel, Itália, Jamaica, Japão, Jordânia, Kuwait, Laos, Letónia, Líbano, Lituânia, Luxemburgo, Macedónia do Norte, Marrocos, México, Moldávia, Montenegro, Nova Zelândia, Noruega, Países Baixos, Paquistão, Panamá, Perú, Polónia, Portugal, Qatar, Reino Unido, República Checa, República da Coreia, República Dominicana, Roménia, Rússia, Senegal, Sérvia, Sri Lanka, Suécia, Suíça, Tunísia, Turquia, Ucrânia, Uruguai, Vaticano, e Venezuela. Não pode, no entanto, perder-se de vista que existem distintas perspectivas estaduais sobre estas armas: Human Rights Watch (2020b).

[120] Reunião das Altas Partes Contratantes da Convenção da ONU sobre Armas Convencionais (2019), p. 10 (Anexo III).

[121] Abi-Saab, Georges (1984), p. 265.

absoluta, senão algumas limitações, ainda que de relevo, à utilização de AAMs em determinados quadros circunstanciais.

De uma análise tanto quanto possível objectiva deste complexo normativo poderá concluir-se que alguns dos seus postulados fundamentais são inclusivamente convidativos ao desenvolvimento de AAMs, porque em tese estas armas são programáveis para nunca sequer se desviarem da observância de regras do direito da guerra. Como sustenta *Arkin*:

> "A [Inteligência Artificial] pode ser usada para salvar vidas inocentes em casos em que os humanos podem falhar e, de facto, falham. Em nenhum outro lugar é isto mais evidente do que no campo de batalha."[122]

A guerra é em si mesma um horror indigno e o repúdio das AAMs tem-se traduzido mais numa crítica à guerra em si mesma do que às AAMs. Isso é compreensível e louvável, mas, em nosso entender, pouco certeiro. Profundamente orientado como é para a minimização de danos – danos decorrentes de um fenómeno que não vê como aceitável, mas que presume ser inevitável e a que por isso procura oferecer-se como paliativo –, o direito da guerra não só não se mostra hostil ao desenvolvimento de AAMs como permitiria até defendê-lo, pela promessa que ele oferece de redução drástica de fatalidades civis e outras calamidades. É este o ponto fundamental deste artigo: que não é no direito da guerra que se encontrarão razões claras para afastar as AAMs.

Os riscos associados ao desenvolvimento de AAMs são vários e elevados. Desde logo, o de uma corrida às armas, conducente à sua produção em massa, à redução do seu preço e, consequentemente, à sua disseminação por actores variados, estaduais e outros[123]. Depois, o de uma significativa redução da contenção no concreto uso de força em contexto de guerra e no próprio processo decisório de avançar ou não para guerra, sabendo-se que é politicamente muito mais fácil justificar o envio de máquinas do que de seres humanos[124].

[122] Arkin, Ronald (2008).

[123] Cf. «Autonomous Weapons: An Open Letter...» (2015), notando ainda que, neste aspecto, as AAMs diferem das armas nucleares, de produção consideravelmente mais difícil.

[124] Cf. Ligeti (2019), p. 13.

Também o de uma subida galopante dos níveis de autonomia das máquinas[125], com todos os outros riscos em que se desdobra, incluindo, no limite, o da incapacidade dos humanos de controlarem as máquinas. Ainda o de os eventuais excessos decorrentes da utilização de armas desta natureza desencadearem um processo de rejeição pública da IA em geral, comprometendo os benefícios muito elevados que se estima que ela possa trazer à humanidade em vários domínios[126].

Alguns destes riscos poderão vir a converter-se *também* em problemas de direito da guerra. Porém, antes disso e para já, eles situam-se fundamentalmente noutros planos, como o da filosofia da moral, o da ciência e da filosofia da ciência, ou o da ciência política e da política internacional. É aí, julgamos, que deve ser centrada a reflexão fundamental e travado o debate decisivo. O próprio direito da guerra deverá então, se for caso de intervir, alimentar-se dessa reflexão, oferecendo uma regulamentação específica, cuidada, das AAMs[127]. Entretanto, e por todas aquelas razões, não surpreende que mesmo aqueles que acentuam os possíveis benefícios humanitários ligados à AAMs estejam abertos à possibilidade da imposição de uma moratória à sua utilização[128].

[125] Máquinas que aprendam por si próprias e tomem por inteiro conta do campo de batalha, excluindo os humanos de qualquer tipo participação relevante na decisões, seriam não só problemáticas em geral – cf. SCHARRE (2018), p. 284, referindo que a única proscrição que eventualmente apoiaria seria na muito específica situação de "target generalization through machine learning") –, mas (o que é mais importante para o ponto de vista em construção neste artigo) possivelmente já ilícitas à luz do DIH positivo.

[126] Cf. novamente «Autonomous Weapons: An Open Letter...» (2015). Por exemplo, no domínio terapêutico. Mas não em todos os domínios em que tem vindo a ganhar espaço, sendo por exemplo muito questionáveis várias das utilizações já actualmente feitas da IA no âmbito da *justiça* penal: cf. *supra*, ponto 2.

[127] LEWIS (2020), p. 1-3.

[128] *V.g.*, ARKIN (2008).

I – Bibliografia

ABI-SAAB, Georges, «The Specificities of Humanitarian Law», in Christophe Swinarski (ed.), *Studies and Essays on International Humanitarian Law and Red Cross Principles in Honour of Jean Pictet*, Leiden: Martinus Nijhoff, 1984, pp. 265 ss.

ANDERSON, Kenneth / WAXMAN, Matthew C., «Law and Ethics for Autonomous Weapon Systems: Why a Ban Won't Work and How the Laws of War Can», *Stanford University – Hoover Institution (Jean Perkins Task Force on National Security and Law Essay Series)*, 2013 (https://papers.ssrn.com/sol3/papers.cfm?abstract_id=2250126)

ARKIN, Ronald, «The moral obligation of using AI to reduce atrocities», *The Security Times*, 2008 (https://www.the-security-times.com/the-moral-obligation-of-using-ai-to-reduce-atrocities/)

BAXTER, Richard, «The Geneva Conventions of 1949» (1956), in Detlev F. Vagts / Theodor Meron / Stephen Schwebel / Charles Keever (eds.), *Humanizing the Laws of War: Selected Writings of Richard Baxter*, Oxford: Oxford University Press, 2013 [2013a], pp. 107 ss.

BAXTER, Richard, «The First Modern Codification» (1963), in Detlev F. Vagts / Theodor Meron / Stephen Schwebel / Charles Keever (eds.), *Humanizing the Laws of War: Selected Writings of Richard Baxter*, Oxford: Oxford University Press, 2013 [2013b], pp. 121 ss.

BEARD, Jack M., «Autonomous Weapons and Human Responsibilities», *Georgetown Journal of International Law* n.º 45 (2014), pp. 617 ss.

BO, Marta, «Autonomous Weapons and the Responsibility Gap in light of the *Mens Rea* of the War Crime of Attacking Civilians in the ICC Statute», *Journal of International Criminal Justice* n.º 19 (2021), pp. 275 ss.

CASSESE, Antonio, «The Martens Clause: Half a Loaf or Simply Pie in the Sky?», *European Journal of International Law* n.º 11 (2000), pp. 187 ss.

COSTA, Miguel João / ABRANTES, António Manuel, «Os Desafios da Inteligência Artificial da Perspectiva Transnacional: A Jurisdição e a Cooperação Judiciária», in Anabela Miranda Rodrigues (coord.), *A Inteligência Artificial no Direito Penal*, Coimbra: Almedina, 2020, pp. 163 ss.

COSTA, Miguel João / ABRANTES, António Manuel, «The Challenges of Artificial Intelligence for Transnational Criminal Law: Jurisdiction and Cooperation», *Revue Internationale de Droit Pénal* n.º 92 (2021), pp. 159 ss.

DARCY, Shane, *Judges, Law and War: The Judicial Development of International Humanitarian Law*, Cambridge: Cambridge University Press, 2014

DINSTEIN, Yoram, *The International Law of Belligerent Occupation*, Cambridge: Cambridge University Press, 2009

DINSTEIN, Yoram, *War, Aggression and Self-Defence*, 5.ª Ed., Cambridge: Cambridge University Press, 2011

DOCHERTY, Bonnie, «The Need for and Elements of a New Treaty on Fully Autonomous Weapons», *Human Rights Watch / International Human Rights Clinic*, 2020 (https://www.hrw.org/)

Fidalgo, Sónia, «A utilização da inteligência artificial no âmbito da prova digital – direitos fundamentais (ainda mais) em perigo», in Anabela Miranda Rodrigues (coord.), *A Inteligência Artificial no Direito Penal*, Coimbra: Almedina, 2020, pp. 129 ss.

Greco, Luís, «Veículos autônomos e situações de colisão», in Heloisa Estellita / Alaor Leite (orgs.), *Veículos Autônomos e Direito Penal*, São Paulo: Marcial Pons, 2019, pp. 191 ss.

Greco, Luís, «A Justificabilidade de Homicídios decorrentes da Programação de Veículos Autônomos», in *Livro de Resumos da Conferência Inteligência Artificial e Direito Penal*, Coimbra: AIDP-PT, 2021, pp. 17 ss. (https://aidp-pt.org/)

Hagger, Meredith / McCormack, Tim, «Regulating the Use of Unmanned Combat Vehicles: Are General Principles of International Humanitarian Law Sufficient?», *Journal of Law, Information and Science* n.º 21 (2012).

Henckaerts, Jean-Marie / Doswald-Beck, Louise (eds.), *Customary International Humanitarian Law*, Volume I: Rules, Cambridge: Cambridge University Press, 2005

Horowitz, Michael C., «Public opinion and the politics of the killer robots debate», *Research and Politics*, 2016 (https://doi.org/10.1177/2053168015627183)

Kalshoven, Frits, *Belligerent Reprisals*, Leiden: Brill, 2005 (reimp. 1971)

Lemos, Miguel, «Commentary under Judgment pursuant to article 74 of the Statute, *Prosecutor v. Katanga*¸ Case No. ICC-01/04–01/07, T. Ch. II, 7 March 2014», in André Klip / Steven Freeland (eds.), *Annotated Leading Cases of International Criminal Tribunals – Volume 62*, Cambridge: Intersentia, 2014, pp. 570 ss.

Lemos, Miguel, Nullum Crimen, Nulla Poena Sine Lege *e o Direito Internacional: Em defesa de como os tribunais de guerra deram vida ao direito penal internacional*, 2015 (https://estudogeral.uc.pt/handle/10316/29165)

Lemos, Miguel, «*Jus Cogens* Versus the Chapter VII Powers of the Security Council: With Particular References to Humanitarian Intervention and Terrorism», *Chinese Journal of International Law* n.º 19 (2020), pp. 1 ss.

Lewis, Dustin, «An Enduring Impasse on Autonomous Weapons», *Just Security*, 28 de Setembro de 2020 (https://www.justsecurity.org/72610/an-enduring-impasse-on-autonomous-weapons/)

Ligeti, Katalin, «Artificial Intelligence and Criminal Justice», *Association Internationale de Droit Pénal*, Novembro de 2019 (http://www.penal.org/en/information)

Meron, Theodor, *Henry's Wars and Shakespeare's Laws*, Oxford: University Press, 1993

Meron, Theodor, «The Humanization of Humanitarian Law», *American Journal of International Law* n.º 94 (2000) [2000a], pp. 239 ss.

Meron, Theodor, «The Martens Clause, Principles of Humanity and Dictates of Public Conscience», *American Journal of International Law* n.º 94 (2000) [2000b], pp. 78 ss.

Meron, Theodor, *The Humanization of International Law*, Leiden: Martinus Nijhoff, 2006

Meron, Theodor, *The Making of International Criminal Justice. A View from the Bench*, Oxford: Oxford University Press, 2011

Ratner, Steven / Abrams, Jason / Bischoff, James, *Accountability for Human Rights Atrocities in International Law: Beyond the Nuremberg Legacy*, 3.ª ed., Oxford: Oxford University Press, 2009

RODRIGUES, Anabela Miranda, «Inteligência Artificial no Direito Penal – A Justiça Preditiva entre a Americanização e a Europeização» in Anabela Miranda Rodrigues (coord.), *A Inteligência Artificial no Direito Penal*, Coimbra: Almedina, 2020 [2020a], pp. 11 ss.

RODRIGUES, Anabela Miranda, «A questão da pena e a decisão do juíz – entre a dogmática e o algoritmo», in Anabela Miranda Rodrigues (coord.), *A Inteligência Artificial no Direito Penal*, Coimbra: Almedina, 2020 [2020b], pp. 219 ss.

SCHARRE, Paul, *Army of None, Autonomous Weapons and the Future of War*, Nova Iorque: W. W. Norton & Company, 2018

SCHMITT, Michael, «Asymmetrical Warfare and International Humanitarian Law», in Wolff Heintschel von Heinegg / Volker Epping (eds.), *International Humanitarian Law Facing New Challenges: Symposium in Honour of Knut Ipsen*, Berlim / Heidelberg: Springer, 2007, pp. 11 ss.

SCHMITT, Michael N., «Autonomous Weapons Systems and International Humanitarian Law: A Reply to the Critics», *Harvard National Security Journal Features* (2013) (https://harvardnsj.org/2013/02/autonomous-weapon-systems-and-international-humanitarian-law-a-reply-to-the-critics/)

SCHMITT, Michael, «Regulating Autonomous Weapons Might be Smarter Than Banning Them», *Just Security*, 10 de Agosto de 2015 (https://www.justsecurity.org/25333/regulating-autonomous-weapons-smarter-banning/)

SCHWAB, Klaus, «The Fourth Industrial Revolution – What It Means and How to Respond», *Foreign Affairs*, 12 de Dezembro de 2015 (www.foreignaffairs.com)

SCHWARZENBERGER, Georg, *The Legality of Nuclear Weapons*, Londres: Stevens and Sons, 1958

SOUSA, Susana Aires de, «"Não fui eu, foi a máquina": Teoria do Crime, Responsabilidade e Inteligência Artificial», in Anabela Miranda Rodrigues (coord.), *A Inteligência Artificial no Direito Penal*, Coimbra: Almedina, 2020, pp. 59 ss.

STREBEL, Helmut, «Martens Clause», in Rudolf Bernhardt (ed.), *Encyclopedia of Public International Law – Vol. 3*, Amesterdão: North Holland Publishing Company, 1997, pp. 327 ss.

WRIGHT, Lord, «Foreword», *Law Reports of Trials of War Criminals – Vol. XV*, Londres: The Stationery Office, 1949, pp. *vii* ss.

II – Documentos

«Autonomous Weapons: An Open Letter from AI & Robotics Researchers», 2015 (https://futureoflife.org/open-letter-autonomous-weapons)

«Déclaration à l'effet d'interdire l'usage de certains projectiles en temps de guerre», São Petersburgo, 11 de Dezembro de 1868

«Final Report to the Prosecutor by the Committee established to review NATO bombings in Yugoslavia», Junho de 2000

«U.S. Commentaries on the Guiding Principles, Unclassified», 1 Setembro de 2020, (https://documents.unoda.org/wp-content/uploads/2020/09/20200901-United-States.pdf)

Comissão Europeia, «Artificial Intelligence for Europe», COM(2018) 237 final, 25 de Abril de 2018

Comité Internacional da Cruz Vermelha, *Convention on Prohibitions or Restrictions on the Use of Certain Conventional Weapons Which May be Deemed to be Excessively Injurious or to have Indiscriminate Effects*, Genebra: ICRC, Junho de 2005 (https://www.icrc.org/en/doc/assets/files/other/icrc_002_0811.pdf)

Human Rights Watch / Campaign to Stop Killer Robots, «Key Elements of a Treaty on Fully Autonomous Weapons», Novembro de 2019 (https://www.stopkillerrobots.org/wp-content/uploads/2020/03/Key-Elements-of-a-Treaty-on-Fully-Autonomous-Weapons.pdf)

Human Rights Watch, «New Weapons, Proven Precedent, Elements of and Models for a Treaty on Killer Robots», Outubro de 2020 [2020a] (https://www.hrw.org/report/2020/10/20/new-weapons-proven-precedent/elements-and-models-treaty-killer-robots)

Human Rights Watch, «Stopping Killer Robots: Country Positions on Banning Fully Autonomous Weapons and Retaining Human Control», 10 de Agosto de 2020 [2020b] (https://www.hrw.org/report/2020/08/10/stopping-killer-robots/country-positions-banning-fully-autonomous-weapons-and)

International Human Rights Clinic – Harvard Law School, «Losing Humanity: The Case Against Killer Robots», 2012 (https://www.hrw.org/report/2012/11/19/losing-humanity/case-against-killer-robots)

Reunião das Altas Partes Contratantes da Convenção da ONU sobre Armas Convencionais, «Guiding Principles on Emerging Technologies in the Area of Lethal Autonomous Weapons Systems» (CCW/MSP/2019/9), 13 de Dezembro de 2019 (https://undocs.org/CCW/MSP/2019/9)

III – Jurisprudência

Tribunal Internacional de Justiça [TIJ], *Advisory Opinion of 8 July 1996: Legality of the Threat or Use of Nuclear Weapons* [*Nuclear Weapons*]

IV – Outros

Madam Secretary, "Killer Robots" (https://www.imdb.com/title/tt10338184/)

Inteligência Artificial e Direito Penal da Medicina[1]

Túlio Xavier Januário

Sumário: 1. Introdução. 2. Da inteligência artificial – delimitação conceitual e possíveis aplicações no setor médico. 3. Possíveis questões jurídicas derivadas da inteligência artificial no setor médico. 4. Responsabilidade penal e inteligência artificial no setor da medicina. 5. Considerações finais.

1. Introdução

Dentre os principais ramos impactados pela evolução das ciências e da tecnologia, o setor da saúde provavelmente mostra-se como um dos mais paradigmáticos. O progressivo desenvolvimento da inteligência artificial (IA), propiciado pelo *big data* e pelos procedimentos de *machine learning*, viabilizou projeções para um futuro próximo de plena operacionalidade de programas de auxílio em diagnósticos, mecanismos autónomos de monitoramento e prestação de cuidados a pacientes, instrumentos robóticos de auxílio em cirurgias e até mesmo algoritmos de prevenção ao suicídio através de redes sociais.

Se quase certos são os benefícios derivados da utilização da IA na medicina, inegáveis se mostram também, os riscos[2] provenientes dessa nova tecnologia

[1] O presente trabalho é uma versão devidamente revista e atualizada do texto publicado em: JANUÁRIO, Túlio (2020a).

[2] A título de exemplificação, *Mafalda Miranda Barbosa* destaca o potencial lesivo que os *robots* apresentam em relação à segurança dos seres humanos, bem como o próprio risco de

e, mais ainda, os desafios que ela impõe aos operadores do direito em termos regulatórios, preventivos e principalmente de responsabilização. No que toca especificamente à matéria jurídico-penal, serão demandadas maiores reflexões e possíveis adaptações em clássicos institutos da parte geral, bem como em alguns dos seus tipos da parte especial, a fim de fazer frente a esse contexto iminente[3].

Tendo-se em vista essas considerações, o objetivo do presente trabalho é analisar algumas das principais implicações jurídico-criminais do emprego da IA no setor da medicina, especificamente no que toca à imputação de eventuais responsabilidades penais por danos derivados de contextos com a interação de "agentes" artificiais inteligentes. Para tanto, buscaremos responder, inicialmente, à questão sobre o que efetivamente podemos entender por IA e de que forma ela se relaciona com os conceitos de *big data, internet of things* e *machine learning*. Esse brevíssimo estudo mostra-se imperioso, uma vez que, muito embora estes termos estejam cada vez mais na "pauta do dia" das ciências jurídicas, observamos uma natural dificuldade dos operadores do direito em enfrentar estes tópicos tão novos, complexos e de setores que eram, até então, relativamente distantes da nossa disciplina.

Feitos esses esclarecimentos iniciais, averiguaremos, no segundo tópico, com caráter certamente não exaustivo, as principais questões éticas e jurídicas a serem enfrentadas pelo direito em razão da aplicação de mecanismos de IA na medicina, dentre as quais podemos enumerar, a título exemplificativo, as dificuldades relativas à tutela da privacidade dos pacientes no que toca aos seus dados pessoais e às formas de garantir a transparência dos procedimentos de IA.

"desdignificação do ser humano pela atuação da inteligência artificial ao nível do seu corpo e da sua mente". BARBOSA, Mafalda (2017), p. 1502. Contudo, conforme analisaremos, estes são apenas alguns dos potenciais riscos advindos destas novas tecnologias.

[3] Conforme bem destaca *Anabela Miranda Rodrigues*, "Não se deve desperdiçar uma tecnologia potencialmente útil – que poderia fornecer soluções úteis em diversíssimos domínios–, nem subestimar os seus riscos – que não devem ser fantasiados, mas que são concretos, desde a manipulação diária das nossas escolhas até ao aumento de pressão sobre a privacidade de indivíduos e grupos, passando por conflitos cibernéticos e pelo uso da IA pelo crime organizado com diversos objetivos, como branqueamento ou roubo de identidade". RODRIGUES, Anabela Miranda (2020b), p. 51.

Uma vez, porém, que inobstante a alta tecnologia nela aplicada, a IA será passível de falhas e erros, buscaremos enfrentar, no tópico derradeiro, o questionamento principal do presente trabalho, qual seja, o de como pode ser aferida a responsabilidade penal em um contexto de tamanhas incertezas e imprevisibilidade, quadro especialmente agravado pela inserção de sistemas que, apesar de possuírem capacidades de raciocínio e de atuação independentes da vontade humana, ainda não são passíveis de responsabilidade penal.

2. Da inteligência artificial – delimitação conceitual e possíveis aplicações no setor médico

Muito se diz hodiernamente a respeito dos desenvolvimentos científicos na área da IA e sobre a forma pela qual essa tecnologia afetará os mais diversificados setores da sociedade. É certo, aliás, que já há muito tempo a literatura, o cinema e a televisão retratam – ainda que como um sonho distante – veículos que operam sem condutores humanos, assistentes domésticos inteligentes e principalmente, robôs atuantes em diversas áreas, tais como medicina e segurança pública[4].

Ainda que não tenhamos atingido, porém, o estágio prognosticado pelos escritores, é certo que já testemunhamos, atualmente, instrumentos dotados de IA "setorial"[5], capazes de realizar algumas tarefas autonomamente. É o caso, por exemplo, das assistentes virtuais inteligentes "Siri", da *Apple* e

[4] Observa-se, a título exemplificativo, o filme "*A.I. – Artificial Intelligence*", dirigido por *Steven Spielberg* e lançado em 2001, cujo enredo retrata um mundo futuro no qual agentes artificiais inteligentes operam as mais diversificadas funções, tais como a de cuidadora, enfermeira e até mesmo gigolô. A trama desenrola-se, porém, com o desenvolvimento do robô "David", feito em forma de criança e programado para amar os seus pais incondicionalmente. Outra produção paradigmática dos cinemas é "*The Bicentennial Man*", dirigido por *Chris Columbus* e lançado em 1999, onde é retratada a saga do robô "Andrew", desenvolvido para a realização de tarefas domésticas e de manutenção, mas que posteriormente passa a desenvolver a capacidade de identificar emoções e a elas corresponder.

[5] Neste sentido, conforme explica *Miriam Wimmer*, não podemos falar hoje em uma IA geral, com sistemas dotados de capacidades cognitivas e de compreensão semelhantes às humanas e que possam lidar com quaisquer tarefas que lhes sejam demandadas. A realidade atual é a de sistemas aptos a realizar tarefas específicas e de maneira altamente especializada. Neste sentido, cf. WIMMER, Miriam (2019), p. 15-17.

"Alexa", da *Amazon*. Observamos também, no ramo dos transportes, testes com veículos operados de maneira parcial ou totalmente autônoma, tendo ocorrido, inclusive, os primeiros sinistros com essa espécie de automóveis[6]-[7].

No que interessa aos objetivos do presente trabalho, cumpre salientar que o ramo da saúde sempre se mostrou como um dos mais promissores em termos de aplicação da IA. Para *Luiz Carlos Lobo*, essa aplicação diz respeito à utilização de computadores para a solução de problemas médicos, através da análise de um grande volume de dados e aplicação de determinados algoritmos definidos por especialistas no tema[8]. Conforme demonstraremos, porém, a potencial área de intersecção entre inteligência artificial e medicina é muito mais ampla, estando entre as suas aplicações primárias, hodiernas e futuras, não apenas o auxílio às decisões clínicas, mas também o monitoramento e prestação de cuidados gerais aos pacientes e a utilização de equipamentos autónomos para auxílio em cirurgias. Mais recentemente, fala-se ainda da possibilidade de monitoramento das redes sociais para aferir possíveis riscos da saúde dos seus usuários[9]. É neste sentido, pois, que *André Dias Pereira* sustenta que, dentre os principais tópicos que provavelmente revolucionarão a prestação de serviços de saúde como um todo, a bioética e o direito da medicina, se encontram as questões relacionadas com os *big data*, a inteligência artificial, a digitalização e a robotização da medicina[10].

O emprego da nomenclatura *artificial intelligence* remonta ao ano de 1955, quando o cientista da computação *John McCarthy* publicou *"A Proposal for the Dartmouth Summer Research Project on Artificial Intelligence"*[11]. Na oportunidade, ela foi considerada como "a ciência e engenharia de produzir máquinas

[6] Observa-se que já houve acidentes fatais com veículos totalmente autónomos, tais como no caso do carro da *Uber* que abalroou uma pedestre no estado do *Arizona*, e com veículos *Tesla* operantes em modo "piloto-automático". Neste sentido, cf. ESTELLITA, Heloisa (2019), p. 16, nota 6.

[7] Já tivemos a oportunidade de analisar em pormenor essa questão. Para maiores detalhes, cf. JANUÁRIO, Túlio (2020b), p. 95 e ss.

[8] LOBO, Luiz (2017), p. 187.

[9] STONE, Peter et al. (2016), p. 25.

[10] PEREIRA, André Dias (2019), p. 30.

[11] Os trechos essenciais desta chamada podem ser encontrados em: MCCARTHY, John; MINSKY, Marvin L.; ROCHESTER, Nathaniel; SHANNON, Claude E. (1955). Vale ressaltar, ainda, que são muitas vezes mencionadas as contribuições de *Alan Turing* ao desenvolvimento da matéria, especialmente em suas tarefas de decodificação de mensagens durante a Segunda

inteligentes, especialmente programas de computador", sendo relacionada "à similar função de utilizar computadores para entender a inteligência humana" não se limitando, porém, "aos métodos biologicamente observáveis"[12].

Atualmente, entende-se por sistemas de IA aqueles capazes de captar e processar informações ambientais, aprender com elas e optar pela forma de reação mais adequada, tudo isso sem maiores interferências humanas[13]. Possuem, portanto, como características primordiais: i) autonomia, consubstanciada na habilidade de realizar tarefas sem a constante orientação de um usuário humano; e ii) capacidade de adaptação, podendo aprender com as suas prévias experiências e aprimorar o seu desempenho[14].

Visando abordar o tema com maior precisão, a Comissão Europeia, através de seu Grupo de Peritos de Alto Nível em Inteligência Artificial, propôs uma subdivisão do conceito em dois grupos: i) *inteligência artificial como sistema*, a partir do qual essa tecnologia é entendida como sistemas de *softwares* ou *hardwares* desenvolvidos por seres humanos, que atuam em ambiente físico ou digital e que, para alcançar um objetivo específico, percebem o seu ambiente através da coleta, interpretação e processamento de dados e identificam a melhor decisão a ser tomada, a partir de "regras simbólicas" previamente definidas ou da própria "aprendizagem" de um modelo numérico para o caso. Ademais, esses sistemas seriam capazes de adaptar seu comportamento, após análise das modificações ambientais causadas pelas suas prévias atuações. Por sua vez, a ii) *inteligência artificial como disciplina científica* inclui e integra em sistemas "ciber-físicos" diversas técnicas e metodologias, como *machine learning, machine reasoning* e robótica[15].

Com base no *Report of COMEST on Robotic Ethics, Susana Aires de Sousa* apresenta ainda uma distinção entre os *deterministic robots* – sistemas tecnológicos pré-programados a executar algumas tarefas – e os *cognitive robots* – capazes de fazer escolhas e executar tarefas para as quais não foram programados e

Guerra Mundial. Para maiores detalhes, cfr. SHABBIR, Jahanzaib; ANWER, Tarique (2015), p. 3; PEIXOTO, Fabiano; SILVA, Roberta (2019), p. 24.

12 MCCARTHY, John (2007), p. 2.

13 STEIBEL, Fabro; VICENTE, Victor; JESUS, Diego (2019), p. 53-56.

14 JESUS, Tiffany (2019), p. 43-45.

15 INDEPENDENT HIGH-LEVEL EXPERT GROUP ON ARTIFICIAL INTELLIGENCE SET UP BY THE EUROPEAN COMMISSION (2019), p. 6.

que muitas vezes sequer eram previsíveis para seus programadores[16]. A relevância desta distinção reside no fato de que, enquanto na primeira hipótese o algoritmo é "treinado" para responder a perguntas ou situações específicas, na segunda ele possui capacidades de auto-aprendizagem e constante evolução, nem sempre sendo possível aferir, *a priori*, as respostas que serão por ele alcançadas.

Neste último caso, segundo *Kaplan* e *Haenlein*, a IA utiliza a *internet of things* e os *big data* como formas de *input* para a identificação de regras e padrões e, através de seu *machine learning*, é capaz de aprender coisas para as quais não fora programada[17]. Conforme esclarecem *Caitlin Mulholland* e *Isabella Frajhof*, esses sistemas de aprendizagem por máquinas permitem tomadas de decisão totalmente autónomas, sem quaisquer interferências humanas. Através do tratamento de dados em massa – *inputs* –, o próprio sistema alcança os resultados – *outputs* –, a partir de procedimentos dedutivos e análises estatísticas que vão sendo correlacionadas pela IA[18].

No âmbito da medicina, os dados coletados e processados pelo sistema seriam provenientes de diversas fontes, tais como históricos médicos *online*, livros, prontuários, dados relacionados aos planos de saúde, receitas médicas e até mesmo dados coletados de aplicativos de telemóvel. A partir das supramencionadas técnicas de *machine learning* – que seriam o método de aprendizagem das regras e técnicas necessárias para a identificação de padrões na imensidão dos *big data* –, seriam desenvolvidos os algoritmos a partir dos quais seriam feitas, por exemplo, as predições e separação de pacientes em grupos[19].

É importante notar que ainda experimentamos a "primeira fase" da IA, uma vez que ela é aplicada tão somente para tarefas específicas, tais como os reconhecimentos faciais e de voz do *Facebook* e da *Siri* e os veículos autónomos da *Tesla*. Essa 1ª. geração é comumente referida como *artificial narrow intelligence*. A futura e esperada 2ª. geração será aquela na qual os sistemas inteligentes serão capazes de raciocinar, planear e resolver autonomamente problemas para os quais sequer foram programados, fase essa intitulada

16 SOUSA, Susana Aires de (2020a), p. 62; COMEST – WORLD COMISSION ON THE ETHICS OF SCIENTIFIC KNOWLEDGE AND TECHNOLOGY (2017), p. 48.

17 KAPLAN, Andreas; HAENLEIN, Michael (2019), p. 17.

18 MULHOLLAND, Caitlin; FRAJHOF, Isabella (2019), p. 265.

19 PRICE II, William (2017), p. 2.

artificial general intelligence. Para alguns autores, quiçá e a depender da velocidade dos desenvolvimentos tecnológicos, seremos capazes de testemunhar uma esperada *artificial super intelligence*, 3ª. geração da IA, na qual os "agentes" artificiais inteligentes atingirão a autoconsciência, podendo tornar os seres humanos redundantes. Espera-se que sejam capazes de aplicar a IA em qualquer área, tendo ainda capacidades científicas e sociais, bem como conhecimentos gerais[20].

No que toca especificamente à aplicação da IA no ramo da medicina, podemos destacar, exemplificativamente, as tarefas relacionadas ao (I) auxílio à tomada de decisões; à (II) medicina personalizada; e (III) ao emprego da robótica em cirurgias, tratamentos, monitoramento de pacientes e diagnósticos[21].

Quanto a esta última área, cumpre destacar que, muito embora ainda não tenhamos atingido um quadro de plena implementação de clínicas e hospitais totalmente integrados com sistemas de IA, são promissoras as expectativas para os próximos quinze anos, especialmente se o desenvolvimento desta ciência vier acompanhado de dados suficientes e sistemas bem direcionados, segundo o relatório *"Artificial Intelligence and Life in 2030: One Hundred Year Study on Artificial Intelligence"*, publicado pela Universidade de *Stanford*[22]. Se, hoje, os médicos clínicos solicitam aos pacientes uma descrição verbal dos seus sintomas e os correlacionam mentalmente com os padrões de doenças por eles conhecidas, no futuro, um assistente automatizado poderá realizar essa função, ainda que sob a supervisão do clínico. A sua experiência ainda será fundamental para auxiliar no processo de *input* do sistema e na avaliação do *output*[23], já que não é possível explicar o "porquê" ou o "como" se chegou a

[20] KAPLAN, Andreas; HAENLEIN, Michael (2019), p. 16.

[21] No que tange especificamente à robótica, cumpre destacar a interessante distinção feita por *Lécio Machado*. Segundo o autor, poder-se-ia considerar um "médico robô" o "conjunto de algoritmos aplicados em programas de computador utilizados com a finalidade de executar atividades médicas se valendo da habilidade de acumular experiências e delas extrair lições e aprendizados, podendo agir de maneira independente tomando decisões de modo autônomo". Esses sistemas – que podem ou não ser dotados de um corpo físico – se diferenciam de um mero braço robótico, pois enquanto este último se limitaria a executar movimentos previamente programados, aqueles são capazes de se aperfeiçoar, praticando atos autônomos não previstos ou programados por seus desenvolvedores. Cf., com detalhes, MACHADO, Lécio (2019), p. 103; 107.

[22] STONE, Peter et al. (2016), p. 26.

[23] STONE, Peter et al. (2016), p. 26.

essas conclusões, dando origem ao que *Price II* chama de "*black box medicine*". Esse quadro é agravado quando os equipamentos em questão têm a capacidade de incorporar novos dados e redefinir as prévias predições, bem como de alterar seus próprios algoritmos[24].

No que toca às cirurgias robóticas, diante de sua complexidade e de suas implicações, espera-se que, nos próximos anos, elas tendam a ser investigadas e desenvolvidas de maneira específica, separadas por nichos a serem explorados cada qual por determinadas empresas, sendo que cada uma delas terá como desafio a pesquisa e o desenvolvimento de todo um universo relacionado com a análise de dados, sensoriamento, automação e aprimoramento[25].

Conforme já mencionado, há que se destacar que nem todos os instrumentos robóticos são dotados de inteligência artificial, vez que muitos deles podem limitar-se à reprodução – ainda que com altíssimo nível de precisão – de comandos advindos de seres humanos ou de específicas e prévias programações. Quando esses instrumentos forem capazes, porém, de captar e processar dados, "aprender" com eles e de maneira autónoma, desenvolverem-se e tomarem decisões independentes – ainda que eventualmente limitadas a determinados escopos –, poderão eles ser considerados "produtos" dotados de IA, estando sujeitos às mesmas questões aqui a serem analisadas[26].

[24] PRICE II, William (2017), p. 2.

[25] STONE, Peter et al. (2016), p. 28.

[26] Nos termos do *Report of COMEST on Robotics Ethics*, os "robôs" contemporâneos caracterizam-se mormentemente por quatro habilidades: I) *Mobilidade;* II) *Interatividade;* III) *Comunicabilidade; e* IV) *Autonomia.* Conforme expusemos, o relatório destaca que a robótica hodierna é tipicamente integrada por sistemas de inteligência artificial. Neste sentido: "*Contemporary robotics typically includes forms of 'Artificial Intelligence' (AI): replicating human cognition and intelligence with computer systems, resulting in machines that can do things that require a specific form of intelligence, like the ability to perceive and represent changes in their environment and to plan its functioning accordingly. Artificial intelligence is crucial for robot autonomy because it enables them to perform complex tasks in changing and unstructured environments, like driving a car and adapting to the conditions on the road, without being tele-operated or controlled by a human operator. Robots perform their tasks through algorithms: rules or instructions for the solution of a problem. Two kinds of algorithms can be distinguished: deterministic algorithms, that control the predictive behaviour of deterministic robots; and AI or stochastic algorithms, with learning abilities that form the heart of cognitive robots. A deterministic robot's behaviour – even if the robot is highly complex and autonomous (requires little or no human supervision) – is basically pre-programmed and essentially determined. However, AI-based, cognitive robots will learn from past experiences and calibrate their algorithms themselves, so*

Merecem destaque também, nesta seara, os chamados *wearable devices*, que conforme o relatório da *Universidade de Stanford*, são bastante promissores e cada vez mais viáveis comercialmente[27]. Através deles, são obtidas constantes informações dos pacientes, tais como glicemia e ECG, podendo gerar ações automatizadas, como a injeção de insulina, descarga elétrica em desfibrilador subcutâneo e variação na dose de medicamentos em pacientes com Doença de Parkinson[28].

O campo do auxílio à tomada de decisões parece-nos um pouco mais avançado, tendo como exemplos de programas já operantes, o *Watson Health*, da IBM, e *DeepMind*, comprado pela *Google* em 2014 e cuja junção com o chamado *Google Health* foi anunciada recentemente. Ambos processam informações armazenadas na nuvem relativas à oncologia, avaliação de riscos e evolução dos pacientes. Neles são registrados os casos, com o respectivo esquema de diagnóstico, os tratamentos prescritos e os resultados obtidos, permitindo uma expansão do conhecimento médico e a sugestão de condutas a serem tomadas com base em dados probabilísticos[29].

Observa-se assim, que o aumento da capacidade de armazenamento de dados, especialmente através dos chamados *big data*, é essencial para a presença cada vez maior dessas tecnologias no âmbito da saúde, especialmente no que toca aos dados de prevalência, incidência e evolução de enfermidades, que permitem, inclusive, a criação de dados estatísticos para a antecipação de surtos epidemiológicos e ações preventivas. Além disso, dados pessoais dos pacientes, somados aos sintomas e sinais apresentados e aos exames realizados, diagnósticos, tratamentos e evolução do quadro, formariam uma base de dados crucial para o aprimoramento das condutas estabelecidas[30].

No que toca à chamada "medicina personalizada", ela tem ganhado bastante relevância com o desenvolvimento da IA. Conforme explica *André Dias Pereira*, com as possibilidades advindas dos *big data*, é possível a evolução de

their behaviour will not be perfectly predictable, and will likely become an issue worthy of serious ethical attention and reflection". UNESCO; COMEST (2017), p. 27.

27 STONE, Peter et al. (2016), p. 27.

28 LOBO, Luiz (2017), p. 187.

29 LOBO, Luiz (2017), p. 189. Cf., também, FILHO, Fabrício; NAKAGAWA, Liliane (2019), n.p.

30 LOBO, Luiz (2017), p. 190.

um modelo de medicina a partir da análise do fenótipo e do genótipo de cada indivíduo, com o objetivo de definir, no momento certo, uma estratégia terapêutica personalizada. Torna-se palpável, ainda, a identificação de eventuais doenças às quais o paciente está predisposto e o momento certo para preveni-las ou remediá-las. Com essas possibilidades, espera-se a identificação prematura de doenças e a redução dos encargos do tratamento, bem como melhores possibilidades de adaptação deste a cada paciente, inclusive com a prescrição de estilos de vida mais adequados e que impeçam o aparecimento de novas doenças ou diminuam seus efeitos[31].

Aliás, conforme explica *Eric Hilgendorf*, cada vez mais a medicina se tem mostrado um instrumento que vai além da cura dos pacientes, buscando o aperfeiçoamento destes na condição de pessoas saudáveis. Como exemplos dessa mudança de perspectiva, observamos as cirurgias estéticas, o *doping* e os avanços na engenharia genética. O autor acredita, inclusive, que em um futuro não muito distante, com a evolução desta última seara, será cientificamente possível a "otimização" das propriedades das próximas gerações[32].

Com os avanços, ainda, da medicina reprodutiva e da genética, um outro patamar de "aperfeiçoamento" poderia, em teoria e ressalvadas as suas implicações éticas, morais e legais, ser alcançado num futuro próximo. Se já é prática comum em alguns países a eliminação de embriões geneticamente doentes para fins de inseminação artificial, essa seleção poderá eventualmente ser utilizada com a finalidade de opções relativas a género, aparência externa ou até mesmo caráter. Fala-se assim, de uma eventual manipulação das gerações futuras, para a criação de um "bebé desejado", o que pode mostrar-se totalmente plausível com a combinação da inseminação artificial e alterações de material genético[33].

Mas, em termos de predições através da IA, as expectativas não se restringem à identificação, através do diagnóstico genético preditivo, de que alguém

[31] PEREIRA, André Dias (2019), p. 32.

[32] HILGENDORF, Eric (2019), p. 193. Ilustrando bem esse dilema, PEREIRA, André Dias (2021), p. 244: "Podemos perguntar se é lícito ou moralmente adequado alterar características das pessoas e das suas relações intersubjetivas por meio da tecnologia (genética, robótica, farmacológica, interfaces com IA); mas também devemos, ao mesmo passo, perguntar se é lícito ou moralmente adequado não o fazer quando podemos fazê-lo, no sentido de beneficência. E se o fizermos, teremos condições de oferecer essa prestação com acesso equitativo?".

[33] HILGENDORF, Eric (2019), p. 195.

sofra ou venha a sofrer de uma doença específica, o que está sendo cada vez mais viabilizado pelo desenvolvimento das pesquisas e da decodificação do genoma humano[34]. Fala-se, também, do aproveitamento da IA no auxílio à prevenção do suicídio. Neste sentido, *Marks* divide essa categoria em dois grupos, quais sejam, a *medical suicide prediction*, que envolve a análise do histórico clínico do paciente e pode ser realizada por médicos, pesquisadores de saúde pública, agências governamentais e sistemas de saúde; e a *social suicide prediction*, que consiste na análise do comportamento e interações da pessoa em redes sociais, *apps* e outras atividades paralelas ao sistema de saúde[35]. Ao contrário da *medical suicide prediction*, a *social suicide prediction* utiliza-se da intermediação de empresas de tecnologia, tais como *Facebook, Crisis Text Line* e *Objective Zero*. Seu objetivo é reduzir o risco de suicídio a partir da análise do rastro deixado por usuários na *internet*. A análise pode ser feita a partir de postagens e comentários feitos pelos usuários nas redes sociais, envolvendo palavras como "tristeza" e "muita tristeza"[36].

Ora, das considerações apresentadas neste tópico, ficam claras não apenas as potencialidades da IA no ramo da medicina, que, por certo, não se restringem às aqui apresentadas e tendem a ampliar-se progressivamente. De pronto se nota, também, que dessa incipiente mas promissora relação, decorrem inúmeras questões éticas, morais e, em último caso, jurídicas, as quais devem inadiavelmente começar a ser apreciadas, a fim de que o direito esteja apto, quanto antes, a fazer frente a essa novel realidade em termos regulatórios, preventivos e repressivos.

3. Possíveis questões jurídicas derivadas da inteligência artificial no setor médico

Mostra-se paradigmática, para fins de demonstração das possíveis questões derivadas da utilização da IA no setor médico, a aplicação destas tecnologias na prevenção de suicídios, especialmente através do monitoramento das redes sociais. Conforme explica *Marks*, apesar de seus inegáveis benefícios no que toca à identificação de pessoas com elevado risco de autolesão

[34] HILGENDORF, Eric (2019), p. 196-198.

[35] MARKS, Mason (2019), p. 104-105.

[36] MARKS, Mason (2019), p. 107-108.

e, consequentemente, à prevenção de suicídios, essas técnicas implicam inegáveis violações do direito de privacidade dos usuários das redes, para além de outras questões éticas e legais, tais como a questionável categorização – a partir de critérios não muito precisos – entre suicidas e não suicidas –, com a possível marginalização, estigmatização e traumatização de pessoas em estado de vulnerabilidade, o que poderia levar, em último termo e paradoxalmente, ao agravamento de suas condições clínicas e do risco de suicídio[37].

Ao analisar esses riscos, o autor categoriza-os em três grupos, quais sejam, os riscos relacionados com (I) segurança; (II) privacidade e (III) autonomia. Os primeiros poderiam ser exemplificados pelos casos de falsos negativos, que deixariam suicidas em potência sem a devida assistência, bem como pelos falsos positivos, cujos efeitos poderiam fazer-se sentir em eventuais tratamentos tendenciosos por parte de médicos – sendo muitos deles realizados contra a vontade do paciente – e visitas inesperadas da polícia para fins de intervenção. Aliás, neste último caso, os riscos não se limitam a possíveis excessos por parte da polícia[38], mas também podem chegar mesmo a processos criminais e eventual aplicação de penas privativas de liberdade em países que criminalizam a tentativa de suicídio[39].

Por sua vez, os (II) riscos para a privacidade podem consubstanciar-se em brechas de segurança não informadas aos pacientes, relacionadas com os seus dados, ou, então, na venda ou transferência dos mesmos a terceiros, o que poderia ocasionar discriminação, estigmatização e exploração. Já os (III) riscos para a autonomia, no específico caso da prevenção do suicídio através da IA, relacionam-se com as eventuais censuras, confinamentos desnecessários,

[37] MARKS, Mason (2019), p. 102.

[38] Neste sentido, destacam-se os riscos derivados de eventuais falsos positivos, em termos de excessos nas intervenções policiais. Diversos são os exemplos reais apontados por *Marks*, em que, após denúncias de possíveis intentos suicidas, a polícia acabou por utilizar força excessiva na intervenção e matando o cidadão. Graves também são as situações em que o ordenamento jurídico em questão criminaliza a tentativa de suicídio, sendo que eventuais denúncias podem levar inclusive ao encarceramento do suposto suicida em caso de denúncias. MARKS, Mason (2019), p. 111-116.

[39] MARKS, Mason (2019), p. 111. Aliás, a fiabilidade dos dados utilizados como *input* em sistemas de IA é uma questão levantada também em outros âmbitos, tal como pudemos observar, em outra oportunidade, na detecção e prevenção da lavagem de dinheiro. Cf., com detalhes, AGAPITO, Leonardo; MIRANDA, Matheus; JANUÁRIO, Túlio (2021), *passim*.

compromissos civis e até mesmo com a já mencionada possibilidade de aplicação de penas em alguns ordenamentos jurídicos[40].

Apesar de termos utilizado como exemplo inicial esta aplicação específica da IA na prevenção ao suicídio, bem como termos citado tão somente estas três categorias de riscos, é evidente que eles não se restringem somente a esta aplicação específica, existindo também outras situações potencialmente passíveis de suscitarem riscos englobados em outras categorias.

Neste sentido, por exemplo, uma das principais problemáticas a serem enfrentadas diz respeito à falta de transparência, que nos parece inerente ao próprio funcionamento dessa tecnologia. Nestes termos, critica *Marks* que, no caso da *social suicide prediction* desenvolvida pelo *Facebook*, ela não apenas não teria sido avaliada por comités éticos independentes, mas também não teria havido um *disclosure* de seus métodos, que em momento algum se tornaram públicos[41]. Mas, não é apenas nestes casos que esta justaposição entre os *big data* e as técnicas de *machine learning* pecam pela falta de transparência, uma vez que, conforme explica *Price II*, os algoritmos são tão complexos que decifrá-los torna-se uma tarefa muito dificultosa, transformando os sistemas de IA em verdadeiras "caixas-pretas"[42].

É neste sentido que *Miriam Wimmer* fala sobre a "opacidade" dos sistemas de IA, uma vez que há imensas dificuldades de rastreamento dos critérios que levaram a determinada resposta, das quais decorrem inegáveis problemas de transparência, explicabilidade e auditabilidade[43]. Sobre essa opacidade, explica *Jenna Burrell* que, ao utilizarem *data* como um *input* para a produção de um *output*, os algoritmos podem ser considerados opacos porque raramente alguém terá condições de aferir o "como" ou o "porquê" deste *output*, sendo desconhecido, muitas vezes, até mesmo o próprio *input*[44]. Assim, no que toca ao ramo da medicina, questiona *Wimmer* como esperar que o paciente deposite a sua confiança tão somente nessa "caixa-preta" quando o médico não tiver outras condições de justificar determinada intervenção que não através do

[40] MARKS, Mason (2019), p. 111.

[41] MARKS, Mason (2019), p. 109. Para maiores detalhes quanto às pesquisas conduzidas pelo *Facebook*, JACKMAN, Molly; KANERVA, Lauri (2016), *passim*.

[42] PRICE II, William (2017), p. 2.

[43] WIMMER, Miriam (2019), *passim*.

[44] BURRELL, Jenna (2016), p. 1.

diagnóstico decorrente de uma inferência feita por um sistema de inteligência artificial a partir de *big data*[45].

É também nesta seara relacionada com os métodos utilizados por esses sistemas para a coleta e apreciação do *input* que podem residir os supracitados problemas de privacidade, com inegável relevância no ramo da saúde justamente em razão da constante e controversa interação com dados pessoais de ordem muito sensível[46]. Assim, explica *Alexandre Libório Dias Pereira* que os responsáveis por esses dados têm um dever especial de segurança e confidencialidade, devendo adotar medidas técnicas e organizativas para protegê-los contra a destruição, perda, alteração, difusão e acesso não autorizado[47]. Exemplificando essa problemática, em especial no que toca às investigações genéticas, *Eric Hilgendorf* destaca a importância do cuidado com os dados pessoais obtidos através do exame genético e principalmente com a sua disponibilização a terceiros, uma vez que, caso se identifique, por exemplo, a pré-disposição para o desenvolvimento de determinada doença, o paciente terá dificuldades em encontrar empregos ou contratar seguros, caso estes dados venham a público[48].

Ademais, não podemos desconsiderar as reverberações da medicina personalizada na autonomia dos indivíduos, uma vez que, ainda em períodos pré-sintomáticos, sistemas informáticos dotados de IA poderão acabar por ditar regras de conduta e orientações difíceis de adotar pela população em geral, num quadro de poucas condições técnicas para serem refutadas e desobedecidas[49].

Além disso, é crucial que sejam suscitadas maiores discussões no que toca à própria informação do paciente e aos possíveis impactos que ela pode vir a ter. Em outras palavras, muito embora os avanços da medicina personalizada representem um passo muito importante na busca pelo diagnóstico em tempo útil, é certo que muitas vezes o paciente preferirá não ter conhecimento das doenças para as quais tem pré-disposição. Ademais, ainda que ele opte por saber, é necessário que se reflita não apenas sobre a forma como ele reagirá

[45] WIMMER, Miriam (2019), *passim*.

[46] SOUZA, Carlos; OLIVEIRA, Jordan (2019), p. 67-69.

[47] PEREIRA, Alexandre Libório Dias (2018), p. 60.

[48] HILGENDORF, Eric (2019), p. 198-199. Cf. também: PEREIRA, André Dias (2019), p. 33.

[49] PEREIRA, André Dias (2021), p. 247

a essa notícia, mas também sobre os impactos que ela poderá ter sobre a sua família[50].

Desta forma, de acordo com os avanços da medicina genética preditiva, é importante que sejam discutidas a forma e os limites das informações a serem transmitidas aos pacientes e principalmente a reação destes a eventuais más-notícias[51], buscando-se preservar o seu "direito de não saber"[52]-[53].

É importante destacar que, inobstante o elevado desenvolvimento que as tecnologias em análise podem alcançar, elas certamente não são – e não serão – infalíveis, estando sujeitas a erros que podem vir a lesar bens e interesses de terceiros. Neste sentido, por exemplo, destaca *Jason Chung* que o já mencionado sistema *Watson*, muito aquém de ser infalível, pode apresentar profundos erros derivados da falibilidade dos seus programadores e médicos responsáveis por seu treinamento, ou até mesmo do simples facto de que essas tecnologias são imprevisíveis em suas tarefas de processamento e organização de dados[54].

Aliás, reside justamente nesta imprevisibilidade o dilema apontado por *Steven Gouveia*, uma vez que com o desenvolvimento da IA e de sistemas artificiais autónomos, o operador passa a não possuir meios totalmente seguros de previsão do comportamento desses novéis entes, vendo-se a sociedade na incómoda posição de ter que optar por abandonar a utilização desses equipamentos altamente desenvolvidos ou ter que buscar uma solução para essa "lacuna de responsabilidade" por ele apontada[55]. Conforme bem explica o autor, o ponto crucial deste dilema é que as máquinas não mais operam sob a

[50] Cumpre destacar, inclusive, que, em matéria de "dever de esclarecimento", o Código Penal Português prevê expressamente uma espécie de *privilégio terapêutico*, quando em seu Art. 157.º faz a ressalva dos casos em que "a comunicação de circunstâncias que, a serem conhecidas pelo paciente, poriam em perigo a sua vida ou seriam susceptíveis de lhe causar grave dano à saúde, física ou psíquica". Cf com detalhes ANDRADE, Manuel da Costa (2020), p. 64-65.

[51] HILGENDORF, Eric (2019), p. 196-198.

[52] PEREIRA, André Dias (2019), p. 33.

[53] Sobre o "direito a não saber", explica *Manuel da Costa Andrade*, ao analisar a eventual condução de testes de SIDA sem o consentimento do paciente: "Como ficou antecipado, parece irrecusável a relevância do *direito a não saber* no contexto de um direito geral de personalidade. Que não pode deixar de reconhecer ao indivíduo um espaço em que ele possa livremente decidir se quer suportar os custos do conhecimento de dados atinentes ao seu corpo e saúde e por isso, condicionantes do seu futuro": cf. ANDRADE, Manuel da Costa (2008), p. 66.

[54] CHUNG, Jason (2017), p. 37-38.

[55] GOUVEIA, Steven (2019), p. 173.

égide de um agir humano, mas podem sim decidir o curso de uma ação sem qualquer intervenção do homem, podendo aprender com as suas operações e mudar as suas próprias regras[56].

Essa problemática também é apontada por *Hilgendorf*, que destaca os contornos controversos por ela adquiridos, em termos de responsabilidades civil e criminal, quando esses robôs têm a capacidade de aprender sozinhos, incorporando novas experiências e extraindo novas conclusões a partir delas. Destaca o autor que, se a questão da divisão de tarefas já era tormentosa no direito penal médico, a inserção de um "agente" artificial inteligente deixa o tópico ainda mais complexo. Pergunta-se quem seria responsável pelas falhas: o programador? o usuário? o próprio robô?[57]-[58]

As dificuldades muitas vezes já se iniciam com a falta de regulação da temática. No caso do ordenamento jurídico norte-americano e das técnicas de predição de suicídios, por exemplo, explica *Mason Marks* que, enquanto a *medical suicide prediction* se encontra regulada por diferentes normas, tais como a *Health Information Portability and Accountability Act* – que impõe sanções cíveis e criminais por violações da privacidade dos pacientes –, pela *Federal Common Rule* – que dispõe acerca de pesquisas com seres humanos – e pelos princípios gerais de ética médica, a *social suicide prediction*, por sua vez, não seria enquadrável em nenhuma destas legislações, uma vez que é realizada de maneira externa ao sistema de saúde[59].

É certo, porém, que as discussões relativas aos possíveis benefícios da maior ou menor regulação da IA não se restringem a este nicho específico. Conforme salientam *Kaplan* e *Haenlein*, enquanto algumas vozes sustentam a imediata necessidade de regulação proativa a níveis nacionais e internacionais, outros acreditam, diante do avançado desenvolvimento da IA, que isso atrasaria o progresso neste setor, limitando os seus avanços[60].

[56] GOUVEIA, Steven (2019), p. 175-176.

[57] HILGENDORF, Eric (2019), p. 199-200.

[58] Em sentido semelhante, explica *Susana Aires de Sousa* que, no plano objetivo, o nexo de causalidade entre um resultado material penalmente desvalioso e uma conduta humana se vê dificultado quando há entre ambos, a interposição de uma máquina "inteligente", com alguma liberdade entre algumas opções. Cf., com detalhes, SOUSA, Susana Aires de (2020b), p. 24.

[59] MARKS, Mason (2019), p. 105.

[60] KAPLAN, Andreas; HAENLEIN, Michael (2019), p. 22.

Para além das questões relacionadas com a regulação dessas tecnologias, um dos principais problemas a serem enfrentados é o das eventuais responsabilidades em casos de falhas nesta seara. Conforme explica *Price II*, muito embora sejam previstos testes clínicos e investigações científicas para garantir a segurança e a eficácia destas novas tecnologias no ramo da medicina, eles não funcionam bem na *black box medicine*, uma vez que as técnicas de *machine learning* geralmente não conseguem explicar o "porquê" e o "como" das suas conclusões, ou, então, as explicações são de tamanha complexidade que é difícil entender cientificamente os métodos e resultados dessas tecnologias. Por sua vez, ainda que os testes clínicos possam funcionar para alguns algoritmos, para outros tal não será o caso, especialmente porque alguns deles tecerão predições extremamente personalizadas que impossibilitarão o seu uso em testes, enquanto outros serão capazes de alterar os seus próprios algoritmos, sendo necessários novos testes[61].

É importante destacar, ainda, que para os médicos poderá ser difícil ignorar eventuais prognósticos advindos de um sistema de IA, mesmo quando discordarem do seu parecer. Isto porque, a depender das especificidades do caso e da forma como a matéria vier a ser regulada, um descumprimento do profissional para com o *output* do equipamento poderia sujeitá-lo à responsabilização[62]. Mas também porque, diante da já mencionada opacidade dos algoritmos, em muitos casos sequer o profissional terá condições de entender a forma como o sistema chegou àquele resultado, mostrando-se extremamente dificultosa qualquer tentativa de refutação.

Essa opacidade, inclusive, parece-nos levantar questões relacionadas também com o consentimento livre e esclarecido. É certo que os pacientes terão de ser totalmente informados da utilização da tecnologia e de que ela está a contribuir para o diagnóstico e para o tratamento[63]. Terão, porém, os profissionais da saúde condições de explicar o porquê de tal diagnóstico e as razões pelas quais outros foram excluídos? Como compatibilizar, assim, essa necessidade de consentimento com a caixa-preta da medicina? Que implicações

[61] PRICE II, William (2017), p. 3.
[62] MARKS, Mason (2019), p. 112-113.
[63] ALLAIN, Jessica (2013), p. 1063.

jurídico-penais poderão advir de eventuais recusas, por parte do paciente, de submissão a um tratamento indicado ou operado por esses sistemas?

Ora, dentre as inúmeras questões que podem ser levantadas pela incorporação da IA no setor da medicina – e que buscamos aqui, de maneira não exaustiva, enumerar –, a que mais nos chama a atenção, a ser analisada no tópico subsequente, é a das eventuais responsabilidades criminais por danos decorrentes da utilização desses "agentes" artificiais inteligentes.

Conforme sustenta *Price II*, se for identificado que o dano é decorrente de uma falha no desenvolvimento do algoritmo, poderá ser vislumbrada a responsabilidade dos programadores. Mas poderão ser responsabilizados os utilizadores mais imediatos desses equipamentos, tais como médicos e demais profissionais da saúde? Poderão eles confiar cegamente nestas tecnologias, ou deverão adotar medidas para aferição da qualidade das mesmas? Terão eles condições de fazê-lo e, mais ainda, isso não retirará boa parte dos benefícios destes mecanismos?[64]

4. Responsabilidade penal e inteligência artificial no setor da medicina

Conforme demonstramos ao longo do trabalho, a inteligência artificial é apta a ser aplicada no setor da saúde de diversas formas, que vão desde a medicina personalizada e preditiva, passando por mecanismos de auxílio em diagnósticos e de predição de suicídios e chegando até mesmo ao desenvolvimento de instrumentos robóticos de auxílio no tratamento de pacientes e em cirurgias.

Porém, apesar do elevadíssimo desenvolvimento científico demandado e alcançado por essas tecnologias, os sistemas artificiais inteligentes não são infalíveis, estando sujeitos aos mais diversos erros, seja por força de falhas no próprio desenvolvimento e produção do sistema, seja devido à própria interpretação errónea feita do *input*, que pode levar a um *output* equivocado.

É inegável que estando estas tecnologias não apenas em contato com dados pessoais de ordem extremamente sensível, mas também atuando diretamente com o mais fundamental dos bens jurídicos, que é a vida humana, eventuais falhas podem ocasionar danos de grande magnitude, que vão desde o vazamento

[64] Neste sentido, cf. PRICE II, William (2017), p. 4.

indevido de informações pessoais de pacientes, até erros de diagnóstico e de operação que podem lesar a integridade física e a vida do paciente.

Ora, se a questão da atribuição de responsabilidades criminais no setor médico sempre se mostrou bastante intricada[65], a inserção, nesta seara, de sistemas de IA capazes de interpretar e aprender com dados muitas vezes incertos e mediante métodos complexos e poucas vezes auditáveis tende a elevar as dificuldades a um novo patamar, até mesmo em virtude da imprevisibilidade inerente a essa tecnologia[66].

Caso, hipoteticamente, o sistema de IA crie perigo para a vida, o corpo ou a saúde do paciente, por empregar, no âmbito de uma intervenção ou tratamento médico, técnicas que não estejam de acordo com as *leges artis*[67], ou então não gozar , para tanto, de consentimento esclarecido por parte daquele[68], poderá

[65] Neste sentido, *Sónia Fidalgo* destaca a complexificação da atividade médica como uma das principais razões para um novo *modus-operandi* destes profissionais, que atuam de forma cada vez mais especializada, mas contando com uma equipa multidisciplinar para a divisão de tarefas. Cf., com detalhes, FIDALGO, Sónia (2009), p. 417-418.

[66] Há que se salientar que, muito embora se tenham buscado soluções para estas questões também no âmbito da responsabilidade civil, parece-nos indiscutível que eventuais respostas encontradas nesta seara não podem ser pura e simplesmente aplicadas de maneira indistinta na esfera criminal, uma vez que a responsabilização neste último plano deve atender a critérios muito mais rigorosos de aferição do nexo de causalidade e da culpa, não podendo admitir, de maneira alguma, hipóteses de responsabilidade objetiva, por exemplo. Parece ir na linha desta necessária distinção o posicionamento de *Ana Elisabete Ferreira*, que explica que "A questão da responsabilidade dos robôs será colocada diferentemente na responsabilidade civil e na responsabilidade criminal, e dentro de cada um destes âmbitos, consoante queiramos concebê-los como agentes ou como meros equipamentos/coisas dominadas pelo humano". Cf., com detalhes, FERREIRA, Ana Elisabete (2016), p. 45.

[67] *Vide* o Artigo 150.º, nº 2, CP: "Intervenções e tratamentos médico-cirúrgicos. 1 – As intervenções e os tratamentos que, segundo o estado dos conhecimentos e da experiência da medicina, se mostrarem indicados e forem levados a cabo, de acordo com as leges artis, por um médico ou por outra pessoa legalmente autorizada, com intenção de prevenir, diagnosticar, debelar ou minorar doença, sofrimento, lesão ou fadiga corporal, ou perturbação mental, não se consideram ofensa à integridade física. 2 – As pessoas indicadas no número anterior que, em vista das finalidades nele apontadas, realizarem intervenções ou tratamentos violando as *leges artis* e criarem, desse modo, um perigo para a vida ou perigo de grave ofensa para o corpo ou para a saúde são punidas com pena de prisão até 2 anos ou com pena de multa até 240 dias, se pena mais grave lhes não couber por força de outra disposição legal". PORTUGAL (1995).

[68] Cf. Artigos 156.º e 157.º, CP: "Artigo 156.º Intervenções e tratamentos médico-cirúrgicos arbitrários. 1 – As pessoas indicadas no artigo 150.º que, em vista das finalidades nele apontadas, realizarem intervenções ou tratamentos sem consentimento do paciente são punidas

haver responsabilização da equipa médica e do hospital ou clínica em questão? Ou, ainda, havendo efetivas ofensas à vida[69] ou à integridade física do paciente, por procedimento levado à efeito pelo sistema de IA, ofensas essas que não se encontrem no âmbito do consentimento da vítima: poderá haver responsabilidades criminais? De quais agentes? Do fabricante ou programador do algoritmo? Dos membros da equipa médica? Do hospital ou clínica em questão? Do próprio "agente" artificial inteligente? Estas são algumas das emblemáticas questões que serão apresentadas em futuro não-distante ao direito penal da medicina[70], sendo cruciais, assim, as discussões relativas a este tópico[70].

com pena de prisão até 3 anos ou com pena de multa. 2 – O facto não é punível quando o consentimento: a) Só puder ser obtido com adiamento que implique perigo para a vida ou perigo grave para o corpo ou para a saúde; ou b) Tiver sido dado para certa intervenção ou tratamento, tendo vindo a realizar-se outro diferente por se ter revelado imposto pelo estado dos conhecimentos e da experiência da medicina como meio para evitar um perigo para a vida, o corpo ou a saúde; e não se verificarem circunstâncias que permitam concluir com segurança que o consentimento seria recusado. 3 – Se, por negligência grosseira, o agente representar falsamente os pressupostos do consentimento, é punido com pena de prisão até 6 meses ou com pena de multa até 60 dias. 4 – O procedimento criminal depende de queixa»; «Artigo 157.º Dever de esclarecimento. Para efeito do disposto no artigo anterior, o consentimento só é eficaz quando o paciente tiver sido devidamente esclarecido sobre o diagnóstico e a índole, alcance, envergadura e possíveis consequências da intervenção ou do tratamento, salvo se isso implicar a comunicação de circunstâncias que, a serem conhecidas pelo paciente, poriam em perigo a sua vida ou seriam susceptíveis de lhe causar grave dano à saúde, física ou psíquica". PORTUGAL (1995).

69 "Artigo 137.º, CP: Homicídio por negligência 1 – Quem matar outra pessoa por negligência é punido com pena de prisão até 3 anos ou com pena de multa. 2 – Em caso de negligência grosseira, o agente é punido com pena de prisão até 5 anos". "Artigo 148.º. Ofensa à integridade física por negligência. 1 – Quem, por negligência, ofender o corpo ou a saúde de outra pessoa, é punido com pena de prisão até 1 ano ou com pena de multa até 120 dias. 2 – No caso previsto no número anterior, o tribunal pode dispensar de pena quando: a) O agente for médico no exercício da sua profissão e do acto médico não resultar doença ou incapacidade para o trabalho por mais de 8 dias; ou b) Da ofensa não resultar doença ou incapacidade para o trabalho por mais de 3 dias. 3 – Se do facto resultar ofensa à integridade física grave, o agente é punido com pena de prisão até 2 anos ou com pena de multa até 240 dias. 4 – O procedimento criminal depende de queixa". PORTUGAL (1995).

70 Utilizamos aqui o termo "direito penal da medicina" em substituição ao clássico "direito penal médico", pois, conforme salienta *Hilgendorf*, aquele se mostra mais adequado ao hodierno contexto de interação e divisão de tarefas com outros intervenientes, tais como os enfermeiros, cujas condutas terão relevância nesta matéria. Cf. detalhadamente HILGENDORF, Eric (2019), p. 32.

Segundo *Chung*, não há atualmente um claro regime legal ou regulatório referente às possíveis responsabilidades em casos de danos decorrentes de erros de sistemas de IA, tais como o *Watson*[72]. Se por um lado, conforme aponta *Steven Gouveia*, a tecnologia um pouco mais "primitiva", em tese, não colocaria em causa a conceção tradicional de responsabilidade[73], parte do sucesso desses novos instrumentos deriva justamente da possibilidade de substituição do controle humano, sendo viabilizada, assim, a aceleração do processo de aprendizagem do próprio algoritmo[74].

De fato, grande parte do problema relacionado com a eventual responsabilidade penal dos programadores do sistema de IA tem origem na possível imprevisibilidade de suas ações e, consequentemente, dos resultados lesivos delas decorrentes. Conforme explica *Susana Aires de Sousa*, a especificidade de uma máquina autónoma, se comparada "a sistemas informáticos mais convencionais de recolha ou tratamento de informação", reside justamente na sua capacidade de, sem a interferência do programador, mas tão somente a partir das informações que lhe são dadas e da experiência por ela

[71] Não podemos desconsiderar ainda, a hipótese de que o mau funcionamento do sistema de IA tenha como vítimas os próprios membros da equipa médica e outros funcionários da instituição hospitalar, levando-nos a refletir sobre o eventual enquadramento desses casos no crime previsto no Artigo 152.º-B, CP: «Violação de regras de segurança 1 – Quem, não observando disposições legais ou regulamentares, sujeitar trabalhador a perigo para a vida ou a perigo de grave ofensa para o corpo ou a saúde, é punido com pena de prisão de um a cinco anos, se pena mais grave lhe não couber por força de outra disposição legal. 2 – Se o perigo previsto no número anterior for criado por negligência o agente é punido com pena de prisão até três anos. 3 – Se dos factos previstos nos números anteriores resultar ofensa à integridade física grave o agente é punido: a) Com pena de prisão de dois a oito anos no caso do n.º 1; b) Com pena de prisão de um a cinco anos no caso do n.º 2. 4 – Se dos factos previstos nos ns. 1 e 2 resultar a morte o agente é punido: a) Com pena de prisão de três a dez anos no caso do n.º 1. b) Com pena de prisão de dois a oito anos no caso do n.º 2.". PORTUGAL (1995). Conforme se denota do próprio tipo penal, é elementar a violação das disposições legais e regulamentares, deixando ainda mais evidente, conforme demonstraremos, a necessidade de maiores reflexões a respeito da regulação específica da utilização e aplicação da IA neste setor.

[72] CHUNG, Jason (2017), p. 38-39.

[73] Isto porque, segundo o autor, a totalidade do controle estaria, em tese, no ser humano. Uma falha na codificação do equipamento seria sempre uma falha do programador, que controlaria, em tese, totalmente a ação e teria plenas condições de previsão de seus resultados. GOUVEIA, Steven (2019), p. 176.

[74] GOUVEIA, Steven (2019), p. 177.

adquirida, obter respostas que talvez sequer fossem ventiladas pela pessoa física, tomando decisões a partir delas que, muitas vezes, poderão ser contrárias à lei[75].

É por esta razão que uma parcela da doutrina vislumbra, desde já, a possibilidade de responsabilização penal dos próprios sistemas artificiais inteligentes. Esta é a solução defendida, por exemplo, por *Chung*, que sustenta a atribuição de uma espécie de personalidade jurídica destes entes em regime análogo ao dos estudantes de medicina, tornando-os "*liable*" por negligência médica e reduzindo o âmbito de responsabilidade dos fabricantes. Para o autor, essa possibilidade tornaria mais previsível o regime de responsabilidade nesses casos, auxiliando, assim, no direcionamento do desenvolvimento destas tecnologias[76].

Gabriel Hallevy, por sua vez, propõe três modelos distintos de responsabilidade penal no âmbito da IA: i) *a responsabilidade por fato de outrem*; ii) *a responsabilidade pelas consequências naturais prováveis*; iii) *a responsabilidade direta (strict liability)*[77]. O primeiro modelo parte da premissa de que os sistemas de IA não seriam dotados de quaisquer atributos humanos, razão pela qual a imputação penal de condutas através deles praticadas seria equiparável à daquelas cometidas por pessoas sem culpa, utilizadas como instrumentos para a prática de um crime. Nesses casos, a responsabilidade pelas suas ações recairia no programador ou utilizador. Segundo o autor, esse modelo seria aplicável para situações em que as capacidades da IA não forem utilizadas plenamente, ou, então, quando o próprio sistema for obsoleto. Quando o cometimento da ofensa for derivado do próprio conhecimento ou experiência acumulados pelo sistema, este modelo não seria o mais adequado[78].

O segundo modelo seria aplicável para situações em que o programador e o usuário não tiverem a intenção de cometer um delito através do sistema de IA e tampouco tiverem conhecimento do resultado danoso que vier a ocorrer, mas este seria uma consequência natural e provável de determinada conduta. Para *Hallevy*, haveria negligência por parte do programador ou do usuário,

[75] SOUSA, Susana Aires de (2020a), p. 64.

[76] CHUNG, Jason (2017), p. 38-39.

[77] HALLEVY, Gabriel (2010), p. 174. Cf., também, HALLEVY, Gabriel (2019), *passim*; HALLEVY, Gabriel (2015), p. 29s.

[78] HALLEVY, Gabriel (2010), p. 179-181.

já que eles deveriam saber dessa probabilidade. Nesses casos, para o autor, caso o sistema de IA tenha sido utilizado como mero instrumento, não haveria que se falar em responsabilidade do próprio sistema. Contudo, caso ele não tenha agido como um mero "agente inocente", deverá ele também ser diretamente responsabilizado[79].

Por fim, no que se refere ao terceiro modelo, o de *strict liability*, explica *Hallevy* que, para que haja responsabilidade penal de qualquer agente – pessoa física, coletiva ou sistema de IA –, deve ser identificado um elemento externo, equivalente a uma conduta (*actus reus*) e um elemento interno ao agente (*mens rea*). Para o autor, a identificação do elemento externo na IA não chega a ser desafiadora, já que é passível de ser observado, por exemplo, nos movimentos mecânicos realizados pela máquina. Contudo, sustenta que, mesmo os elementos da *mens rea* poderiam ser nela identificáveis, uma vez que esses sistemas podem possuir, no caso concreto, receptores sensoriais que permitam a captação de dados e a compreensão das informações (*knowledge*), a partir das quais buscariam alcançar finalidades ou objetivos específicos através de suas condutas (*specific intent*)[80]-[81].

Abordando também a questão sobre uma possível responsabilidade do próprio sistema de IA, *Sabine Gleß* e *Thomas Weigend* entendem que o ponto a ser discutido diz respeito ao que podemos entender como a "capacidade de conduta" e a culpa desses entes, cuja resposta, se hoje ainda não é passível de ser apresentada, pode vir a ser no futuro, especialmente se os agentes artificiais inteligentes se tornarem capazes de uma valoração de seus próprios comportamentos que seja análoga à moral, o que viabilizaria a construção de uma capacidade penal da IA[82]. Próximo é o prognóstico feito por *Paz Mercedes*

[79] HALLEVY, Gabriel (2010), p. 181-186.

[80] HALLEVY, Gabriel (2010), p. 186s.

[81] Criticamente a este entendimento, cf. SOUSA, Susana Aires de (2020a), p. 77.

[82] GLEß, Sabine; WEIGEND, Thomas (2014), p. 570-579. Cumpre salientar, porém, que os autores acreditam ainda haver um longo caminho a ser percorrido para que seja ao menos factível a punição de um robô. Isso porque, ainda que o conceito de culpa fosse adaptado para atender às particularidades de sistemas de inteligência artificial, restaria a questão referente a que punições seriam adequadas a eles. Em outras palavras, que sanções poderiam ser por eles associadas como uma consequência da ilicitude de sua atuação anterior? Cf., com detalhes, GLEß, Sabine; SILVERMAN, Emily; WEIGEND, Thomas (2016), p. 423-424.

de la Cuesta Aguado, que defende que, a depender do grau de autonomia desses agentes, poderá ser possível atribuir-lhes uma culpa penal[83].

Contudo, parece-nos que uma tal possibilidade demandaria maiores reflexões, especialmente no que toca à verdadeira função do direito penal na sociedade. Se a capacidade de autorreflexão dos agentes artificiais inteligentes aparenta ser uma questão de tempo, a admissão da sua responsabilidade penal exigiria não apenas a adaptação de vários institutos dogmáticos das ciências criminais, mas principalmente um retorno à questão dos fundamentos da pena e do próprio direito penal.

Neste sentido, ao contrário do caso da responsabilidade penal das pessoas coletivas, em que, ressalvadas eventuais posições em contrário, identificamos danos reputacionais e financeiros derivados das penas a elas impostas, na presente temática devemos questionar quais seriam os fundamentos e finalidades da punição de um agente artificial inteligente individualmente considerado e se não haverá alternativas externas ao direito penal que se mostrem mais adequadas à tutela de bens jurídicos frente aos novos riscos impostos por essas tecnologias.

No que toca, aliás, à temática da responsabilidade penal das pessoas coletivas, este pode ser considerado um dos tópicos que provavelmente merecerão maiores reflexões na seara ora em análise[84]. É de destacar que, até a aprovação da Lei n.º 94/2021, de 21 de dezembro, se observava, da literalidade do Artigo 11º do Código Penal Português[85], que poucos eram os crimes minimamente

[83] DE LA CUESTA AGUADO, Paz (2015), p. 92-94.

[84] Sobre essa problemática, cf., detalhadamente, RODRIGUES, Anabela Miranda; SOUSA, Susana Aires de (2021), p. 203s.; RODRIGUES, Anabela Miranda (2021), p. 123s.

[85] Na redação prévia à Lei 94/2021, de 21 de dezembro: "Artigo 11.º Responsabilidade das pessoas singulares e colectivas. 1 – Salvo o disposto no número seguinte e nos casos especialmente previstos na lei, só as pessoas singulares são susceptíveis de responsabilidade criminal. 2 – As pessoas coletivas e entidades equiparadas, com exceção do Estado, de pessoas coletivas no exercício de prerrogativas de poder público e de organizações de direito internacional público, são responsáveis pelos crimes previstos nos artigos 144.º-B, 152.º-A, 152.º-B, 159.º e 160.º, nos artigos 163.º a 166.º sendo a vítima menor, e nos artigos 168.º, 169.º, 171.º a 176.º, 217.º a 222.º, 240.º, 256.º, 258.º, 262.º a 283.º, 285,º 299.º, 335.º, 348.º, 353.º, 363.º, 367.º, 368.º-A e 372.º a 376.º, quando cometidos: a) Em seu nome e no interesse colectivo por pessoas que nelas ocupem uma posição de liderança; ou b) Por quem aja sob a autoridade das pessoas referidas na alínea anterior em virtude de uma violação dos deveres de vigilância ou controlo que lhes incumbem". PORTUGAL (1995).

relacionados com o direito penal da medicina pelos quais os entes coletivos poderiam responder. Alguns exemplos eram as incriminações previstas no disposto nos Artigos 144º-B (tráfico de órgãos), 168.º (procriação artificial não consentida), 283.º (propagação de doença, alteração de análise ou de receituário), além da forma agravada do Art. 285.º e, a depender do caso, 152.º-A (maus-tratos) e 152.º-B (violação das regras de segurança)[86]-[87]. Com a supramencionada alteração legislativa, porém, verifica-se, entre outras hipóteses, a possibilidade de responsabilização das pessoas coletivas pelos crimes previstos no disposto nos Arts. 150.º (intervenções e tratamentos médico-cirúrgicos) e 156.º (intervenções e tratamentos médico-cirúrgicos arbitrários)[88]. Além disso, vislumbramos na legislação extravagante a possibilidade de responsabilização pelos crimes previstos na Lei nº 32/2006, referente à procriação medicamente assistida[89].

A atual complexidade da medicina tende a ser acompanhada de uma igual complexidade da eventual criminalidade com ela relacionada, realidade que se potencializa com a inserção da IA nesta seara. Ao vislumbrarmos hipóteses como a de perigo ou efetiva ofensa à vida ou à integridade física de pacientes, causados com intervenção de sistemas algorítmicos, robóticos e/ou de IA, ou até mesmo danos à privacidade perpetrados pelo compartilhamento indevido de dados pessoais de pacientes, poderemos estar diante de condutas ilícitas levadas à cabo no cerne de grandes entidades coletivas, sendo que alguns casos poderão não ser isolados, mas derivarem das próprias políticas internas da organização.

Entretanto, as razões político-criminais para a expansão da responsabilidade penal de pessoas coletivas neste setor não param por aqui. Conforme já salientámos, ao ser dependente do desenvolvimento técnico e científico da medicina, o direito penal aqui considerado vê-se constantemente desafiado

[86] *Vide* nota 71.

[87] Essa foi, inclusive, uma das principais críticas que direcionamos à legislação até então vigente, na versão original do presente artigo. Cf., detalhadamente, JANUÁRIO, Túlio (2020a), p. 51s.

[88] Cf. com detalhes, PORTUGAL (2021).

[89] Lei nº 32/2006: "Artigo 43.º-A. Responsabilidade penal das pessoas colectivas e equiparadas. As pessoas colectivas e entidades equiparadas são responsáveis, nos termos gerais, pelos crimes previstos na presente lei". PORTUGAL (2006).

por inéditos problemas[90], sendo caracterizado, portanto, por uma dinamicidade em face das incertezas científicas. Da mesma forma, também a seara da IA certamente depende dos desenvolvimentos tecnológicos e científicos, a fim de que sua área de intersecção com o direito penal ganhe contornos mais precisos.

Ao nosso ver, o direito penal deve assumir, aqui, um caráter secundário, que sirva como reforço de determinadas normas primárias aprovadas com caráter setorial, consubstanciadas, por exemplo, em códigos de ética e de conduta, normas deontológicas profissionais, *leges artis* e *standards* do setor ou outras normativas e regras de redução de riscos que deverão integrar o juízo de tipicidade do comportamento do agente, seja ele pessoa singular ou coletiva[91]-[92].

O próprio Artigo 150º do Código Penal Português, relativo às intervenções e tratamentos médico-cirúrgicos, aparenta vislumbrar essa necessária dinamicidade, ao configurar-se como um claro tipo penal em branco, deixando em aberto o que se pode considerar como o "estado dos conhecimentos e da experiência da medicina", bem como as *leges artis* do setor[93].

É pelas razões expostas que boa parte da doutrina entende ser acertada a opção por uma maior flexibilidade na regulação jurídico-penal da matéria. Neste sentido, ao identificar as pesquisas científicas e os testes clínicos como pontos-chave da busca pela maior segurança e eficácia da IA na medicina,

[90] HILGENDORF, Eric (2019), p. 33.

[91] Sobre o caráter secundário do direito penal e a integração de normas concretas de conduta, FRISCH, Wolfgang (2004), p. 128-129. Para maiores informações quanto à forma de integração destas normativas primárias no injusto empresarial, cf., com detalhes, JANUÁRIO, Túlio (2018b), p. 15s.

[92] Em sentido próximo, *Sónia Fidalgo* esclarece que, em razão da permanente evolução da medicina, seria impossível ao legislador a criação de normas jurídicas que delimitem o dever objetivo de cuidado em cada caso concreto, sendo imperiosas, portanto, as regras fixadas pelo próprio círculo profissional – *leges artis medicinae*. Exemplos delas seriam o Código Deontológico da Ordem dos Médicos (Regulamento n. º 707/2016, de 21 de julho), declarações de princípios formuladas por organizações nacionais e internacionais de médicos, *guidelines* resultantes de protocolos de atuação e de reuniões de consenso e pareceres das comissões de ética. Para além das regras escritas, a concretização do dever de cuidado demanda ainda, muitas vezes, o apelo aos costumes do profissional prudente. Cf., com detalhes, FIDALGO, Sónia (2020), p. 161.

[93] Neste sentido, destacando a dificuldade de definição com nitidez quanto a saber se há ou não violação das *leges artis*: GARCIA, Manuel Miguez; RIO, J. M. Castela (2015), p. 561.

Price II sustenta que o caminho mais promissor será justamente o da maior flexibilidade regulatória, mas sem abrir mão de um escrutínio na fase de produção e desenvolvimento – especialmente no que toca aos procedimentos de desenvolvimento e validação e à qualidade dos dados obtidos – e de uma robusta supervisão pós-mercado[94]. *Kaplan* e *Haenlein* também defendem uma espécie de solução colaborativa, para evitar as constantes modificações legais que demandaria o desenvolvimento tecnológico. Para eles, o caminho é o das normas consuetudinárias que englobem requisitos mínimos de transparência e para a realização dos testes[95].

Diante da já mencionada dinamicidade e complexidade desta seara, somada à imperiosidade da definição e implementação de normas primárias e setoriais de redução de riscos, mostram-se muito promissores, ao nosso ver, na intersecção entre direito da medicina e inteligência artificial, os programas de *compliance*[96].

Em linhas muito gerais, eles podem ser definidos como mecanismos aliados à governança empresarial, através dos quais as pessoas coletivas, a partir do espaço de liberdade concedido pelo Estado, buscam autorregular-se e autofiscalizar-se. Dentre seus propósitos imediatos encontram-se a promoção de uma cultura ética e de cumprimento normativo no cerne organizacional, bem como a prevenção, investigação e eventual repressão de práticas ilícitas na empresa. Mediatamente, almeja-se a manutenção da boa-reputação da companhia, a potencialização dos lucros e principalmente, o resguardo da sociedade e de seus órgãos de representação de possíveis responsabilizações[97].

Dentre os seus diversos mecanismos, que podem ser divididos nas fases de formulação, implementação e consolidação do programa[98] e cuja análise

[94] PRICE II, William (2017), p. 4.

[95] KAPLAN, Andreas; HAENLEIN, Michael (2019), p. 22.

[96] Uma vez que paralela às problemáticas que aqui enfrentamos, não abordaremos, no presente texto, a questão referente ao emprego da inteligência artificial nos programas de *compliance* e as suas possíveis implicações no plano dos direitos e garantias dos trabalhadores, as quais podem, inclusive, ter reverberações processuais penais. Para uma análise pormenorizada deste ponto, cf. CANESTRARO, Anna Carolina; JANUÁRIO, Túlio (2022a), *passim*.

[97] JANUÁRIO, Túlio (2019), p. 85-86.

[98] Esta classificação é apresentada por *Marc Engelhart*. Cf. ENGELHART, Marc (2012), p. 712s..

exaustiva acabaria por ultrapassar os limites do presente trabalho[99], encontram-se procedimentos de identificação e de gestão de riscos, que são extremamente importantes em searas intrincadas como a ora em análise. Ressalvadas as dificuldades inerentes à valoração de situações futuras nestes setores complexos e nebulosos[100], e tendo em vista que em todas as searas em que há atuação humana pode haver situações de risco que fujam do controle, a identificação prévia destes casos permite uma atuação dentro dos limites do legalmente tolerado e do socialmente necessário[101], sendo possível, a partir daí, a identificação de *standards* de atuação, definidos alternativa ou cumulativamente pelas próprias pessoas coletivas, em conjunto ou individualmente, através de *leges artis* setoriais, normas administrativas ou diretrizes abstratas que permitam a consideração de uma "empresa média cuidadosa"[102].

No caso da IA no setor da saúde, os mecanismos de gestão de riscos podem mostrar-se importantes no monitoramento das mais recentes pesquisas e descobertas científicas no setor médico e da IA, bem como das consequentes modificações legislativas e regulamentares atinentes ao caso, permitindo uma definição concreta dos parâmetros de atuação e, consequentemente, dos limites de permissibilidade do risco.

Esses padrões de comportamento certamente deverão constar em códigos de ética e de conduta, fundamentais na seara ora em análise. Verdadeira norma fundamental da pessoa coletiva, de caráter vinculante para os seus colaboradores e órgãos de representação[103], eles consubstanciam-se na expressa declaração dos valores, políticas, ética e procedimentos empresariais[104], não se restringindo necessariamente à pessoa coletiva em questão, mas podendo ser aprovados por organizações internacionais[105], conjuntos de *stakeholders* e associações setoriais[105].

[99] Para maiores detalhes quanto à estruturação concreta e aos mecanismos destes programas, cf., com detalhes, RODRIGUES, Anabela Miranda (2020a), p. 97s.

[100] Neste sentido, ROTSCH, Thomas (2012), p. 6.

[101] BOCK, Dennis (2011), p. 43.

[102] ANTONIO LASCURAÍN, Juan (2013), p. 125-126.

[103] ANTONIO LASCURAÍN, Juan (2013), p. 129.

[104] NAVAS MONDACA, Iván (2013), p. 113-114.

[105] Neste sentido, *Patrícia Peck Pinheiro* exemplifica a questão com a iniciativa do Parlamento Europeu de elaboração de um código de ética a ser seguido por fabricantes e desenvolvedores

Neste sentido, é importante destacar, inclusive, que a Resolução do Parlamento Europeu, de 16 de fevereiro de 2017 – que contém recomendações à Comissão sobre disposições de Direito Civil sobre Robótica, (2015/2103 (INL)) –, já identificou que a utilização da Robótica acaba por contrastar com um conjunto de tensões e riscos, mostrando-se necessária uma atualização e complementação do quadro jurídico da União Europeia, especialmente no que toca ao "princípios éticos que se coadunem com a complexidade da robótica e com as suas inúmeras implicações sociais, médicas e bioéticas", propondo, em anexo, um código de conduta para engenheiros de robótica e comités de ética em investigação[107].

de equipamentos com inteligência artificial, a fim de que estes entes possam seguir padrões de privacidade e respeitem os valores da dignidade humana. PINHEIRO, Patrícia (2019), p. 32-33.

[106] NAVAS MONDACA, Iván (2013), p. 116-119.

[107] "Robôs médicos. 33. Sublinha a relevância da educação, da formação e da preparação adequadas para profissionais da saúde, como médicos e prestadores de cuidados, a fim de assegurar o mais elevado nível possível de competência profissional, bem como salvaguardar e proteger a saúde dos doentes; realça a necessidade de definir os requisitos profissionais mínimos que um cirurgião tem de cumprir para poder operar e recorrer a robôs cirúrgicos; considera que é essencial respeitar o princípio da autonomia supervisionada dos robôs, segundo o qual caberá sempre a um cirurgião humano estabelecer o plano inicial de tratamento e tomar a decisão final relativa à sua execução; destaca a relevância especial da formação para os utilizadores para se familiarizarem com os requisitos técnicos neste âmbito; chama a atenção para a tendência crescente no sentido de um autodiagnóstico recorrendo a robôs móveis e, por conseguinte, alerta para a necessidade de os médicos receberem formação para fazer face a casos de autodiagnóstico; considera que a utilização de uma tal tecnologia não deve afetar nem prejudicar a relação entre um médico e o paciente, devendo, pelo contrário, assistir os médicos na realização do diagnóstico e/ou tratamento dos doentes, a fim de reduzir o risco de erros humanos e aumentar a qualidade a esperança de vida; 34. Considera que os robôs médicos continuam a abrir caminho na execução de cirurgias de alta precisão e de procedimentos repetitivos e têm potencial para melhorar os resultados da reabilitação e prestar apoio logístico altamente eficaz nos hospitais; observa que os robôs médicos têm igualmente potencial para reduzir os custos relacionados com os cuidados de saúde, permitindo que os profissionais centrem a sua atenção na prevenção e não no tratamento e disponibilizando mais recursos orçamentais para uma melhor adaptação à diversidade das necessidades dos doentes, à formação contínua dos profissionais de saúde e à investigação; 35. Insta a Comissão a assegurar, antes da data de entrada em vigor do Regulamento relativo aos dispositivos médicos (7) que os procedimentos relativos aos ensaios de novos dispositivos robóticos no domínio médico sejam seguros, especialmente quando se trata de dispositivos para implantação no corpo humano;". PARLAMENTO EUROPEU (2017).

Ao nosso ver, as disposições dos códigos de ética configurar-se-iam como normas pré-jurídicas[108] de cuidado, devendo ser englobadas na supracitada categoria das "normas primárias de redução de riscos" e incorporadas no juízo de tipicidade da conduta[109]. Muito mais do que o Estado, as próprias pessoas coletivas e entidades setoriais estão nas melhores condições para identificar e gerir os riscos derivados dessas novéis tecnologias, determinando os procedimentos e padrões de conduta aceitáveis no caso.

Desta forma, para além de ser um instrumento de auxílio ao Estado na prevenção, investigação e repressão de eventuais ilícitos, bem como de identificação e gestão de potenciais riscos na seara da IA na saúde, os programas de *compliance* e, em especial, as diretrizes e regras internas deles decorrentes são muito importantes na delimitação do risco permitido no juízo de tipicidade do comportamento.

De acordo com a classificação proposta por *Marc Engelhart*, existem 6 possíveis níveis de influência estatal na autorregulação empresarial, que vão da *autorregulação pura* (nível 1) à estipulação de um *dever de adoção de programas de compliance por todas as pessoas coletivas que alcancem certo patamar de complexidade interna* (nível 6). Uma vez que ainda não se fez a opção por este último nível na generalidade dos ordenamentos jurídicos (havendo dúvidas, inclusive, se ele não implicaria uma demasiada intromissão na liberdade organizacional das empresas), a forma mais eficaz de promover a adoção de programas de *compliance* seria, para o autor, a previsão de causas de exclusão da responsabilidade penal das pessoas coletivas pela implementação de programas eficazes (nível 5)[110].

Todavia, não apenas essa possibilidade fica prejudicada diante da inexistência de responsabilidade penal das pessoas coletivas por alguns dos crimes

[108] *Wolfgang Frisch* propõe uma classificação segundo a qual, para além da limitação de riscos através do direito penal, há condutas que são reguladas por normas (I) "pré-jurídicas" – programas de redução de riscos, *lex artis*, diretrizes éticas -; (II) "pré-jurídico-penais" – Códigos de Circulação de Veículos e Códigos de Ética Médica, por exemplo; e (III) aquelas que não encontram reguladas em normas de cuidado. Cf. FRISCH, Wolfgang (2004), p. 106-156.

[109] Segundo *Wolfgang Frisch*, quando o agente atuar de acordo com a norma de cuidado e essa puder ser considerada, sob uma perspectiva *ex ante*, suficiente e adequada para a redução dos riscos concretamente afetados, a conduta não poderá ser considerada típica. Neste sentido, FRISCH, Wolfgang (2004), p. 126.

[110] ENGELHART, Marc (2018), p. 22-30.

aqui analisados[111], como ainda, conforme já tivemos a oportunidade de expor em outras oportunidades[112], o próprio modelo de imputação penal destes entes adotado pelo sistema português atribui pouca relevância aos programas em análise, limitando os seus aproveitamentos à tímida e casuística possibilidade prevista pelo Art. 11º, "6", do Código Penal[113].

É verdade, porém, que no plano das sanções aplicáveis às pessoas coletivas, a Lei 94/2021, de 21 de dezembro, apresentou significativas alterações em matéria dos programas cumprimento normativo e seus efeitos. Isso porque, ao promover modificações no Artigo 90.º-A do CP, instituiu a possibilidade de: i) atenuação da pena, quando da adoção e implementação, antes da prática do crime, de programas de *compliance* adequados a prevenir a prática do crime ou de crimes da mesma espécie (Art. 90.º-A, "4"); ii) aplicação de pena acessória, quando esta se mostrar adequada e necessária, especialmente em função da não adoção e implementação dos programas em questão (Art. 90.º-A, "5"); e iii) substituição da pena de multa por pena alternativa, que realize de forma adequada e suficiente as finalidades da punição, levando-se em conta, em especial, a adoção e implementação destes programas (Art. 90.º-A, "6")[114].

111 É questionável, por exemplo, a não inclusão dos crimes de *homicídio por negligência* (Art. 137.º) e de *ofensa à integridade física por negligência* (Art. 148.º) no rol do Artigo 11.º CP.

112 JANUÁRIO, Túlio (2018a), p. 202-203; CANESTRARO, Anna Carolina; JANUÁRIO, Túlio (2018), p. 272 e ss.

113 "Art. 11º [...] 6 – A responsabilidade das pessoas colectivas e entidades equiparadas é excluída quando o agente tiver actuado contra ordens ou instruções expressas de quem de direito". PORTUGAL (1995).

114 "Artigo 90.º-A: Penas aplicáveis e determinação da pena. 1 – Pelos crimes previstos no n.º 2 do artigo 11.º, são aplicáveis às pessoas colectivas e entidades equiparadas as penas principais de multa ou de dissolução. 2 – Pelos mesmos crimes e pelos previstos em legislação especial podem ser aplicadas às pessoas coletivas e entidades equiparadas as seguintes penas acessórias: a) Injunção judiciária; b) Interdição do exercício de actividade; c) Proibição de celebrar certos contratos ou contratos com determinadas entidades; d) Privação do direito a subsídios, subvenções ou incentivos; e) Encerramento de estabelecimento; f) Publicidade da decisão condenatória. 3 – Pelos mesmos crimes e pelos previstos em legislação especial podem ser aplicadas às pessoas coletivas e entidades equiparadas, em alternativa à pena de multa, as seguintes penas de substituição: a) Admoestação; b) Caução de boa conduta; c) Vigilância judiciária. 4 – O tribunal atenua especialmente a pena, nos termos do artigo 73.º e para além dos casos expressamente previstos na lei, de acordo com o disposto no artigo 72.º, considerando também a circunstância de a pessoa coletiva ou entidade equiparada ter adotado e implementado, antes da prática do crime, programa de cumprimento normativo adequado a prevenir a prática do crime ou de crimes da mesma espécie. 5 – O tribunal aplica

uma pena acessória juntamente com a pena principal ou de substituição, sempre que tal se revele adequado e necessário para a realização das finalidades da punição, nomeadamente por a pessoa coletiva não ter ainda adotado e implementado programa de cumprimento normativo adequado a prevenir a prática do crime ou de crimes da mesma espécie. 6 – O tribunal substitui a pena de multa por pena alternativa que realize de forma adequada e suficiente as finalidades da punição, considerando, nomeadamente, a adoção ou implementação por parte da pessoa coletiva ou entidade equiparada de programa de cumprimento normativo adequado a prevenir a prática do crime ou de crimes da mesma espécie". Cfr. ainda, o Art. 73.º: "Termos da atenuação especial. 1 – Sempre que houver lugar à atenuação especial da pena, observa-se o seguinte relativamente aos limites da pena aplicável: a) O limite máximo da pena de prisão é reduzido de um terço; b) O limite mínimo da pena de prisão é reduzido a um quinto se for igual ou superior a 3 anos e ao mínimo legal se for inferior; c) O limite máximo da pena de multa é reduzido de um terço e o limite mínimo reduzido ao mínimo legal; d) Se o limite máximo da pena de prisão não for superior a 3 anos pode a mesma ser substituída por multa, dentro dos limites gerais. 2 – A pena especialmente atenuada que tiver sido em concreto fixada é passível de substituição, nos termos gerais". Importante destacar ainda os Artigos 90.º-E e 90.º-G: "Artigo 90.º-E Vigilância judiciária. 1 – Se à pessoa coletiva ou entidade equiparada dever ser aplicada pena de multa em medida não superior a 600 dias, pode o tribunal limitar-se a determinar o seu acompanhamento por um representante judicial, pelo prazo de 1 a 5 anos, de modo que este proceda à fiscalização da atividade que determinou a condenação, bem como à fiscalização do cumprimento efetivo de um programa de cumprimento normativo com medidas de controlo e vigilância idóneas para prevenir crimes da mesma natureza ou para diminuir significativamente o risco da sua ocorrência. 2 – O tribunal pode limitar-se a determinar o acompanhamento da pessoa coletiva ou entidade equiparada por um representante judicial, pelo prazo de um a cinco anos, de modo a que este controle a adoção ou implementação de programa de cumprimento normativo adequado a prevenir a prática do crime ou de crimes da mesma espécie. 3 – O representante judicial não tem poderes de gestão da pessoa colectiva ou entidade equiparada. 4 – O representante judicial informa o tribunal da evolução da actividade da pessoa colectiva ou entidade equiparada semestralmente ou sempre que entender necessário. 5 – O tribunal revoga a pena de vigilância judiciária e ordena o cumprimento da pena de multa determinada na sentença se a pessoa coletiva ou entidade equiparada: a) Cometer crime, após a condenação, pelo qual vier a ser condenada e revelar que as finalidades da pena de vigilância judiciária não puderam, por meio dela, ser alcançadas; ou b) Não adotar ou implementar o programa de cumprimento normativo."; "Artigo 90.º-G. Injunção judiciária. 1 – O tribunal pode ordenar à pessoa coletiva ou entidade equiparada: a) A adoção e execução de certas providências, designadamente as que forem necessárias para cessar a atividade ilícita ou evitar as suas consequências; ou b) A adoção e implementação de programa de cumprimento normativo com medidas de controlo e vigilância idóneas para prevenir crimes da mesma natureza ou para diminuir significativamente o risco da sua ocorrência. 2 – O tribunal determina o prazo em que a injunção deve ser cumprida a partir do trânsito em julgado da sentença. 3 – A pena de injunção judiciária é cumulável com as penas acessórias de proibição de celebrar contratos e de privação do direito a subsídios, subvenções ou incentivos." PORTUGAL (1995).

Em outras palavras, de acordo com o regime atualmente vigente em Portugal, ainda que os programas de compliance tenham poucas reverberações no plano do ilícito penal das pessoas coletivas (com exceção das limitadas hipóteses do Artigo 11º, nº6, do Código Penal), não sendo aptos, por si só, a afastar a responsabilidade penal dos entes coletivos, eles têm aptidão para atenuar a pena que lhes é imposta, bem como podem ser estipulados, integral ou parcialmente, a título de pena acessória ou alternativa[115]. Essas conclusões são plenamente aplicáveis ao ramo do direito penal da medicina, no que toca aos crimes que admitem responsabilidade penal das pessoas coletivas.

Mas não é apenas no plano dos incentivos à adoção de programas de *compliance* que o modelo de responsabilidade penal das pessoas coletivas pode influenciar, no âmbito da IA. Em sistemas nos quais a imputação penal dos fatos aos entes coletivos ainda depende, em maior medida, da identificação de uma conduta imputável a uma pessoa singular, tende-se a enfrentar óbices que são, de certa forma, semelhantes àqueles encontrados na responsabilidade penal individual por crimes em que haja a intervenção de sistemas de IA, que analisaremos mais adiante.

Conforme já abordamos em outras oportunidades, prevalece na doutrina[116] a posição de que no Código Penal Português se adota um "modelo misto" de responsabilidade penal das pessoas coletivas, de acordo com o que, no disposto no Artigo 11.º, 2, alínea a), se prevê uma hipótese de heterorresponsabilidade[117],

[115] Em matéria de incentivos estatais à adoção de programas de *compliance,* de acordo com a já mencionada classificação proposta por *Engelhart* e por nós aqui adotada, o sistema jurídico penal atualmente vigente em Portugal gozaria de incentivos de nível III (recompensação pela adoção de um programa de *compliance* efetivo, tais como a atenuação especial de pena do Art. 90.º-A, "4") e de nível IV (sancionamento pela falta ou falhas nos programas de compliance, observadas não apenas na Lei n. 83/2017, de 18 de agosto, mas também, agora, no Código Penal, através do Art. 90.º-A, "5"). Para maiores detalhes, cfr.: CANESTRARO, Anna Carolina; JANUÁRIO, Túlio (2020), p. 218s.; ENGELHART, Marc (2018), p. 22s. Sobre o regime jurídico português de prevenção e repressão ao branqueamento de capitais e os deveres de *compliance* a eles associados, *vide* RODRIGUES, Anabela Miranda (2020), p. 190s.; CANESTRARO, Anna Carolina; JANUÁRIO, Túlio (2022b), *passim.*

[116] Para uma análise exaustiva dos modelos teóricos de responsabilidade penal das pessoas coletivas e do sistema português, SOUSA, Susana Aires de (2019), p. 77s.

[117] Artigo 11º, nº 2: "As pessoas coletivas e entidades equiparadas, com exceção do Estado, de pessoas coletivas no exercício de prerrogativas de poder público e de organizações de direito internacional público, são responsáveis pelos crimes previstos nos artigos 144.º-B, 150.º, 152.º-A, 152.º-B, 156.º, 159.º e 160.º, nos artigos 163.º a 166.º sendo a vítima menor, e nos artigos

enquanto que na alínea b) se consagra uma disposição um pouco mais próxima dos modelos de "autorresponsabilidade"[118]. As modificações trazidas pela Lei n.º 94/2021, de 21 de dezembro, ainda que, em alguns pontos, significativas, não nos parece terem o poder de influir no presente posicionamento quanto aos modelos adotados pelo Código Penal[119].

168.º, 169.º, 171.º a 177.º, 203.º a 206.º, 209.º a 223.º, 225.º, 226.º, 231.º, 232.º, 240.º, 256.º, 258.º, 262.º a 283.º, 285.º, 299.º, 335.º, 348.º, 353.º, 359.º, 363.º, 367.º, 368.º-A e 372.º a 377.º, quando cometidos: a) Em seu nome ou por sua conta e no seu interesse direto ou indireto por pessoas que nelas ocupem uma posição de liderança; ou". PORTUGAL (1995). Nota-se, a partir desta primeira alínea, a adoção da chamada "teoria da identificação", já que, ainda que não se exija a cumulação da responsabilidade da pessoa individual para a imputação da pessoa coletiva, há uma identificação desta última para com aquelas pessoas que nela ocupem uma posição de liderança e atuem em seu nome ou por sua conta, no seu interesse direto ou indireto. Cfr.: CANESTRARO, Anna Carolina; JANUÁRIO, Túlio (2018), p. 275.

[118] Artigo 11º, nº 2, alínea b): " Por quem aja em seu nome ou por sua conta e no seu interesse direto ou indireto, sob a autoridade das pessoas referidas na alínea anterior, em virtude de uma violação dos deveres de vigilância ou controlo que lhes incumbem." PORTUGAL (1995). Nota-se que, apesar de prever que a pessoa coletiva será responsabilizada por uma conduta de pessoa que aja sob a autoridade daqueles que nela ocupem uma posição de liderança – algo próximo ao modelo vicarial –, o disposto nesta alínea exige que essa conduta seja decorrente da violação dos deveres de vigilância ou controlo que a eles incumbiam. Cf. CANESTRARO, Anna Carolina; JANUÁRIO, Túlio (2018), p. 275. Resistimos a considerar o modelo previsto nessa alínea como de autorresponsabilidade "pura", pois o ato de conexão exigido é a violação dos deveres de vigilância ou controlo que não são da pessoa coletiva, mas, sim, das pessoas individuais que nela ocupam uma posição de liderança. Ou seja, cria-se, aqui, um instituto híbrido, em que a autorresponsabilidade empresarial é, de certa forma, invadida por elementos da *teoria do alter-ego*, entendendo-se o ente coletivo como uma espécie de incorporação da vontade daqueles que nele ocupam posições de liderança. Cf., detalhadamente, JANUÁRIO, Túlio (2018a), p. 201.

[119] Em breve síntese, leciona *André Lamas Leite*: "Numa palavra, a nova redacção da al. a) alarga o âmbito de imputação da responsabilidade do ente colectivo, admitindo que a actuação de quem detém uma "posição de liderança" possa ser também ou "por conta" da pessoa jurídica e especificando que o interesse tanto pode ser directo ou indirecto, onde antes apenas se exigia que o fosse "no interesse colectivo". Temos por justificada esta opção político-criminal, uma vez que as hipóteses da al. a) são as em geral mais gravosas para os interesses que todo o instituto visa tutelar, devendo exigir-se mais de quem tem o poder de vincular o ente colectivo. Ao invés, a nova redacção da al. b), ao adscrever de modo ainda mais claro – quase que contrafacticamente – a ligação intrínseca entre o crime perpetrado pelo trabalhador ou prestador de serviços e o objecto social, diminui os casos em que o ente colectivo responde por uma conduta em que, bem vistas as coisas, essa pessoa física se limitou a aproveitar-se das virtualidades que o desempenho dessa tarefa lhe proporcionou para cometer delitos que são estranhos às finalidades da pessoa colectiva". LEITE, André Lamas (2022), p. 110.

Em ambas as hipóteses, observa-se o necessário vínculo a condutas humanas, seja através de uma ação ou omissão diretamente imputável à *pessoa* que ocupe posição de liderança na pessoa coletiva, seja a *quem* agir, por sua conta ou em seu nome e no interesse direto ou indireto do ente coletivo, sob a autoridade daquela pessoa e em função de violação de deveres de vigilância ou controlo dessa última. Observa-se, contudo, que nas searas em que há emprego de IA, existem algumas particularidades que dificultam em demasia a identificação das pessoas a quem possam ser atribuídas as condutas causadoras do dano ou do perigo e também do próprio nexo de causalidade.

O primeiro fator a ser observado diz respeito à própria limitação das hipóteses de responsabilidade penal das pessoas coletivas em Portugal, impedindo, à luz do Art. 11.º do CP, que esses entes possam ser responsabilizados, por exemplo, por homicídio e ofensas à integridade física por negligência. Já no que toca aos crimes previstos nos Art. 150.º e 156.º, a limitação dos sujeitos ativos aos médicos e pessoas legalmente autorizadas a realizar intervenções e tratamentos médico-cirúrgicos impede a imputação destes crimes a qualquer pessoa estranha ao corpo-clínico (programadores, fabricantes e desenvolvedores, por exemplo, sejam eles pessoas singulares ou coletivas). O mesmo não pode ocorrer, a nosso entender, em relação às instituições clínicas e hospitalares nas quais esses procedimentos médicos forem realizados, pois somente essa possível imputação justificaria a inclusão destes crimes no rol do Art. 11.º CP.

Em segundo lugar, não podemos esquecer que, no âmbito do desenvolvimento, fabricação, programação e até mesmo utilização de sistemas de IA, se verifica a intervenção não apenas de uma, mas de várias pessoas singulares e coletivas, sendo muitas vezes difícil – para não dizer impossível – identificar qual seria a ação ou omissão que teria causado o dano ou perigo de dano em questão[120].

Não bastasse isso, é importante mencionar que, a nosso juízo, a depender do caso concreto e do tipo penal à luz do qual ele é analisado, nem sempre será possível identificar um autor humano que tenha executado o fato. E isso porque, a despeito das diversas teorias que buscam fundamentar o instituto jurídico-penal da autoria e diferenciá-lo das formas de cumplicidade, não

[120] Sobre a intervenção de diversas pessoas coletivas em vários momentos da programação, utilização e supervisão do algoritmo, cf. DIAMANTIS, Mihailis E., (2022), p. 149

podemos esquecer que, em seu plano mais básico, lógico-gramatical, autor é aquele que realiza a ação, ou seja, que pratica a conduta correspondente ao sentido do comportamento descrito no tipo penal, a ser identificado, portanto, a partir da interpretação do verbo típico[121].

Ora, nas hipóteses em que não há um emprego intencional de um sistema de IA para o cometimento de um crime e tampouco o dano ou perigo de dano sejam decorrentes de falhas na produção, programação ou utilização da tecnologia, mas sim fruto do desenvolvimento, aprendizagem e tomada de decisão autónomos por parte do próprio sistema de IA em questão, chegaremos à conclusão de que quem realizou o sentido da ação descrito pelo tipo (p. ex., "ofender o corpo ou a saúde de outra pessoa", "matar" ou "criar um perigo para a vida ou para a integridade física") terá sido a própria IA e não o fabricante, o programador ou os membros da equipa médica.

Com essas conclusões, não queremos sustentar a necessidade de transformação da IA em seres penalmente imputáveis, mas tão somente demonstrar que, para superar alguns *gaps* de responsabilidade penal em setores bastante sensíveis, serão imperiosas, a nosso entender, maiores reflexões acerca de possíveis tipos penais pensados especificamente para o hodierno contexto de expansão da IA. Tipos estes que reforcem os necessários cuidados nas fases de desenvolvimento, programação, fabricação, utilização e constante supervisão destas tecnologias.

Vale ressaltar ainda, que conforme já adiantamos *supra*, as dificuldades em identificar uma conduta humana penalmente desvaliosa na origem do dano ou do perigo de dano causado com intermediação do algoritmo impõe óbices, também, à imputação de responsabilidade penal da pessoa coletiva[122], especialmente em modelos de heterorresponsabilidade. Ora, em sistemas nos quais há uma identificação entre a "conduta coletiva" e as condutas de

[121] A partir da concepção significativa da ação por nós aqui adotada, da abstração da busca por um "supraconceito" de ação decorre, inexoravelmente, a desconstrução de um conceito geral de autor, que dependerá sempre do tipo penal e de sua interpretação. Cf., detalhadamente, CANESTRARO, Anna Carolina; JANUÁRIO, Túlio (2021), p. 225s.; MARTÍNEZ-BUJÁN PÉREZ, Carlos (2019), *passim*; VIVES ANTÓN, Tomás S. (2011), p. 726; MARTÍNEZ-BUJÁN PÉREZ, Carlos (2016), p. 489-490.

[122] Explorando pormenorizadamente algumas destas dificuldades: RODRIGUES, Anabela Miranda (2021), p. 127; RODRIGUES, Anabela Miranda; SOUSA, Susana Aires de (2021), p. 203s.

determinadas pessoas singulares, sejam elas aquelas que exercem posições de liderança – tais como as previstas no Artigo 11.º, nº 2, alínea a), do Código Penal – sejam aquelas que atuam sob a autoridade dessas últimas – Artigo 11.º, nº 2, alínea b), do Código Penal –, imperiosa será a especificação de qual conduta humana seria essa (e quem seria o seu autor), para fins de determinar os requisitos indispensáveis para a responsabilização da pessoa coletiva, tais como a atuação em nome ou por conta da empresa, em seu interesse direto ou indireto e a própria posição de liderança ocupada pelo agente (alínea a) e, adicionalmente, a violação dos deveres de vigilância ou controlo daqueles que tinham autoridade sobre o agente (alínea b). Contudo, essa conduta humana, quando existente, nem sempre será identificável na seara da IA.

Parece-nos, portanto, que modelos de autorresponsabilidade das pessoas coletivas têm maior potencial de fazer frente aos casos que aqui nos são apresentados. Em um modelo, ao nosso ver, ideal, o juízo de aferição do *defeito organizacional da pessoa coletiva*[123] – que por certo não será, necessariamente, identificável de maneira inexorável com o defeito do algoritmo ou do sistema de IA – englobará avaliações sobre as políticas e procedimentos da pessoa coletiva com relação ao sistema de IA em questão, especialmente no que toca a treinamentos do algoritmo, testes, supervisões, transparência para com clientes e a sociedade e melhoramentos contínuos da tecnologia. Deste modo, será possível aferir se a pessoa coletiva em questão se organizou de maneira defeituosa, criando um risco acima do permitido, que acabou por realizar-se no resultado de dano ou de perigo.

Ainda é cedo para saber como os tribunais portugueses apreciarão casos de responsabilidade penal da pessoa coletiva em situações envolvendo IA, à luz da previsão do Artigo 11.º, nº 2, alínea b), do Código Penal, especialmente no que toca à "violação dos deveres de vigilância ou controlo" das pessoas que ocupem posições de liderança. De fato, não nos parece ser, à primeira vista, inconcebível o enquadramento, no âmbito destes deveres, de possíveis obrigações de vigilância e controlo sobre os algoritmos e sistemas de IA dos quais faz uso ou disponibiliza no mercado a pessoa coletiva. Questão mais tormentosa e pendente de maiores reflexões será, porém, saber se será imperiosa ou não a identificação de uma "conduta humana intermediária" entre a atuação da

[123] *Vide* JANUÁRIO, Túlio (2016), p. 175s.; GÓMEZ-JARA DÍEZ, Carlos (2015), p. 9; 73.

IA causadora direta do dano e a pessoa em posição de liderança, cuja violação dos deveres de vigilância ou controlo propiciou o crime cometido em nome ou por conta da pessoa coletiva e em seu interesse direto ou indireto.

No que se refere ao plano da imputação de responsabilidades penais individuais, o explorado quadro de dificuldades imposto pela IA é agravado por duas características inerentes a essa tecnologia, quais sejam, a imprevisibilidade de seus *outputs* e a opacidade de seu funcionamento. Conforme já salientámos, um dos seus diferenciais reside justamente na sua capacidade de interpretação e aprendizagem independentes de atuações humanas, tendo ela, inclusive, a capacidade de alterar os seus próprios algoritmos caso assim entenda necessário.

No plano jurídico-penal, isso quer dizer que, ainda que venha a ser identificável, no caso concreto, uma conduta humana causadora do dano ou do perigo de dano, o juízo de imputação é dificultado pelo fato de o *output* desses sistemas ser, muitas vezes, imprevisível. Ou seja, nessas hipóteses, o programador, fabricante e, menos ainda, o usuário direto da tecnologia, não teriam condições de antever a atuação da IA. Ora, sendo o juízo de previsibilidade fundamental para a aferição da tipicidade de certas condutas[124], parece-nos dever ser rechaçada a tipicidade do comportamento dos intervenientes humanos nos casos em que a atuação da IA que levou a determinada lesão ou perigo de lesão tenha sido totalmente imprevisível[125].

Neste sentido, inserindo esse juízo no plano da teoria da imputação objetiva, *Roxin* explica que, quando um resultado é totalmente imprevisível ou não evitável, estaremos, ou diante da inexistência da criação de um risco para o bem jurídico ou, então, da não realização no resultado[126]. Ainda que inserindo a questão no tipo de culpa negligente, *Figueiredo Dias,* por sua vez, também entende ser essencial a capacidade pessoal de previsão do resultado e do processo causal, mesmo nos casos de negligência inconsciente[127]. De uma forma ou de outra, parece-nos ser fundamental para que o agente seja responsabilizado a título de negligência, quando for o caso, que o resultado

[124] Neste sentido, FRISCH, Wolfgang (2004), p. 119-120.

[125] Conforme também sustentamos. Cf. JANUÁRIO, Túlio (2021), p. 160s.

[126] ROXIN, Claus (2008), p. 1000-1001.

[127] DIAS, Jorge de Figueiredo (2007), p. 901.

lesivo seja ao menos previsível, o que, no plano da IA, poderá em grande parte das vezes não ocorrer.

Nomeadamente, no que se refere à opacidade dos sistemas de IA, dentre as inúmeras implicações jurídicas que essa questão pode apresentar, vislumbramos, no plano do direito penal da medicina, dificuldades referentes ao consentimento livre e esclarecido. Conforme bem explica *Flávia Siqueira*, a autonomia do paciente pode ser entendida como "o direito de tomar suas próprias decisões sobre intervenções médicas", conferindo-lhe "o domínio ou direito soberano sobre o território do próprio corpo"[128]. Essa autonomia englobaria (I) o direito de não ser submetido a tratamentos médicos contra a sua vontade ou sem seu consentimento; (II) o direito de escolha quanto aos tratamentos aos quais se submeterá; e (III) o direito de recusá-los, ainda que eles sejam vitais. A vontade livre do paciente seria expressada através do imprescindível consentimento livre e esclarecido, que não apenas atribui legitimidade à intervenção médica, mas também gera para estes profissionais os deveres de não impedir a vontade do paciente e de não interferir em sua esfera corporal sem informá-lo de tudo o que for necessário para a tomada de uma decisão autónoma[129].

No caso do ordenamento jurídico português, nos termos do Artigo 150º do Código Penal, a intervenção médica com fins terapêuticos, quando consentida, não é sequer típica, constituindo o consentimento em verdadeiro acordo entre médico e sujeito passivo[130]. Por sua vez, a intervenção médico-cirúrgica realizada sem o consentimento válido e eficaz, apesar de ainda atípica em termos de ofensas corporais[131], é tipificada pelo Artigo 156.º do Código Penal, que, ao prever o crime de *Intervenções e tratamentos médico-cirúrgicos arbitrários*, tutela nitidamente uma específica dimensão da liberdade pessoal, qual seja, *o livre direito de autodeterminação da pessoa sobre o seu corpo*[132]-[132].

[128] SIQUEIRA, Flávia (2020), p. 19-53. p. 23.

[129] SIQUEIRA, Flávia (2019), p. 128.

[130] ALBUQUERQUE, Paulo Pinto de (2015), p. 573; ANDRADE, Manuel da Costa (2012), p. 457s.

[131] Cfr.: ANDRADE, Manuel da Costa (2012), p. 462.

[132] "Artigo 156.º Intervenções e tratamentos médico-cirúrgicos arbitrários. 1 – As pessoas indicadas no artigo 150.º que, em vista das finalidades nele apontadas, realizarem intervenções ou tratamentos sem consentimento do paciente são punidas com pena de prisão até 3 anos ou com pena de multa. 2 – O facto não é punível quando o consentimento: a) Só puder ser

Qual seria, porém, o conteúdo da informação a ser prestada ao paciente? Essa é uma pergunta-chave na temática em análise, uma vez que, conforme já salientado, o *input* e os métodos do *machine learning* são poucas vezes auditáveis, e quando o são, padecem de tamanha complexidade que os médicos e principalmente os pacientes, dificilmente terão condições de entendê-los.

Conforme explica *María del Carmen Gómez Rivero*, não seria conveniente e até mesmo possível, que absolutamente todos os pormenores do ato médico fossem informados ao paciente, mas tão somente os que sejam essenciais e necessários para uma decisão livre[134]. Para *Hilgendorf*, o esclarecimento deve "capacitar o paciente a avaliar os riscos e benefícios da intervenção e tomar uma decisão autodeterminada com base nas informações que lhe são fornecidas"[135]. O Artigo 44º do Código Deontológico da Ordem dos Médicos de Portugal parece ir em caminho semelhante, ao prever que o dever de esclarecimento deve abranger o diagnóstico, a terapêutica e o prognóstico da doença e ser feito, sempre que possível, com base em dados probabilísticos e incluindo as necessárias informações para que o paciente tome uma decisão consciente[136]. Da mesma forma, o Código Penal Português, em seu Art. 157.º, prevê que

obtido com adiamento que implique perigo para a vida ou perigo grave para o corpo ou para a saúde; ou b) Tiver sido dado para certa intervenção ou tratamento, tendo vindo a realizar-se outro diferente por se ter revelado imposto pelo estado dos conhecimentos e da experiência da medicina como meio para evitar um perigo para a vida, o corpo ou a saúde; e não se verificarem circunstâncias que permitam concluir com segurança que o consentimento seria recusado. 3 – Se, por negligência grosseira, o agente representar falsamente os pressupostos do consentimento, é punido com pena de prisão até 6 meses ou com pena de multa até 60 dias. 4 – O procedimento criminal depende de queixa". PORTUGAL (1995).

133 ANDRADE, Manuel da Costa (2020), p. 62-63.

134 GÓMEZ RIVERO, María del Carmen (2003), p. 83.

135 HILGENDORF, Eric (2019), p. 53.

136 "Artigo 44º (Esclarecimento do médico ao doente) 1. O doente tem o direito a receber e o médico o dever de prestar o esclarecimento sobre o diagnóstico, a terapêutica e o prognóstico da sua doença. 2. O esclarecimento deve ser prestado previamente e incidir sobre os aspectos relevantes de actos e práticas, dos seus objectivos e consequências funcionais, permitindo que o doente possa consentir em consciência. 3. O esclarecimento deve ser prestado pelo médico com palavras adequadas, em termos compreensíveis, adaptados a cada doente, realçando o que tem importância ou o que, sendo menos importante, preocupa o doente. 4. O esclarecimento deve ter em conta o estado emocional do doente, a sua capacidade de compreensão e o seu nível cultural. 5. O esclarecimento deve ser feito, sempre que possível, em função dos dados probabilísticos e dando ao doente as informações necessárias para que possa ter uma visão clara da situação clínica e optar com decisão consciente". ORDEM DOS MÉDICOS (2009).

o esclarecimento só será eficaz "quando o paciente tiver sido devidamente esclarecido sobre o diagnóstico e a índole, alcance, envergadura e possíveis consequências da intervenção ou do tratamento".

Ora, nos casos em que o diagnóstico ou intervenção médica é feita através ou com o auxílio da IA, parece-nos fundamental que o paciente seja informado dessa utilização, dos riscos já conhecidos da mesma e, tão somente na medida do possível, dos procedimentos aplicados pela tecnologia. Conforme explica *Flávia Siqueira* ao abordar os efeitos da (não)indicação médica[137] na necessidade de consentimento, os seus impactos limitam-se à intensidade do dever de esclarecimento, de maneira que, quanto menos indicada for determinada intervenção, mais intensa será a obrigação do médico de informação e esclarecimento a respeito das contraindicações e possíveis efeitos lesivos[138].

Em não havendo maiores informações sobre o porquê de determinado diagnóstico ou até mesmo das hipóteses que foram eliminadas pelo algoritmo, devem os pacientes ser informados deste quadro de incertezas, juntamente com os potenciais benefícios e possíveis efeitos negativos desta tecnologia e do tratamento indicado. A falta ou insuficiência desse esclarecimento "fere de morte" a eficácia de eventual consentimento do paciente, configurando intervenção ou tratamento médico arbitrário, subsumível no tipo do Artigo 156.º do Código Penal.

É certo que, saber se a generalidade dos pacientes confiará ou não na aplicação dos sistemas de IA em relação aos seus tratamentos é algo que somente a experiência empírica irá dizer-nos. Contudo, pelo que diz respeito às suas respectivas autonomias, deve o médico, na medida do possível, sempre esclarecê-los e permitir uma participação nas decisões, já que, conforme relembra *Luiz Carlos Lobo*, serão eles, em último termo, que sofrerão as consequências

[137] "As intervenções indicadas são aquelas objetivamente conhecidas e recomendadas, sob o ponto de vista da ciência médica, para o fim curativo almejado". SIQUEIRA, Flávia (2019), p. 345.

[138] SIQUEIRA, Flávia (2020), p. 29. A autora cita como exemplo o caso hipotético de uma paciente que, após submeter-se a uma análise genômica, toma conhecimento de uma predisposição genética para o cancro. Segundo a autora, é possível a realização de uma cirurgia – validamente consentida – para a extração de seus ovários, útero e seios, mesmo que ainda não esteja a paciente acometida pela doença. No entanto, em razão da ausência de indicação médica para a cirurgia, há um dever de esclarecimento mais acentuado por parte do médico. Cf., detalhadamente, SIQUEIRA, Flávia (2019), p. 345.

das decisões médicas[139]. E é até mesmo por isso que não vislumbramos a completa substituição desta profissão pela IA, ainda que esta venha a apresentar taxas de acerto superiores às humanas, já que, se o algoritmo é muito eficaz na explicação do *know-what,* o médico ainda é o único capaz de tentar explicar ao paciente o *know-why,* aliviando a sua angústia[140].

4. Considerações finais

Conforme ficou demonstrado ao longo do presente trabalho, a IA possui um grande potencial de aplicação no âmbito médico, seja através dos programas de auxílio nos atendimentos clínicos e em diagnósticos, de equipamentos robóticos de auxílio em cirurgias e *wearable devices*, que permitem o monitoramento pessoal e pequenas intervenções nos pacientes, ou até mesmo através da predição de doenças futuras e de suicídios.

Contudo, se o setor da saúde é um dos mais promissores em termos de aplicação dessas novéis tecnologias, por outro lado e em razão da sensibilidade dos dados e dos interesses em jogo, é também um dos que impõem as mais complexas questões aos operadores do direito, demandando, portanto, desde já, as necessárias reflexões referentes à regulação, à proteção dos pacientes e de seus dados, à auditabilidade e transparência de seus procedimentos e à responsabilidade por eventuais danos causados pelos sistemas de IA.

No que se refere especificamente à matéria penal, no tópico derradeiro observámos que a opacidade e a imprevisibilidade da IA, somada à sua capacidade de tomada de decisões autónomas e à complexidade dos setores nos quais ela é desenvolvida e operada, impõe à dogmática desafios inéditos, especialmente em termos de identificação da autoria criminal e aferição do ilícito e da culpa de pessoas singulares e coletivas, na generalidade dos crimes relacionados com o direito penal da medicina.

Desta forma, à luz da expansão da IA neste e em outros setores da sociedade, impõe-se uma revisitação e maiores reflexões acerca da parte geral do direito penal, para que algumas de suas clássicas teorias sejam adaptadas em face da realidade científica e tecnológica esperada para a década que se inicia.

139 LOBO, Luiz (2017), p. 190.

140 LOBO, Luiz (2017), p. 190.

A extensão e os modelos de imputação penal das pessoas coletivas deve ser repensada, para que eles estejam aptos a fazer frente aos casos que envolvam IA e sejam um instrumento de efetiva promoção da autorregulação empresarial e de programas de *compliance* eficazes que possam, não apenas colaborar nas atividades estatais de prevenção, investigação e repressão de condutas ilícitas, mas também, de uma posição inegavelmente privilegiada, atuar na identificação e gestão dos riscos desta seara e na definição dos competentes *standards* de atuação para o setor.

A dinamicidade deste âmbito colocará à prova o caráter secundário do direito penal, devendo receber uma especial atenção as normas primárias de redução de riscos, sejam elas normas administrativas, códigos de ética e de conduta, normas deontológicas profissionais ou *leges artis* da categoria que são capazes de melhor acompanhar os desenvolvimentos tecnológicos e científicos e delimitar, de maneira mais precisa e objetiva, o âmbito de permissibilidade da conduta dos intervenientes humanos.

Por fim, cumpre salientar que os indiscutíveis riscos derivados da aplicação da IA no setor médico não podem justificar um desrespeito pelo direito penal do fato e pelo princípio da culpa. Com isso, por mais óbvia que essa afirmação possa parecer, queremos dizer que médicos, instituições clínicas e hospitalares e programadores de algoritmos não poderão ser objetivamente responsabilizados tão somente pela função ou cargo que ocupem, quando os danos e perigos em questão – muitas vezes imprevisíveis – não lhes puderem ser imputados ao menos a título de negligência.

I – Bibliografia

AGAPITO, Leonardo Simões, MIRANDA, Matheus de Alencar e, JANUÁRIO, Túlio Felippe Xavier, «On the Potentialities and Limitations of Autonomous Systems in Money Laundering Control», *RIDP*, v. 92, n. 1, 2021, p. 87s.

ALBUQUERQUE, Paulo Pinto de, *Comentário do Código Penal: à luz da Constituição da República e da Convenção Europeia dos Direitos do Homem*, 3. ed. atual, Universidade Católica Editora, Lisboa, 2015.

ALLAIN, Jessica S., «From Jeopardy! to Jaundice: The Medical Liability Implications of Dr. Watson and Other Artificial Intelligence Systems», *Louisiana Law Review*, v. 73, n. 4, 2013, p. 1049s.

ANDRADE, Manuel da Costa, «Artigo 150º (*Intervenções e tratamentos médico-cirúrgicos*)», *Comentário Conimbricense do Código Penal: Parte Especial: Tomo I: Artigos 131º a 201º*, Jorge de Figueiredo Dias (dir.), 2.ed., Coimbra Editora, Coimbra, 2012, p. 457s.

ANDRADE, Manuel da Costa, «Consentimento em direito penal médico – o consentimento presumido», *Direito penal da medicina*, Heloisa Estellita, Flávia Siqueira (orgs.), Marcial Pons, São Paulo, 2020, p. 55s.

ANDRADE, Manuel da Costa, *Direito penal médico: SIDA: testes arbitrários, confidencialidade e segredo*, Editora Revista dos Tribunais, São Paulo, 2008.

ANTONIO LASCURAÍN, Juan, «Compliance, debido control y unos refrescos», *El derecho penal económico en la era compliance*, Luis Arroyo Zapatero, Adán Nieto Martín (dir.), Tirant lo Blanch, Valencia, 2013, p. 111s.

BARBOSA, Mafalda Miranda, «Inteligência artificial, e-persons e direito: desafios e perspetivas», *Revista Jurídica Luso-Brasileira*, ano 3, n. 6, 2017, p. 1475s.

BOCK, Dennis, *Criminal compliance*, 1. Auflage, Nomos, Baden-Baden, 2011.

BURRELL, Jenna, «How the machine 'thinks': understanding opacity in machine learning algorithms», *Big Data & Society*, v. 3, n. 1, 2016, p. 1s.

CANESTRARO, Anna Carolina, JANUÁRIO, Túlio Felippe Xavier, «Concurso de agentes na perspectiva da teoria da ação significativa: um diálogo entre o sistema espanhol e o Projeto de Novo Código Penal Brasileiro», *Revista Brasileira de Ciências Criminais*, ano 29, n. 178, 2021, p. 213s.

CANESTRARO, Anna Carolina, JANUÁRIO, Túlio Felippe Xavier. «Dos níveis de exigibilidade dos procedimentos de investigação interna», *Anais do CPCRIM: IV Congresso de Pesquisas em Ciências Criminais: de 27 a 31 de agosto de 2020*, IBCCRIM, São Paulo, 2020, p. 215s.

CANESTRARO, Anna Carolina, JANUÁRIO, Túlio Felippe Xavier, «Inteligência artificial e programas de compliance: uma análise dos possíveis reflexos no processo penal», *Direito e tecnologia: Anais do I Colóquio Nacional do IEDC*, Fábio Roberto D'Ávila, Maria Eduarda Azambuja Amaral (orgs.), Citadel, Porto Alegre, 2022a, p. 363s.

CANESTRARO, Anna Carolina, JANUÁRIO, Túlio Felippe Xavier, «Programas de compliance e branqueamento de capitais: implicações da Lei nº 83/2017, de 31 de agosto, no regime jurídico de Portugal», *Revista Científica do CPJM*, v. 1, n. 3, 2022b, p. 65s.

CANESTRARO, Anna Carolina, JANUÁRIO, Túlio Felippe Xavier, «Responsabilidade penal da pessoa coletiva e princípio da culpabilidade: análise crítica do modelo português», *Revista da Faculdade de Direito da UFRGS*, n. 39, 2018, p. 261s.

CHUNG, Jason, «What should we do about artificial intelligence in health care?», *Health Law Journal*, v. 22, n. 3, 2017, p. 37s.

DE LA CUESTA AGUADO, Paz Mercedes, «Riesgo e imputación: especial consideración de los riesgos derivados de la inteligencia artificial», *Revista de Derecho Penal*, n. 2, 2015, p. 69s.

DIAMANTIS, Mihailis E., «Algorithmic Harms as Corporate Misconduct», *Artificial Intelligence in the Economic Sector: Prevention and Responsibility*, Maria João Antunes, Susana Aires de Sousa (eds.), Instituto Jurídico, Coimbra, p. 135s.

DIAS, Jorge de Figueiredo, *Direito Penal: parte geral: tomo I: questões fundamentais: a doutrina geral do crime*, Editora Revista dos Tribunais, São Paulo, 2007.

ENGELHART, Marc, *Sanktionierung von Unternehmen und Compliance: eine Rechtsvergleichende Analyse des Straf- und Ordnungwidrigkeitenrechts in Deutschland und den USA*, 2. Ergänzte und erweiterte Auflage, Dunkler & Humblot, Berlin, 2012.

ENGELHART, Marc, *The Nature and Basic Problems of Compliance Regimes*, Max-Planck--Institut für ausländisches und internationales Strafrecht, Freiburg, 2018.

ESTELLITA, Heloisa, LEITE, Alaor, «Veículos autônomos e direito penal: uma introdução», *Veículos autônomos e direito penal*, Heloisa Estellita, Alaor Leite (orgs.), Marcial Pons, São Paulo, 2019, p. 15s.

FERREIRA, Ana Elisabete, «Responsabilidade civil extracontratual por danos causados por robôs autónomos – breves reflexões», *Revista Portuguesa do Dano Corporal*, ano XXV, n. 27, 2016, p. 39s.

FIDALGO, Sónia, «As (novas) tecnologias e o (velho) problema da determinação da responsabilidade penal nas equipas médicas», *Cadernos Ibero-americanos de Direito Sanitário*, v. 9, n. 1, 2020, p. 157s.

FIDALGO, Sónia, «Responsabilidade penal no exercício da medicina em equipa: o princípio da confiança e o princípio da divisão do trabalho», *Estudos em homenagem ao Prof. Doutor Jorge de Figueiredo Dias*, vol. II, Manuel da Costa Andrade, Maria João Antunes, Susana Aires de Sousa (orgs.), Coimbra Editora, Coimbra, 2009, p. 417s.

FILHO, Fabrício, NAKAGAWA, Liliane, «DeepMind se junta oficialmente ao Google Health», *Olhar Digital*, 20 de setembro de 2019, Disponível em: <https://olhardigital.com.br/noticia/deepmind-se-junta-oficialmente-ao-google-health/90562>. Acesso em 25 de janeiro de 2020.

FRISCH, Wolfgang, *Comportamiento típico e imputación del resultado*, traducción de la edición alemana por Joaquín Cuello Contreras y José Luis Serrano González de Murillo, Marcial Pons, Madrid, 2004.

GARCIA, Manuel Miguez, RIO, J. M. Castela, *Código penal – parte geral e especial: com notas e comentários*, 2. ed., Almedina, Coimbra, 2015.

GLEß, Sabine, SILVERMAN, Emily, WEIGEND, Thomas, «If robots cause harm, who is to blame? Self-driving cars and criminal liability», *New Criminal Law Review*, v. 19, n. 3, 2016, p. 412s.

GLEß, Sabine, WEIGEND, Thomas, «Intelligente Agenten und das Strafrecht», *Zeitschrift für die gesamte Strafrechtswissenschaft*, v. 126, n. 3, 2014, p. 561s.

GÓMEZ-JARA DÍEZ, Carlos, *Responsabilidade penal da pessoa jurídica: a teoria do crime para as pessoas jurídicas*, Atlas, São Paulo, 2015.

GÓMEZ RIVERO, María del Carmen, *La responsabilidad penal del médico*, Tirant lo Blanch, Valencia, 2003.

GOUVEIA, Steven S., «O problema da lacuna de responsabilidade na Inteligência artificial», *Vanguardas da responsabilidade: direito, neurociências e inteligência artificial*, Manuel Curado, Ana Elisabete Ferreira, André Dias Pereira (coords.), Petrony Editora, Coimbra, 2019, p. 171s.

HALLEVY, Gabriel, *Liability for Crimes Involving Artificial Intelligence Systems*, Springer, Heidelberg, 2015.

HALLEVY, Gabriel, *The Basic Models of Criminal Liability of AI Systems and Outer Circles*, 2019.

HALLEVY, Gabriel, «The Criminal Liability of Artificial Intelligence Entities – from Science Fiction to Legal Social Control», *Akron Intellectual Property Journal*, v. 4, n. 2, 2010, p. 171s.

HILGENDORF, Eric, *Introdução ao direito penal da medicina*, tradução e notas de Orlandino Gleizer, Marcial Pons, São Paulo, 2019.

JACKMAN, Molly, KANERVA, Lauri, «Evolving the IRB: building robust review for industry research», *Washington and Lee Law Review Online*, v. 72, n. 3, 2016, p. 442s.

JANUÁRIO, Túlio Felippe Xavier, *Criminal compliance e corrupção desportiva: um estudo com base nos ordenamentos jurídicos do Brasil e de Portugal*, Lumen Juris, Rio de Janeiro, 2019.

JANUÁRIO, Túlio Felippe Xavier, «Criminal liability for legal entities: a comparative study between Spain, Portugal and Brazil», *Polar – Portuguese Law Review*, v. 2, n. 2, 2018a, p. 191s.

JANUÁRIO, Túlio Felippe Xavier, «Da teoria do delito para as pessoas jurídicas: análise a partir da teoria construtivista de "autorresponsabilidade" dos entes coletivos», *Revista de Estudos Jurídicos UNESP*, ano 20, n. 32, 2016, p. 161s.

JANUÁRIO, Túlio Felippe Xavier, «Dos limites do risco permitido para as pessoas jurídicas: uma análise do defeito de organização como um problema de imputação objetiva», *Conpedi Law Review*, v. 4, n. 1, 2018b, p. 1s.

JANUÁRIO, Túlio Felippe Xavier, «Inteligência artificial e manipulação do mercado de capitais: uma análise das negociações algorítmicas de alta frequência (*high-frequency trading – HFT*) à luz do ordenamento jurídico brasileiro», *Revista Brasileira de Ciências Criminais*, ano 29, n. 186, 2021, p. 127s.

JANUÁRIO, Túlio Felippe Xavier. «Inteligência artificial e responsabilidade penal no setor da medicina», *Lex Medicinae: Revista Portuguesa de Direito da Saúde*, ano 17, n. 34, 2020a, p. 37s.

JANUÁRIO, Túlio Xavier, «Veículos autónomos e imputação de responsabilidades criminais por acidentes», *A inteligência artificial no direito penal*, Anabela Miranda Rodrigues (coord.), Almedina, Coimbra, 2020b, p. 95s.

JESUS, Tiffany Cunha de, «Inteligência artificial: a responsabilidade civil do robô», *Direito digital: debates contemporâneos*, Ana Paula M. Canto de Lima, Carmina Bezerra Hissa, Paloma Mendes Saldanha (coords.), Thomson Reuters Brasil, São Paulo, 2019, p. 43s.

KAPLAN, Andreas, HAENLEIN, Michael, «Siri, Siri, in my hand: Who's the fairest in the land? On the interpretations, illustrations, and implications of artificial intelligence», *Business Horizons*, v. 62, n. 1, 2019, p. 15s.

LEITE, André Lamas. «O regime sancionatório criminal das pessoas colectivas e entes equiparados, em especial após a Lei n.º 94/2021, de 22 de Dezembro», *A Revista – Supremo Tribunal de Justiça*, n. 01, 2022, p. 101s.

LOBO, Luiz Carlos, «Inteligência artificial e medicina», *Revista Brasileira de Educação Médica*, v. 41, n. 2, 2017, p. 185s.

MACHADO, Lécio Silva, «Médico robô: responsabilidade civil por danos praticados por atos autônomos de sistemas informáticos dotados de inteligência artificial», *Lex Medicinae: Revista Portuguesa de Direito da Saúde*, ano 16, n. 31-32, 2019, p. 101s.

MARKS, Mason, «Artificial Intelligence-Based Suicide Prediction», *Yale Journal of Law & Technology*, v. 21, 2019, p. 98s.

MARTÍNEZ-BUJÁN PÉREZ, Carlos, *Derecho penal económico y de la empresa – Parte general*, 5. ed. adaptada a la L.O. 1/2015, Tirant lo Blanch, Valencia, 2016.

MARTÍNEZ-BUJÁN PÉREZ, Carlos, *La autoría en derecho penal: un estudio a la luz de la concepción significativa (y del Código penal español)*, Tirant lo Blanch, Valencia, 2019.

MCCARTHY, John, MINSKY, Marvin L., ROCHESTER, Nathaniel, SHANNON, Claude E, «A Proposal for the Dartmouth Summer Research Project on Artificial Intelligence, August 31, 1955», *AI Magazine*, v. 27, n. 4, 2006, p. 12s.

MCCARTHY, John, *What is Artificial Intelligence?*, Stanford University, Stanford, 2007.

MULHOLLAND, Caitlin, FRAJHOF, Isabella Z., «Inteligência artificial e a Lei Geral de Proteção de Dados Pessoais: breves anotações sobre o direito à explicação perante a tomada de decisões por meio de machine learning», *Inteligência artificial e direito: ética, regulação e responsabilidade*, Ana Frazão, Caitlin Mulholland (coords.), Thomson Reuters Brasil, São Paulo, 2019, p. 265s.

NAVAS MONDACA, Iván, «Los códigos de conducta y el derecho penal económico», *Criminalidad de empresa y compliance: prevención y reacciones corporativas*, Jesús-María Silva Sánchez (dir.), Raquel Montaner Fernández (coord.), Atelier, Barcelona, 2013, p. 111s.

PEIXOTO, Fabiano Hartmann, SILVA, Roberta Zumblick Martins da, *Inteligência artificial e direito*, Alteridade Editora, Curitiba, 2019.

PEREIRA, Alexandre Libório Dias, «Big-data, e-health e "autodeterminação informativa": a Lei 67/98, a jurisprudência e o regulamento 2016/679 (GDPR)», *Lex Medicinae – Revista Portuguesa de Direito da Saúde*, v. 15, n. 29, 2018, p. 51s.

PEREIRA, André Gonçalo Dias, «O médico-robô e os desafios para o direito da saúde: entre o algoritmo e a empatia», *Gazeta de Matemática*, ano LXXX, n. 189, 2019, p. 30s.

PEREIRA, André Gonçalo Dias. «Inteligência artificial, saúde e direito: considerações jurídicas em torno da medicina de conforto e da medicina transparente», *Julgar*, n. 45, 2021, p. 235s.

PINHEIRO, Patrícia Peck Garrido, «Robotização, inteligência artificial e disrupção», *Direito digital aplicado 3.0.*, Patrícia Peck Pinheiro (coords.), Thomson Reuters Brasil, São Paulo, 2019, p. 29s.

PRICE II, William Nicholson, «Artificial Intelligence in Health Care: applications and legal issues», *U of Michigan Public Law Research Paper No. 599*, 2017, p. 1s.

RODRIGUES, Anabela Miranda, *Direito penal económico: uma política criminal na era compliance*, 2.ed., Almedina, Coimbra, 2020a.

RODRIGUES, Anabela Miranda, «Inteligência artificial no direito penal – a justiça preditiva entre a americanização e a europeização», *A inteligência artificial no direito penal*, Anabela Miranda Rodrigues (coord.), Almedina, Coimbra, 2020b, p. 11s.

RODRIGUES, Anabela Miranda, SOUSA, Susana Aires de, «Algoritmos em contexto empresarial: vantagens e desafios à luz do direito penal», *Julgar*, n. 45, 2021, p. 193s.

RODRIGUES, Anabela Miranda, «The Last Cocktail – Economic and Financial Crime, Corporate Criminal Responsibility, Compliance and Artificial Intelligence», *Artificial Intelligence in the Economic Sector: Prevention and Responsibility*, Maria João Antunes, Susana Aires de Sousa (eds.), Instituto Jurídico, Coimbra, 2021, p. 119s.

ROTSCH, Thomas, «Criminal compliance», *InDret: revista para el análisis del derecho*, n. 1, 2012, p. 1s.

ROXIN, Claus, *Derecho Penal: parte general: tomo I: fundamentos. La estructura de la teoria del delito*, traducción de la 2. ed. alemana y notas por Diego-Manuel Luzón Peña, Miguel Díaz y Garcia Conlledo, Javier de Vicente Remesal, 5. reimp., Civitas, Madrid, 2008.

SHABBIR, Jahanzaib, ANWER, Tarique, «Artificial intelligence and its role in near future», *Journal of Latex Class Files*, v. 14, n. 8, 2015, p. 1s.

SIQUEIRA, Flávia, *Autonomia, consentimento e direito penal da medicina*, Marcial Pons, São Paulo, 2019.

SIQUEIRA, Flávia, «O paradigma de respeito à autonomia do paciente e suas implicações no direito penal da medicina: em especial sobre a ilegitimidade das intervenções médicas arbitrárias», *Direito penal da medicina*, Heloisa Estellita, Flávia Siqueira (orgs.), Marcial Pons, São Paulo, 2020, p. 19s.

SOUSA, Susana Aires de, «"Não fui eu, foi a máquina": teoria do crime, responsabilidade e inteligência artificial», *A inteligência artificial no direito penal*, Anabela Miranda Rodrigues (coord.), Almedina, Coimbra, 2020a, p. 59s.

SOUSA, Susana Aires de, *Questões fundamentais de direito penal da empresa*, Almedina, Coimbra, 2019.

SOUSA, Susana Aires de, «Um direito penal desafiado pelo desenvolvimento tecnológico: alguns exemplos a partir das neurociências e da inteligência artificial», *Revista da Defensoria Pública da União*, n. 14, 2020b, p. 21s.

SOUZA, Carlos Affonso Pereira de, OLIVEIRA, Jordan Vinicius de, «Sobre os ombros de robôs? A inteligência artificial entre fascínios e desilusões», *Inteligência artificial e direito: ética, regulação e responsabilidade*, Ana Frazão, Caitlin Mulholland (coords.), Thomson Reuters Brasil, São Paulo, 2019, p. 65s.

STEIBEL, Fabro, VICENTE, Victor Freitas, JESUS, Diego Santos Vieira de, «Possibilidades e potenciais da utilização da inteligência artificial», Ana Frazão, Caitlin Mulholland (coord.), *Inteligência artificial e direito: ética, regulação e responsabilidade*, Thomson Reuters Brasil, São Paulo, 2019, p. 53s.

STONE, Peter et al., *Artificial Intelligence and life in 2030: one hundred year study on Artificial Intelligence. Report of the 2015-2016 Study Panel*, Stanford University, Stanford, CA, 2016.

VIVES ANTÓN, Tomás S., *Fundamentos del sistema penal*, 2. ed., Tirant lo Blanch, Valencia, 2011.

WIMMER, Miriam, «Inteligência artificial, algoritmos e o direito um panorama dos principais desafios», *Direito digital: debates contemporâneos,* Ana Paula M. Canto de Lima, Carmina Bezerra Hissa, Paloma Mendes Saldanha (coords.), Thomson Reuters Brasil, São Paulo, 2019, p. 15s.

II – Documentos

COMMISSION ON THE ETHICS OF SCIENTIFIC KNOWLEDGE AND TECHNOLOGY. *Report of COMEST on robotics ethics*, 2017.

INDEPENDENT HIGH-LEVEL EXPERT GROUP ON ARTIFICIAL INTELLIGENCE SET UP BY THE EUROPEAN COMMISSION, *A Definition of AI: Main capabilities and disciplines: Definition developed for the purpose of the AI HLEG's deliverables*, Bruxelas, 8 de abril de 2019.

PARLAMENTO EUROPEU, *Resolução do Parlamento Europeu (2015/2103(INL)): que contém recomendações à Comissão sobre disposições de Direito Civil sobre Robótica*, 16.2.2017.

UNESCO, COMEST, *SHS/YES/COMEST-10/17/2 REV: Report of COMEST on Robotics Ethics.* 14 de setembro de 2017.

III – Legislação

ORDEM DOS MÉDICOS, *Regulamento nº 14/2009, da Ordem dos Médicos: Código Deontológico da Ordem dos Médicos.*

PORTUGAL, *DL n.º 48/95, de 15 de Março: Código Penal de 1982 versão consolidada posterior a 1995.*

PORTUGAL, *Lei nº 32/2006: Procriação medicamente assistida.*

PORTUGAL, *Lei nº 94/2021, de 21 de dezembro: Aprova medidas previstas na Estratégia Nacional Anticorrupção, alterando o Código Penal, o Código de Processo Penal e leis conexas.*

A IA no setor económico: uma reflexão entre "o bom, o mau e o vilão"[1]

Susana Aires de Sousa

Sumário: 1. Introdução. 2. Uma IA ofensiva? Exemplos da banca, do mercado de valores mobiliários e do consumo. 3. Criminalidade económico-financeira e dupla face da IA: entre o bom e o mau. 4. A resposta penal ao risco algorítmico no contexto económico: entre novos desafios e velhos problemas. 5. Notas conclusivas (*to be continued*).

1. Introdução

É comum, frequente e transversal aos escritos sobre sistemas de inteligência artificial (IA) afirmar-se que as novas tecnologias, de forma mais ou menos visível e sob as mais diversas configurações (processamento de linguagem, aprendizagem de máquinas, *chatbots, blockchain*, plataformas eletrónicas, etc.), integram a rotina dos nossos dias. A tecnologia projeta-se, de algum modo, em quem somos e como somos, tanto num plano individual como coletivo

[1] * Uma parte deste texto resulta da pesquisa efetuada no contexto da elaboração do relatório "*The importance of AI for financial crimes*", na qualidade de *Special Raporteur*, para a Secção II da Associação Internacional de Direito Penal. Muitas das reflexões aqui expostas integram ainda o Projeto Exploratório "IA e Criminalidade Empresarial", que desenvolvemos no Instituto Jurídico da Universidade de Coimbra.

(social, económico, cultural ou político). O seu impacto é, contudo, ambivalente, com contornos positivos e com efeitos negativos, oscilando entre o bom e o mau. Alargando possibilidades, ampliam-se, do mesmo passo, riscos e, com isso, novos cenários problemáticos.

A sociedade contemporânea não só cria uma vastíssima informação como a multiplica de forma acelerada. Os sistemas de IA impõe-se pela sua incomparável capacidade de leitura da informação latente, conferindo-lhe uma forma e atribuindo-lhe utilidade económica. A enorme aptidão para coligir e padronizar informação confere à IA particulares condições para antecipar cenários futuros, qualidade que tem vindo a ser explorada no setor económico, em particular no domínio da fraude financeira e da criminalidade económico-financeira (branqueamento de capitais, financiamento de terrorismo e contrafação de produtos são alguns dos exemplos possíveis). É assim compreensível que as intensas acelerações tecnológicas, em conjunto com a digitalização dos mercados e a enorme disponibilidade de dados, tenham favorecido a emergência de algoritmos capazes de extrair, estruturar e organizar, a partir do universo de informação disponível, conjuntos de dados, com valor económico, adstritos a determinadas funções ou mercados, criando-se assim um "*data market*".

Esta capacidade extra-humana dos sistemas computadorizados complexos para reunir e estruturar informação tornam os algoritmos particularmente adequados para a realização de outras tarefas comerciais e empresariais, entre as quais se destacam tarefas tão díspares como a assistência e gestão da clientela, governação e cumprimento normativo, segurança de sistemas, prevenção de ciberataques ou deteção de fraude. A IA configura-se como excelente instrumento de auxílio a uma decisão informada num mundo de escolhas alternativas, sendo que, ao mesmo tempo, se revela como um poderoso instrumento de influência, orientação ou mesmo de manipulação de escolhas ou de comportamentos.

A ambivalência da IA torna-se assim, neste contexto, particularmente visível, oscilando entre o papel do "polícia bom", determinado à deteção e prevenção do crime, e o papel do "criminoso mau", capaz de elevar esquemas fraudulentos a um patamar de complexidade, apto a discriminar consumidores, ou a criar riscos sistémicos para o mercado.

Neste estudo, procurar-se-á clarificar esta dupla face da IA no setor económico, numa contraposição entre benefícios, riscos (e danos) em áreas centrais da economia: setor bancário, mercado dos valores mobiliários e consumo. Depois de se elencar vantagens e riscos (de *discriminação*, *sistémico*, de *fraude*, de *violação da privacidade*, de *hipervigilância* e de *manipulação*) é tempo de explorar a adequação de alguns mecanismos jurídicos, como a responsabilidade pelo produto ou a responsabilidade criminal das empresas, a estes novos cenários disruptivos.

2. Uma IA ofensiva? Exemplos da banca, do mercado de valores mobiliários e do consumo

O impacto da IA no setor económico tem sido enorme, por vezes, com ofensas a interesses juridicamente valiosos. A digitalização da economia leva-nos para cenários tidos como inimagináveis até há poucos anos. Apontam-se, a título ilustrativo, alguns exemplos.

O primeiro, provém do sector financeiro e bancário. Como sublinha *Pedro Maia*, este setor esteve sempre particularmente aberto à evolução tecnológica, incorporando instrumentos e ferramentas tecnológicas ou, em alguns casos, assumindo a iniciativa de os promover[2]. Contudo, a integração de algoritmos no setor financeiro tem vindo a ser notícia por razões menos positivas. Num artigo de julho de 2021, com o título "*A.I. Bias Caused 80% Of Black Mortgage Applicants To Be Denied*"[3], a *Forbes* apontava a IA como um fator decisivo na decisão de não concessão de crédito a minorias nos EUA. Em particular, a probabilidade de os pedidos serem negados é de "80% nos candidatos de cor negra, 40% na comunidade latina e 70% nos indígenas americanos"[4]. A literatura tem desenvolvido este tema, colocando em evidência o enviesamento dos dados (*data bias*) que alimentam os algoritmos como uma das causas essenciais para decisões discriminatórias[5]. Na explicação deste tratamento desigualitário de determinados grupos de pessoas, pesa ainda a circunstância de o histórico de obtenção de crédito e, com isso a informação disponível,

[2] Com diversos exemplos, MAIA (2021), p. 16 e ss.

[3] Cf. https://www.forbes.com/sites/korihale/2021/09/02/ai-bias-caused-80-of-black-mortgage-applicants-to-be-denied/

[4] Cf. https://apnews.com/article/lifestyle-technology-business-race-and-ethnicity-mortgages-2d3d40d5751f933a88c1e17063657586

[5] Cf. BLATTNER / NELSON (2021), p. 5.

ser muito menor no caso das minorias e das populações com menores rendimentos[6]. A discriminação algorítmica constitui uma forte preocupação do setor financeiro e bancário, com um impacto que se projeta não só na obtenção de crédito e financiamento, mas que se estende a operações económicas e transferências financeiras. Com efeito, em função de determinados parâmetros valorizados pelo algoritmo como de elevado risco, podem ocorrer falsos positivos, identificando-se determinada transação como suspeita – por exemplo, para fins de branqueamento de capitais ou financiamento de terrorismo. O bloqueio da transação pode implicar, para os intervenientes nela envolvidos, enormes custos económicos.

Um outro exemplo do impacto das tecnologias de IA no setor económico é retirado dos tribunais e diz respeito ao mercado de valores mobiliários, particularmente aberto à transição algorítmica[7]. Em *U.S. v. Coscia*[8], *Michael J. Coscia* foi condenado por manipulação fraudulenta do mercado através do uso de um algoritmo de alta frequência. *Gregory Scopino*, analisando este caso em pormenor[9] dá conta das sucessivas condenações do arguido e da sua empresa por entidades reguladoras, culminando o caso na primeira condenação criminal de um intermediário financeiro por *spoofing*. Em causa estava a criação de uma realidade inexistente, capaz de influenciar o mercado. Com efeito, o algoritmo criava várias e significativas ordens de um lado do mercado, que eram canceladas milissegundos após a entrada de pequenas ordens de sentido contrário do outro lado do mercado. Com as primeiras criava-se um cenário de aparente interesse e liquidez financeira sobre aqueles produtos, que favorecia de forma artificial a sua transação a preços mais elevados. Esta conduta levaria a entidade reguladora a aplicar a *Coscia* e à sua empresa uma sanção pecuniária no valor de $ 2.8 milhões[10]. Contudo, *Coscia* e a sua empresa enfrentariam ainda outras sanções, incluindo um processo de natureza criminal, na medida em que a conduta em causa violava as leis federais

[6] Heave, https://www.technologyreview.com/2021/06/17/1026519/racial-bias-noisy-data-credit-scores-mortgage-loans-fairness-machine-learning/

[7] Sobre este tema Rodrigues (2021 a), p. 65 e ss.

[8] Disponível online in https://law.justia.com/cases/federal/appellate-courts/ca7/16-3017/16-3017-2017-08-07.html. Ver também Copler (2016), p. 268 e ss; Rodrigues / Sousa (2021), p. 207.

[9] Scopino (2020), p. 355 e ss.

[10] Cf. Scopino (2020), p. 355.

protetoras do mercado de produtos e valores mobiliários. Com efeito, em 2014, o Departamento de Justiça norte-americano anunciava uma investigação criminal que avançaria para julgamento em outubro de 2015. Em novembro de 2015, *Coscia* seria condenado a 36 meses de prisão, naquilo que constitui a primeira condenação criminal pelo uso de um algoritmo capaz de determinar o autocancelemanto de ordens por si dadas. De notar o contributo decisivo do testemunho do programador no sentido de ter recebido instruções específicas e concretas para construir um algoritmo destinado a lançar um grande volume de ordens, mas cuja execução seria cancelada imediatamente a seguir, executando simultaneamente pequenas ordens de sinal contrário[11]. Não obstante o recurso interposto, colocando em causa a constitucionalidade da norma incriminadora com fundamento na indeterminabilidade e no carácter aberto da incriminação, o tribunal superior confirmaria a decisão de condenação.

Um terceiro exemplo, ainda com relevância no setor económico, liga-se aos novos riscos associados ao consumo e utilização de bens que integram uma tecnologia nova, em rápido estado de desenvolvimento. Os veículos autónomos constituem uma área privilegiada na identificação destes novos riscos. Da *Uber*[12] à *Tesla*[13], as notícias de acidentes rodoviários que envolvem veículos autónomos têm-se intensificado, merecendo a atenção dos reguladores, designadamente do regulador norte-americano. Com efeito, a *United States National Highway Traffic Safety Administration* (NHTSA) manifestou publicamente a necessidade de se esclarecer os diversos relatos de rápida aceleração ou desaceleração, em modo automático, de alguns modelos *Tesla*. Essa preocupação ganharia concretização na abertura de uma investigação, em agosto de 2021, ao *software Autopilot*, da *Tesla*, em virtude de várias ocorrências que descreviam a colisão do carro com veículos de emergência estacionados em

[11] Cf. Scopino (2020), p. 361.

[12] A morte de *Elaine Herzberg*, atropelada acidentalmente por um veículo autónomo da *Uber* em fase de testes tornou-se um *case study* nesta matéria. cf. Dearman (2019), p. 983-1012; também Susana Aires de Sousa (2020 a), p. 21-37. https://doi.org/10.46901/revistadadpu.i14.p21-37; Diamantis (2021), p. 135 e ss.

[13] Cf. https://www.theverge.com/2022/7/7/23198997/tesla-fatal-crashes-california-florida-autopilot-nhtsa

vias públicas[14]. O *Office of Defects Investigation* (ODI) identificou pelos menos onze situações de acidentes das quais resultaram uma morte e várias pessoas feridas[15] "em que alguns modelos Tesla embateram em veículos de emergência, estacionados na via e não detetados pelo software". No início de junho de 2022, as notícias sobre esta investigação foram atualizadas dando conta de que outros incidentes foram adicionados à investigação inicial, seguindo-se uma nova fase de análise técnica e de engenharia[16]. Entre as explicações possíveis, adianta-se a circunstância de o sistema estar programado para essencialmente ignorar objetos parados e acompanhar objetos em movimento[17]. Nos manuais de assistência à condução, a *Tesla* faz contar um aviso, informando que o *Traffic-Aware Cruise Control* "não consegue detetar todos os objetos e pode não travar/desacelerar para veículos estacionados". Em junho de 2021, a NHTSA emitiu uma obrigação geral[18], corrigida em outubro[19], impondo à indústria automóvel a obrigação de reportar acidentes envolvendo sistemas avançados de assistência ao condutor. Os primeiros resultados dessa obrigação de comunicação foram divulgados em julho de 2022[20]. Embora na visão do regulador seja ainda prematuro avançar com conclusões definitivas sobre a segurança do produto, entre junho de 2021 e maio de 2022 foram reportados 392 acidentes, dos quais 273 envolviam modelos da *Tesla*.

Por fim, nesta enumeração meramente exemplificativa, refira-se ainda, pela sua ligação à proteção dos interesses dos consumidores, um último exemplo de *ransomware*, ocorrido em Portugal, no início de 2022. Por esses dias, os *websites* de uma das mais relevantes empresas de comunicação sofriam um ataque cibernético, com envio de *pishing-emails* aos clientes, designadamente àqueles que tinham acesso *online* a um dos seus jornais. Por conseguinte, a

[14] Cf. NHTSA, Action Number PE21020, disponível em https://static.nhtsa.gov/odi/inv/2021/INOA-PE21020-1893.PDF

[15] Mais informação sobre estes acidentes em https://www.wired.com/story/tesla-autopilot-why-crash-radar/

[16] Nota disponível em https://static.nhtsa.gov/odi/inv/2022/INOA-EA22002-3184.PDF

[17] Cf. https://www.wired.com/story/tesla-autopilot-why-crash-radar/

[18] Cf. https://www.nhtsa.gov/sites/nhtsa.gov/files/2021-06/Standing_General_Order_2021_01-digital-06292021.pdf

[19] Disponível em https://www.nhtsa.gov/sites/nhtsa.gov/files/2021-08/First_Amended_SGO_2021_01_Final.pdf

[20] Cf. https://www.nhtsa.gov/laws-regulations/standing-general-order-crash-reporting

possibilidade de os *hackers* terem tido acesso a dados privados daqueles clientes é real. Os motivos do ataque não foram, contudo, esclarecidos. De assinalar que, no mesmo contexto temporal, outros jornais e empresas de comunicação em outros países foram objeto de ataques semelhantes. É o caso do *The Jerusalem Post*, alvo de um ciberataque, assim como da maior organização noticiosa da Noruega. Embora não seja possível estabelecer-se uma correlação entre esses ataques, o número de incidentes cibernéticos que afetam as empresas, designadamente de comunicação, parece estar a aumentar[21].

3. Criminalidade económico-financeira e dupla face da IA: entre o bom e o mau

3.1. Como se referiu anteriormente, a digitalização económica e, de modo particular, os sistemas de inteligência artificial dotados de uma enorme capacidade de análise (*data analytics*) e de extração e padronização de informação (*data mining*), potenciam a eficiência económica. As vantagens ligadas à implementação destes sistemas há muito atraíram o interesse e a iniciativa de diversos *stakeholders* e agentes económicos. Sectores como a banca, o mercado de valores mobiliários ou, em geral, a produção e o consumo enfrentam alterações tecnológicas significativas, muitas vezes estruturalmente transformativas, ao incorporarem sistemas de IA numa prossecução mais eficiente dos seus fins. Procuraremos elencar, ainda que sucintamente, o lado "bom" dos sistemas de IA, contextualizando-os em diferentes setores económicos, para, em seguida, se desvelar, através de algumas concretizações, o seu lado "mau".

a) O impacto da IA no *sistema financeiro e bancário* é inegável[22]. Com efeito, este é um contexto particularmente favorável à automatização e aos sistemas de IA. Movendo-se o setor financeiro e bancário entre escolhas arriscadas e juízos de probabilidade, configura-se como o cenário perfeito para que os algoritmos possam fazer aquilo que fazem melhor: considere-se, por exemplo,

[21] Cf. https://www.cyberscoop.com/portugal-expresso-sic-impresa-ransowmare-lapsus/

[22] Uma breve e atualizada síntese, com referências bibliográficas de enorme relevância, em Maia (2021), p. 16 e ss.

sistemas de avaliação de riscos, gestão de clientes, aprovação de empréstimos, cibersegurança ou deteção de fraude e de crimes financeiros[23].

Plataformas financeiras como a PayPal "antecipam tentativas de fraude usando enorme volumes de dados com que treinam continuamente os seus algoritmos de deteção de fraude, detetando parâmetros anómalos e a aprendendo a antecipar novos padrões de fraude"[24]. As instituições bancárias utilizam sistemas de IA na implementação de uma estratégia eficiente de combate ao branqueamento de capitais (*Anti-Money Laundering* – AML) e ao financiamento de terrorismo (*Countering the Financing of Terrorism* – CFT). A tecnologia facilita exponencialmente uma ampla monitorização das atividades financeiras, permitindo que as instituições conheçam os seus clientes (*know your customer*), de forma eficiente, através da análise de dados. Dá-se assim uma transição, particularmente evidente no combate ao branqueamento de capitais[25], do cliente para os dados[26], isto é, da pessoa para a análise de grandes quantidades de informação. Neste sentido, o relatório sobre oportunidades e desafios das novas tecnologias no combate ao branqueamento de capitais da *Financial Action Task Force* (FATF) destaca as enormes vantagens das soluções digitais de IA para uma estratégia de AML/CFT, colocando em evidência algumas das técnicas utilizadas (designadamente, a aprendizagem de máquinas e o processamento de linguagem) que têm vindo a ser exploradas por vários países com esse fim[27].

[23] Sobre estas e outras vantagens, com particular atenção ao contexto europeu, Calzolari (2021), p. 21 e ss.

[24] Cf. Rigano (2015).

[25] I. Sadgali / N. Sael / F. Benabbou (2019) p. 45-54. Também Rocha Salazar / Segovia Vargas, / Camacho Miñano (2021), p. 114470.

[26] Maia, (2021), p. 29.

[27] Cf. FATF (2021), p. 21 e ss. Por exemplo, em Itália, a *Unità di Informazione Finanziaria*, da *Banca de Italia*, em cooperação com o *Dipartimento vigilanza bancaria e finanziaria* desenvolveram uma aplicação de lógica *fuzzi* para definir indicadores de AML para entidades financeiras intermediárias (não bancárias). O sistema proposto, ainda em fase experimental, permite utilizar dados quantitativos (i.e., pagamentos internacionais de e para países de elevado risco) de modo a criar uma constante avaliação de risco de AML/CTF daqueles intermediários. Cf. p. 23. Também o Reino Unido tem estado na linha da frente em matéria de experimentação de IA no sector financeiro, cf. https://www.bankofengland.co.uk/report/2019/machine-learning-in-uk-financial-services

De salientar ainda a transformação trazida pela IA na deteção de padrões de fraude, capacitada a aprender com novas ameaças e ataques, melhorando continuamente a sua eficiência[28]. A cibersegurança financeira tem sido, de facto, um setor de liderança no desenvolvimento de uma "*cyber-threat intelligence*"[29].

A introdução destas formas de monitorização automatizadas possibilitou também um benefício adicional ao aliviar, através de uma resposta mais eficiente, a enorme pressão a que os atores do sistema financeiro ficaram sujeitos, na sequência da crise financeira de 2008, desde logo, por parte dos reguladores e dos supervisores do mercado[30].

b) A revolução que a IA impôs ao domínio financeiro traduziu-se ainda na criação de valor, através da oferta de novos produtos e serviços financeiros. "A banca sempre foi particularmente aberta à inovação técnica e ao progresso"[31], mas a tecnologia permitiu o aparecimento de organizações autónomas decentralizadas (sem órgãos de direção)[32], de uma banca digital, de plataformas financeiras ou mesmo de "moedas" digitais. Como sinal evidente desta desmaterialização, tenha-se em conta a própria digitalização da instituição, com o surgimento de bancos totalmente digitais, sem existência física, naquilo que se designou como "*shadow banking*"[33].

c) Por sua vez, também o mercado dos valores mobiliários sofreu profundas alterações com a introdução de programas algorítmicos capazes de negociar e investir autonomamente, acelerando as transações, em número, eficiência, velocidade e liquidez[34]. Nas claríssimas palavras de *Gregory Scopino* "*as with many other industries, AI systems, such as automated trading systems that enable investment funds to engage in algorithmic trading and computerized trade matching engines for exchanges, have proliferated inside financial institutions, stock and derivatives exchanges,*

[28] Ramos, (2021), p. 88 e ss.

[29] Cf. Samtani / Abate / Benjamin / Li (2020), p. 135 e ss.

[30] Cf. Maia (2021), p. 4.

[31] Cf. Maia (2021), p. 16 e ss.

[32] Sobre estas novas formas de organização de e investimento de recursos financeiros, para uma breve explicação, Slavin / Werbach (2022).

[33] Cf. Buttler (2020), p. 29.

[34] Cf. Rodrigues (2021 a), p. 66 e ss. Também Martins (2021), p. 64 e ss.

and commodity brokers and collective investment funds"[35]. Num mercado em que a informação sobre o produto e a velocidade das transações são estruturantes e essenciais, a IA alterou não só a forma como a informação é criada ou a velocidade a que é transmitida, como modificou também, de forma disruptiva, os próprios operadores do mercado, agora dominado por agentes artificiais que são, na verdade, sofisticados e complexos *softwares* de *trading*[36].

d) As novas tecnologias têm vindo a ser exploradas também como ferramentas de *compliance* e de supervisão do setor económico. A FinTech (*Financial Technology*), a RegTech (*Regulatory Technology*) e a SupTech (*Supervisory Technology*) representam não só uma nova narrativa no domínio financeiro, mas, sobretudo e de modo essencial, uma profunda transformação, em acelerada expansão, da arquitetura, estrutura e funcionamento dos sistemas financeiros[37]. Com efeito, também aqui as soluções de IA se mostram muito mais eficazes na identificação e reação a riscos de incumprimento normativo, melhorando as formas de resposta, de comunicação e de monitorização de atividades suspeitas, tanto no setor público como no setor privado. No domínio público, o impacto das novas tecnologias traduz-se numa melhoria em tempo real da monitorização e da comunicação de informação relevante dos regulados às entidades supervisoras. No setor privado, a tecnologia permite implementar ferramentas de avaliação de riscos, analisar e melhorar as práticas estabelecidas, facilitar as relações com as autoridades de supervisão e, em geral, criar políticas de *good governance* a custos menores[38]. A criação de sistemas automatizados que permitam à empresa, com exatidão, antecipar riscos, sejam eles internos, ou externos (do mercado, dos interlocutores ou das concretas operações) e responder às obrigações impostas pelos reguladores corresponde, afinal, à finalidade plena de um programa de *compliance*[39], alivando as empresas de custos e de responsabilidade. Assim, a automatização

[35] Cf. Scopino (2020), p. 10.
[36] Cf. Rodrigues (2021 a), p. 76.
[37] Maia (2021), p. 32 e s.
[38] FATF (2021), *Opportunities and Challenges of New Technologies for AML/CFT*, FATF, Paris, France, https://www.fatf-gafi.org/publications/fatfrecommendations/documents/opportunities-challenges-newtechnologies-aml-cft.html
[39] Cf. Aziz / Dowling (2019), p. 43.

do *compliance* torna o cumprimento normativo mais barato, e, por outro lado, revela-se mais eficaz e precisa na prevenção e deteção de infrações.

e) Os sistemas de inteligência artificial são apontados como uma solução inovadora na luta contra a comercialização de produtos falsificados ou contrafeitos[40], sobretudo em plataforma eletrónicas, atendendo à sua aptidão para certificar a autenticidade e genuinidade dos produtos. A *blockchain* ou os NFT (*non-fungible token*) são tecnologias que permitem assegurar a autenticidade dos produtos, protegendo consumidores, plataformas eletrónicas de comercialização e titulares das marcas. Estas soluções tecnológicas tornam a comercialização *on-line* mais transparente (permitindo, por exemplo, soluções de rastreamento do produto na sua produção e comercialização) ou facilitando a verificação da sua autenticidade[41]. Os consumidores poderão facilmente confirmar que o produto adquirido é autêntico, através, designadamente, da sua identidade digital[42]. Como consequência, o mercado da contrafação tornar-se-á menos atrativo: nas palavras de *J. P. Kennedy*, "*when used in conjunction with product or package specific data that is embedded within existing tracking technologies, blockchain technologies are expected to substantially increase the costs of counterfeiting by raising the likelihood that fake products will be detected*"[43]. Do outro lado da moeda, estas soluções tecnológicas, assentes numa ideia de rastreamento do produto não deixam de colocar problemas de privacidade dos consumidores, uma vez que a "*digital footprint*" se torna facilmente acessível e percetível[44].

Por sua vez, também neste contexto, os algoritmos antifraude prometem desempenhar um papel de grande relevância (de novo) ao detetar padrões que sinalizam condutas fraudulentas e plataformas de transação de produtos contrafeitos, permitindo, dessa forma, uma rápida intervenção dos ofendidos e das autoridades.

[40] Cf. KENNEDY (2020), p. 47 e ss.

[41] Cf. KENNEDY (2020), p. 47. Veja-se ainda TOYODA / MATHIOPOULOS / SASASE / OHTSUKI (2017).

[42] PUN / SWAMINATHAN / HOU, (2018).

[43] KENNEDY (2020), p. 47.

[44] PUN / SWAMINATHAN / HOU, (2018).

3.2. Contudo, também os riscos associados à IA têm vindo a ganhar visibilidade e atenção, muito por força do impacto negativo, social e económico, documentado em acontecimentos que envolvem este tipo de tecnologia. Com efeito, estes sistemas podem igualmente ser usados para fins ilícitos, abuso que constitui objeto de reflexão de um extenso relatório elaborado por académicos de reputadas universidades sob o título *The Malicious Use of Artificial Intelligence: Forecasting, Prevention, and Mitigation*[45]. Este documento analisa cenários possíveis de insegurança, ligados ao uso da IA, procurando-se, com isso, cumprir a dificílima tarefa de delinear contextos disruptivos, tendo em vista prevenir e, sobretudo, mitigar as consequências destas ameaças[46]. Procurar-se-á, em seguida, enunciar ainda que de modo telegráfico, alguns dos riscos associados a estes algoritmos, com potencial ofensivo ao mercado e à economia.

a) Em primeiro lugar, aponta-se o *risco de discriminação*, que tem merecido viva atenção na literatura sobre IA, sob a ilustrativa fórmula *bias in, bias out*[47]. Como se assinalava em um dos casos que abre este estudo, o enviesamento dos dados (e do passado histórico que eles integram) que alimentam a aprendizagem do algoritmo contamina os resultados por ele produzidos. O futuro que a máquina prevê está, num certo sentido determinado pelo passado que lhe é dado a conhecer. O *bias* algorítmico, tendo diversas causas e explicações, tem vindo a ser definido, de forma simples, como um "erro sistemático ou uma inesperada tendência para favorecer um resultado em desfavor de um outro"[48].

De muitos lados, ecoaram críticas à forma como os modelos de IA incorporam e propagam, de forma exponencial, um possível *bias* social, económico, político, etc.[49]. A explicação parece encontrar-se essencialmente no conjunto de dados usados para alimentar e treinar o algoritmo. Os sistemas de IA são determinados pela qualidade dos dados usados na sua aprendizagem. Por conseguinte, esta falta de qualidade, invisível à máquina, é por ela multiplicada no seu processo de construção e reconstrução dos resultados.

[45] Disponível em https://arxiv.org/ftp/arxiv/papers/1802/1802.07228.pdf

[46] *The Malicious Use of Artificial Intelligence: Forecasting, Prevention, and Mitigation*, disponível em https://arxiv.org/ftp/arxiv/papers/1802/1802.07228.pdf

[47] Mayson (2019), p. 2122 e ss.

[48] Ribón / Audace / Olusubomi, (2021).

[49] Cf. Silberg / Manyika (2019).

Por conseguinte, atendendo a que os algoritmos de aprendizagem desempenham hoje distintas tarefas em vários setores, sobretudo económicos (transações económicas, concessão de crédito, mas também reconhecimento facial ou policiamento preditivo), o seu uso pode aumentar consideravelmente um risco de discriminação de um certo tipo de consumidor (ou cidadão), pondo em causa os seus direitos fundamentais, económicos e pessoais.

b) Em segundo lugar, evidencia-se um *risco sistémico*, ligado à possibilidade de uma leitura ou perceção algorítmica errada se propagar à globalidade do sistema (financeiro, bancário, mobiliário, etc.). Esta comunicação à integralidade do sistema será tanto maior quanto mais direta e automatizada for a interação algorítmica, de que constituem exemplos acabados o mercado de futuros[50] e o mercado dos valores mobiliários[51]. Os algoritmos de negociação, na sua intercomunicação sistémica, podem reagir de forma inesperada, criando uma enorme instabilidade apta ao colapso do mercado[52]. Nas palavras de *Gregory Scopino*, "as mesmas tecnologias de negociação algorítmica que potenciaram os mercados de futuros, de ações e permitiram incorporar informação nos preços dos instrumentos financeiros mais rapidamente do que nunca, provocaram também, pontualmente, quedas abruptas, cujas causas confundiram os investidores e peritos no mercado"[53]. Esta é a volátil e "precária realidade" dos mercados financeiros atuais[54].

c) As novas tecnologias favorecem ainda o *risco de fraude* ao possibilitarem o aparecimento de novas e sofisticadas formas de manipulação do mercado. Neste novo mercado digital e eletrónico, a manipulação faz-se "usando comunicação eletrónica, informação recolhida do sistema e plataformas algorítmicas, específicas de um mercado financeiro tecnologicamente complexo,

[50] Como nos dá conta Martins, (2021), p. 52, no mercado de futuros dos EUA, mais de 90% da negociação era eletrónica já em 2012.

[51] Procurando uma solução na reconfiguração dos elementos subjetivos do crime, Rodrigues (2021 a), p. 82 e ss.

[52] Para um conjunto de exemplos de instabilidade ligada ao "comportamento" algorítmico, veja-se Martins (2021), p. 52 e s.

[53] Scopino (2020), p. 413; Lin (2017); Rodrigues (2021 a), p. 65 e ss.; Martins (2021), p. 63 e s.

[54] Lin (2017), p. 1253.

tendo em vista distorcer a informação que alimenta o mercado e, com isso, afetar os preços dos produtos"[55]. Desta forma, a manipulação torna-se sistémica, quase endémica, com um maior impacto fomentado pela "interconexão de mercados"[56]. Entre as formas mais comuns de manipulação cibernética do mercado apontadas na literatura, destacam-se, entre outras, o *pinging*, o *spoofing*, o *phishing*, o *layering*, *os preços combinados* ou *matched orders*[57].

Este *risco de aparência e de ilusão* estende-se a outros domínios. O algoritmo passou com distinção o teste de Turing, sendo hoje inegável que os sistemas de IA podem imitar e criar enredos capazes de iludir aqueles com quem interagem. Constituem assim um poderoso instrumento de criação de esquemas fraudulentos de ataque à propriedade privada. Com efeito, os sistemas de IA têm vindo a ser usados como novo instrumento no esquema antigo de enganar outrem, levando-o a praticar atos que o prejudicam patrimonialmente, elevando o grau de sofisticação dos esquemas clássicos de burla e de fraude[58]. Um exemplo relativamente recente, divulgado nos meios de comunicação social, foi o uso de *software* de IA para imitar a voz de um executivo dando uma ordem de transferência de fundos para um falso fornecedor[59].

Esquemas complexos de *phishing*, com recurso a programas de *malware*, são também usados como formas de enriquecimento ilícito, sacrificando interesses patrimoniais alheios. Neste contexto, o *Relatório do Banco Central Europeu sobre pagamentos fraudulentos* dá conta de que, em 2018, este tipo de fraude custou, globalmente, mais de €1.80 biliões, sendo que 0.94 biliões resultaram da fraude com cartões de crédito emitidos na zona euro[60].

O risco de ilusão – e concomitantemente a sua atratividade – inerente aos sistemas de IA revela-se ainda numa outra dimensão, agora ligada à "etiqueta" IA e ao consumo de serviços e bens tecnológicos. O rótulo IA tende a ser usado, em determinados setores, como uma espécie de propaganda publicitária

[55] LIN (2017), p. 1287.

[56] *Ibidem*, p. 1288.

[57] Em pormenor, LIN (2017), p. 1288 e ss. Veja-se ainda MARTINS (2021), p. 63 e ss., e RODRIGUES (2021 a), p. 71.

[58] Cf. VELASCO NÚNEZ (2021), p. 649.

[59] Cf. https://www.wsj.com/articles/fraudsters-use-ai-to-mimic-ceos-voice-in-unusual-cybercrime-case-11567157402

[60] EUROPEAN CENTRAL BANK. *Sixth report on card fraud. August* 2020, p. 02. Também RAMOS (2020 a), p. 100.

de oferta de serviços tecnológicos[61], ainda que, com frequência, em causa estejam apenas recursos informáticos, mais ou menos complexos, mas que, com frequência, não integram o conceito de sistemas de inteligência artificial[62].

d) Em quarto lugar, considere-se o *risco de violação de privacidade*. Se é certo que os sistemas de IA são apresentados como uma poderosa arma na garantia de segurança dos sistemas cibernéticos, também é inegável que eles permitem criar novas formas de abalar e penetrar a segurança dos sistemas. Assim, a IA é ligada quer com a defesa quer com a ameaça à segurança cibernética. Como assinalam *Sagar Samtani et al.*, a intromissão em inúmeros sistemas informáticos e tecnológicos por *hackers* custa à economia global cerca de meio trilião de dólares por ano[63]. Para garantir a segurança de sistemas, dos mais simples até aos mais críticos e essenciais, é necessária uma elevada quantidade de informação: os *big data*. Logo, em nada surpreende o surgimento de uma indústria global de cibersegurança, liderada essencialmente por grandes empresas privadas, e de uma ampla oferta de produtos e serviços, desde antivírus até aos mais complexos sistemas de deteção de fraude que exigem uma constante vigilância do sistema. Esta constante e contínua procura de dados, justificada pela garantia de segurança dos sistemas, tem gerado algumas preocupações com a privacidade. A recolha de informação que vai ficando no mundo virtual permite hoje, sem dificuldades de maior, rastrear escolhas

[61] Scott George, CEO do U.S. Consumer Healthcare Advocacy Group (USCHAG), um consórcio de profissionais e organizações de saúde, refere que "many times companies use the term 'artificial intelligence' to describe technology that operates without human interaction, but most times it's just a sophisticated algorithm". Cf. https://www.functionize.com/blog/things-that-are-called-ml-ai-that-really-arent#:~:text=%E2%80%9CMany%20times%20companies%20use%20the,of%20healthcare%20professionals%2C%20institutions%2C%20and

[62] Toma-se neste contexto a definição de sistema de inteligência artificial constante do artigo 3.º do *Proposta de Regulamento da IA*, do Parlamento Europeu e do Conselho, nos termos do qual se considera sistema de IA "um programa informático desenvolvido com uma ou várias das técnicas e abordagens enumeradas no anexo I, capaz de, tendo em vista um determinado conjunto de objetivos definidos por seres humanos, criar resultados, tais como conteúdos, previsões, recomendações ou decisões, que influenciam os ambientes com os quais interage". Cf. https://eur-lex.europa.eu/resource.html?uri=cellar:e0649735-a372-11eb-9585-01aa75ed71a1.0004.02/DOC_1&format=PDF

[63] Samtani / Abate / Benjamin / Li (2020), p. 152.

e preferências de consumidores. Em última instância, a enorme quantidade de informação gerada permitirá mapear o próprio comportamento humano[64].

e) O risco de uma *hipervigilância* e *contínua monitorização* faz-se presente de modo muito significativo em formas de *compliance* agressiva[65]. De facto, há um lado obscuro na monitorização constante de trabalhadores, facilitada pela rápida e intensa evolução tecnológica (*v. g.*, localização por GPS, reconhecimento facial e de voz, medição de parâmetros e valores biológicos) que tem vindo a atrair a atenção da literatura. A introdução da tecnologia na empresa permite uma "*invisible surveillance network*", capaz de reunir extensa informação sobre aqueles que interagem com a empresa. Num estudo profundo sobre este tópico, *Richard Bales* and *Katherine Stone*[66] elencam um conjunto de mecanismos de monitorização usados em algumas empresas que permitem recolher dados sobre os trabalhadores e usá-los com fins diversos como contratação e despedimento, avaliação física e emocional, *compliance* com as obrigações laborais, ou garantia das condições de segurança. Muito embora alguns destes mecanismos possam ser, à primeira vista, instrumentos de auxílio às funções e segurança laborais, permitindo, por exemplo, aliviar cargas pesadas (exoesqueletos) ou ampliar a visão (*computer vision*), simultaneamente armazenam um conjunto de dados pessoais e profissionais (localização, intensidade e duração do trabalho, características físicas, monitorização de parâmetros biológicos ou reações emocionais) que, inseridos no algoritmo, permitem juízos sobre a capacidade e performance individual, ética de trabalho, custos médicos futuros ou personalidade. Este ambiente de monitorização e vigilância tem, naturalmente, um enorme custo do lado dos direitos fundamentais dos trabalhadores.

f) De mencionar ainda o *risco de manipulação*. À utilização de *softwares* de IA é ainda associada a possibilidade de manipulação de escolhas do consumidor e, em geral, de comportamentos. No relatório apresentado pela Autoridade da

[64] Howell / Burruss (2020), p. 215.

[65] Rodrigues / Sousa, (2021), p. 193- 215.

[66] Bales / Stone, (2020); Rodrigues / Sousa, (2021), p. 211 e ss.; Rodrigues (2021 b), p. 129 e ss.

Concorrência portuguesa sobre *Digital Ecosystems, Big Data and Algorithms*[67], acentuam-se os riscos de *algoritmos seletivos*, capazes de orientar as escolhas dos consumidores e de favorecer a criação de posições dominantes no mercado. A preocupação com uma concorrência desleal tem também sido sublinhada pelas autoridades governamentais do Reino Unido, num relatório com o título *Algorithms: How they can reduce competition and harm consumers*[68]. Um ilustrativo exemplo é a personalização de preços na aquisição *online* de produtos: o preço varia de acordo com as caraterísticas que o algoritmo reconhece àquele consumidor, adaptando o preço à capacidade financeira daquela pessoa, presumida com base em determinados parâmetros[69].

4. A resposta penal ao risco algorítmico no contexto económico: entre novos desafios e velhos problemas

A resposta penal aos danos ligados à implementação de sistemas de IA no setor económico terá de ser mínima, seja pela natureza e função subsidiária das reações criminais, seja pelo carácter dinâmico deste tipo de riscos, em certa medida imprevisíveis, seja ainda pelo impacto negativo e bloqueador que uma intervenção penal excessiva tende a ter no desenvolvimento económico. É sabido que a evolução científica e tecnológica comporta riscos. Não é uma ideia nova, mas antes recorrente na história da humanidade: a aceitação do risco, o desafio do seu controlo e superação constituíram desde sempre condição necessária ao progresso da humanidade. Como modo de garantir a sobrevivência da vida humana, são explorados modos de convivência com o risco, desde logo e com frequência, por via do recurso (circular) à própria técnica e à ciência, mas também através de mecanismos legais.

Apesar de alguma indeterminação que suscitou um fervoroso trabalho de reflexão filosófica, sociológica e jurídica, o conceito de risco impôs-se como conceito fundamental na caracterização da sociedade contemporânea.

[67] Cf. https://extranet.concorrencia.pt/PesquisAdC/EPR.aspx?IsEnglish=True&Ref=EPR_2019_17

[68] Cf. https://assets.publishing.service.gov.uk/government/uploads/system/uploads/attachment_data/file/954331/Algorithms_++.pdf

[69] *Ibidem*, p. 11.

Segundo uma classificação de *Lau*[70], tomada por *Beck*, na sua conhecidíssima obra *Risikogesellschaft*, os riscos socialmente relevantes podem dividir-se em três categorias: os riscos tradicionais (*traditionellen Risiken*), os riscos do desenvolvimento industrial (*industriell-wolhlfahrtsstatlichen Risiken*) e os "novos riscos" (*neuen Risiken*).

Os primeiros são riscos em regra voluntariamente assumidos e limitados no tempo. Têm assim uma referência pessoal e podem ser individualmente imputados. Como exemplo, pode apontar-se o risco em que se incorre numa excursão às montanhas ou numa viagem de aventura, ou ainda, o assentimento de um paciente na realização de uma delicada intervenção cirúrgica[71].

Em segundo lugar, elencam-se os riscos próprios do progresso e da sociedade industrial, que, tal como os anteriores, se podem referir à pessoa ou a um grupo de pessoas perfeitamente identificáveis. Todavia, de modo diferente, estes são riscos cujos custos não são, em regra, individualmente suportáveis, mas antes se transformam em riscos "socializados" e "juridificados", desde logo pela ideia de risco permitido em atividades consideradas socialmente úteis e necessárias[72]. Neste contexto, muitos destes riscos são tomados como custos calculáveis e assegurados por empresas seguradoras ou pelo próprio Estado, potenciando o "desenvolvimento de uma sociedade seguradora". Trata-se, portanto, de riscos, em certa medida, controláveis e calculáveis, cujas causas e consequências são ainda possíveis de limitar a um tempo e a um espaço.

Por último, os novos riscos distinguem-se pela autonomia, nas suas consequências, em face de qualquer ato humano voluntário. Muito embora assentem em decisões e condutas humanas ou de instituições, estes novos riscos antes confrontam a pessoa, assumindo a forma de uma catástrofe ou de um acidente de grandes dimensões. Na medida em que todos são afetados da mesma forma pelos novos riscos, eles conduzem à perda do significado de pertença a um grupo social, a uma vizinhança, a uma geração. Alguns destes riscos são resultado do conjunto de inúmeras ações individuais, como os danos ambientais; outros riscos são referidos por *Lau* ao estilhaçar dos conceitos de "causa" do risco e de "decisão" do risco, apontando como exemplo deste segundo tipo

[70] Cf. „Risikodiskurse: Gesellschaftliche Auseinandersetzungen um die Definition von Risiken", *in: Soziale Welt 1989*, p. 418-436, *apud* Hilgendorf (1993), p. 11.

[71] Este último exemplo em Iñigo Corroza (2001), p. 24.

[72] Cf. Dias (2008), p. 228.

de novos riscos a química moderna, a energia nuclear ou engenharia genética[73]. Ora, ainda que de uma perspetiva minimalista e ortodoxa se procure minimizar a quantidade e qualidade destes novos riscos, bem como das suas fontes, não há como dissimular as características próprias que os individualizam dos riscos "tradicionais", quer na sua origem quer nas consequências que lhes estão associadas, e que se prendem essencialmente com uma inovação tecnológica vivida no presente[74].

De algum modo a IA atravessa e, em certa medida, sobrepõe-se a esta classificação pela heterogeneidade das suas aplicações. Não há um risco inerente aos sistemas de IA, há vários e de diferente intensidade, conforme o concreto sistema que se utilize. Há produtos com um risco controlável, outros com risco limitado, cuja concretização se projeta essencialmente na esfera individual ou num grupo limitado de pessoas (como a condução de um veículo em modo autónomo ou o *download* de um programa e consequente *phishing* de informação privada), outros produtos são dotados de um risco com impacto sistémico, por exemplo se o ataque se der a um sistema crítico (militar, saúde, justiça) ou se dirigir a uma organização essencial num determinado setor económico. Pela sua imprevisibilidade, velocidade e enorme capacidade reativa, os sistemas de IA comportam também riscos inesperados e num certo sentido incontroláveis. Contudo, há um risco inerente ao sistema de IA que parece não caber nesta classificação anteriormente apresentada e que se liga à sua *natureza disruptiva e ao impacto transformador da sociedade*. Em causa está não um risco catastrófico, mas *transformativo* da espécie humana e do atual paradigma de civilização.

O mundo jurídico foi criando mecanismos para lidar com o risco, previsível e imprevisível, seja distribuindo responsabilidade (verificada a sua previsibilidade), criando estruturas de internalização do risco (seguros) ou, em casos de incerteza científica, implementando medidas, obrigações e proibições, ao abrigo de um *princípio da precaução* – deveres necessariamente atualizáveis e passíveis de revisão à medida que se tornam mais conhecidos[75].

[73] *Apud* Hilgendorf (1993), p. 11. Sobre as notas características destes novos riscos, veja-se também, entre nós, Dias (2008), p. 229 e ss., e Sousa (2014 a), p. 51 e ss.

[74] Mendoza Buergo (2004), p. 436 e s.

[75] Sobre a ligação entre o princípio da precaução e a responsabilidade penal, veja-se Sousa (2012), p. 683 e ss.

A abordagem dos sistemas de IA a partir dos riscos inerentes a determinados produtos e serviços, por forma a aumentar a confiança no seu desenvolvimento e futura utilização, foi acolhida pela União Europeia. Com esse fim, a Comissão Europeia tem vindo a publicar um conjunto de documentos[76], entre os quais se evidencia a proposta de regulamento da IA, de abril de 2021, voltada para o desenvolvimento de sistemas confiáveis[77].

Esta *risk approach* permite presumir que, pelo menos por agora, a resposta da União Europeia aos danos que resultem da utilização da IA se perspetiva a partir da sua configuração como um produto (ou componente de um produto), cuja produção, distribuição e utilização pode gerar responsabilidade para agentes físicos e individuais, preterindo uma resposta jurídica que privilegie o sistema como agente de responsabilidade.

A delimitação das condutas arriscadas, ofensivas de bens jurídicos, capazes de suportar uma intervenção penal é contudo mais difícil de concretizar e requer uma reflexão mais fina que permita, por um lado, determinar se em causa está um risco permitido ou proibido e, neste último caso, se a sua violação se concretiza num resultado ofensivo com dignidade penal. Não cabe ao direito penal assegurar, em primeiro lugar, as inquietações trazidas pelo desenvolvimento tecnológico, sob pena de dele se exigir mais do que pode dar, transformando-o em direito securitário e controlador, vinculado ao reforço de medidas administrativas[78]. Porém, também se acrescenta que o direito penal não pode fechar-se às circunstâncias do seu tempo. A resolução de um tal conflito só pode resolver-se por via do diálogo entre as categorias e princípios que lhe são próprios e as dificuldades de um novo mundo, e se necessário e justificado, repensando aquelas categorias à luz dos novos problemas.

[76] Os documentos provindos da União Europeia em matéria de IA estão disponíveis na página do projeto exploratório *Inteligência Artificial e Criminalidade Empresarial*, em https://www.uc.pt/en/fduc/university-of-coimbra-institute-for-legal-research-uciler/research-projects/artificial-intelligence-and-corporate-crminality/normative-regulation-of-artificial-intelligence/. Para uma perspetiva da visão seguida pela União Europeia, veja-se Rodrigues (2020), p. 38 e ss.

[77] Cf. https://eur-lex.europa.eu/legal-content/EN/TXT/?qid=1623335154975&uri=CELEX%3A52021PC0206. Para uma síntese do conteúdo desta proposta veja-se Raposo (2022), p. 1-22; também Ramos, "Relatório sobre a atual regulação normativa europeia e portuguesa em matéria de Inteligência Artificial", *RPCC 31 (2021)*, p. 633.

[78] Mendoza Buergo (2004), p. 445. Referindo-se, em particular, à incapacidade do direito penal para uma tutela das gerações futuras, Costa (2009), p. 50 e s.

Na realização deste exercício de testar a adequação das categorias e princípios do direito penal aos *riscos do desenvolvimento tecnológico*, particularmente do sistemas de IA, no contexto económico, elencam-se dois mecanismos jurídicos, que importa, quanto a nós, explorar neste novo contexto problemático e disruptivo: a responsabilidade criminal pelo produto e a responsabilidade penal das empresas, sem prejuízo de outros modelos com particular relevância no contexto da evolução tecnológica (como a responsabilidade por omissão, a imputação negligente de resultados, ou uma resposta por via da criação de incriminações específicas)[79].

a) Entre as grandes questões tratadas no âmbito da *responsabilidade pelo produto* está, justamente, a responsabilidade por danos causados por produtos cuja novidade ou complexidade torna inexplicável o concreto mecanismo causal. Saber se a responsabilidade se limitaria a um defeito no modo de produção ou se se estenderia também a *um defeito (ou risco) de desenvolvimento*, ainda que imprevisível, constituiu uma das questões mais debatidas, também no plano civil, onde esta temática teve o seu lugar principal e primário, desde os anos 80 do século XX na maioria dos países europeus, através da Diretiva sobre Responsabilidade do Produtor de 1985[80].

Num juízo comparativo com o ordenamento jurídico-civil, a responsabilidade criminal por produtos defeituosos ou inseguros surgiu no domínio penal muito mais tarde[81]. A sua configuração jurídica é devida, em grande parte, à jurisprudência e doutrina alemãs do final do século XX. O estudo e interesse no tema cresceram principalmente através do confronto com casos concretos levados aos tribunais penais, envolvendo produtos médicos inovadores (é celebre o caso da talidomida na Alemanha), bens defeituosos e perigosos (o caso do paraquedas com defeito, em Itália), produtos e técnicas usados no setor da construção imobiliária (como o amianto) ou a utilização de bens normais de consumo (*Lederspray* e *Holzschutzmittel*, na Alemanha) ou alimentares (o óleo de colza em Espanha)[82]. A relevância criminal destas situações impôs-se necessariamente pela dignidade dos bens jurídicos afetados, de natureza

[79] Explorando estes modelos, DIAMANTIS (2021 b), p. 14 e ss.

[80] Cf. com referências bibliográficas, SOUSA (2014 a), p. 111 e ss.

[81] SOUSA (2014 a), p. 17 e ss.

[82] Uma descrição destes casos pode ver-se em SOUSA (2014 a), p. 20 e ss.

patrimonial, mas também pessoal, em particular a integridade física e a vida dos consumidores.

Também a IA pode ser concebida com um sistema tecnológico, normalmente incorporado num produto – um automóvel, um computador, um *chip*, um robô, ... –, com riscos próprios ligados ao seu desenvolvimento e modo de funcionamento, designadamente quando em causa estejam algoritmos de aprendizagem. Estes riscos inerentes a produtos "inteligentes" podem ser previsíveis ou, pela sua natureza dinâmica, imprevisíveis ao programador, ao produtor e mesmo ao consumidor.

Em rigor, alguns aspetos problemáticos hoje debatidos no contexto dos sistemas de IA não são em nada estranhos à temática da responsabilidade pelo produto, designadamente em matéria de imputação de resultados desvaliosos. Disso é exemplo, no plano causal, o problema da *black box* ou a opacidade que tem vindo a atribuir-se aos sistemas de aprendizagem mais complexos[83]. Na verdade, a determinação dos pressupostos mínimos para aferir e afirmar a causalidade constituiu um dos nódulos problemáticos mais debatidos na doutrina da responsabilidade pelo produto, oscilando-se entre soluções jurídicas e doutrinárias mais rígidas ou mais flexibilizadoras[84].

A evolução tecnológica aponta, contudo, no sentido de uma superação do problema da opacidade (causal) no domínio da inteligência artificial por vias de soluções de *white box*, capazes de responder às exigências do direito à explicação (uma *explainable AI*[85]). Ainda assim, a questão jurídica que prevalece e que nos importa salientar neste contexto não fica resolvida: ainda que o dano seja causalmente ligado a um produto "inteligente", houve ou não, no seu desenvolvimento, um risco proibido ultrapassado, designadamente pelo programador?

Este passo metodológico é essencial no juízo *normativo* de atribuição de resultados, por ação ou por omissão, pressuposto pela responsabilidade penal. Como já tivemos oportunidade de desenvolver em outros textos[86], a atribuição de responsabilidade penal por um resultado pressupõe em primeiro lugar

[83] Veja-se sobre a descrição deste problema, Sousa (2020 a), p. 66 e ss.

[84] Cf. Sousa (2020 b), p. 24 e ss.

[85] Cf. Linardatos / Papastefanopoulos / Kotsiantis (2021) https://dx.doi.org/ 10.3390/ e23010018

[86] Cf. Sousa (2014 b), p. 2 e ss., e Sousa (2017), p. 767 e ss.

a verificação de uma *conduta típica*, criadora de um risco juridicamente desaprovado pelas normas jurídicas e pelo dever de cuidado, aferido no caso concreto. É a potencialidade lesiva da conduta que fundamenta a sua configuração típica, fazendo-a nascer juridicamente. Na senda de Wolfgang Frisch, só uma conduta típica pode originar problemas de imputação, sendo a causalidade um fator explicativo que permite ligar um *risco proibido* a um resultado desvalioso, segundo um modelo de imputação causal[87].

Mais do que a causalidade em si mesma – ou antes dessa causalidade –, é esta tipicidade que é desafiada de forma frontal e em primeiro lugar pelas inovações proporcionadas por sistemas computacionais complexos de inteligência artificial enquanto expressão de uma inovação tecnológica *ainda não regulada, mas em vias de o ser,* mas cujo risco, sendo já conhecido, importa limitar na sua imprevisibilidade. Assim, o que distingue um sistema complexo de IA – o *risco que lhe é inerente* – é a sua imprevisibilidade e consequente incontrolabilidade. É essencialmente – sabe-se que é assim – um *risco de desenvolvimento.*

O *risco inerente* é um conceito importante em matéria de responsabilidade pelo produto por ser um parâmetro para a intervenção do direito, enquanto instrumento de controlo de riscos. A grande autonomia de alguns sistemas de IA, associada ao contexto em que são aplicados (por exemplo, tráfego rodoviário) ou às circunstâncias em que são utilizados (*v. g.*, domínio militar), impõe um dever acrescido de cuidado que deve concretizar-se em medidas jurídicas que diminuam o *seu* risco, procurando-se dessa forma aumentar a *confiança* na sua segurança e modificar o grau de risco para um nível aceitável ou permitido[88].

Deste modo, a imputação do resultado pressupõe, em primeiro lugar, a delimitação de uma conduta típica, revelando-se essencial, no domínio dos sistemas computacionais complexos, um mínimo de regulação e de concretização de regras de conduta. À medida que o produto se torna conhecido e os seus riscos previsíveis (e proibidos) pode justificar-se a intervenção penal, seja pela aplicação de normas existentes, seja pela criação de novas incriminações.

[87] Sobre um modelo de imputação causal Sousa (2014 b), p. 2-4.

[88] Sobre este tópico, de modo desenvolvido e com adicionais referências bibliográficas Sousa (2020 a), p. 81 e ss.

Apenas se pretende para já sublinhar que, muito embora a opacidade dos sistemas complexos confronte o direito na atribuição de responsabilidade, este não é um problema inteiramente novo. A questão inovadora situa-se antes no plano normativo e, de modo muito particular, na determinação daquilo que deve permitir-se em contexto de inovação tecnológica, cabendo às instâncias reguladoras afinar orientações que assegurem o indispensável equilíbrio entre risco (de desenvolvimento) e segurança, capaz de nivelar aquele risco para um grau adequado a conferir a confiança necessária no produto. Esta evolução normativa, que considere as medidas adequadas a tornar o produto confiável, conjugada com a estandardização / padronização técnica[89] como critério indiciador das regras da experiência que vão sendo estabelecidas e adquiridas no desenvolvimento da tecnologia, permitirá criar contextos e realidades ontológicas, subsumíveis normativamente em deveres de cuidado (de vigilância ou de monitorização daquele concreto produto), cuja violação poderá – agora sim – ser criminalmente relevante, designadamente no domínio da omissão negligente.

b) No contexto económico, merece particular importância a temática da *responsabilidade das empresas* por danos ligados ao desenvolvimento ou uso de sistemas de IA. Com efeito, esta preocupação provém de vários lados, desde entidades públicas[90] à literatura especializada na matéria[91]. A questão da imputação anteriormente referida vale igualmente neste contexto[92], mas aqui com dificuldades acrescidas em virtude do modelo legal de imputação do facto ao ente coletivo. Para fazer responder uma pessoa coletiva, não basta ao juiz identificar uma infração e referenciar, em abstrato, uma ou mais pessoas singulares. Isto é, a responsabilização penal da empresa depende não apenas

[89] Será de enorme relevância, neste contexto, considerar, entre outras, a estandardização técnica definida por organizações internacionais como ISO (*International Organization for Standardization*) para a área da IA, v. g., a ISO/IEC JTC 1/SC 42, disponível em https://www.iso.org/committee/6794475.html

[90] Por exemplo, o relatório apresentado pelo regulador inglês com o o título *Algorithms: How they can reduce competition and harm consumers*, p. 46: "companies should be ready to be held responsible for the outcomes of their algorithms especially if they result in anti-competitive (or otherwise illegal or unethical) outcomes".

[91] Cf. com maiores desenvolvimentos, Diamantis (2021 a), p. 135 e ss.

[92] Vogel (2001), p. 95 e ss.

da criação de um risco proibido nos termos definidos anteriormente, mas também do esquema legalmente previsto para se atribuir (imputar) a conduta proibida à organização.

No caso da IA, acrescentam-se ainda dificuldades ligadas à circunstância de entre a empresa e o dano se interpor um algoritmo e não necessariamente uma pessoa humana. Ora, em muitos ordenamentos jurídicos – entre os quais se inclui o ordenamento jurídico português – a empresa responde pelos atos realizados e decididos por determinadas pessoas (por exemplo, os titulares de órgãos coletivos). Este desenho legal, assente na heterorresponsabilidade (na decisão e atuação de terceiros, pessoas físicas), tem consequências práticas que se projetam, por exemplo, na exigência legal de uma conduta – ativa ou omissiva – humana. Aceitando a possibilidade de ocorrer uma decisão autónoma do algoritmo à qual se liga o crime, este esquema de atribuição pode revelar-se *obsoleto*. Em palavras simples, quando o evento danoso resulta de uma decisão autónoma do algoritmo falha a mediação de uma conduta humana exigida pelo modelo legal de imputação do facto à pessoa coletiva.

Uma possível solução passaria por identificar a pessoa "responsável" pelo algoritmo. Mas também aqui o contexto empresarial eleva a dificuldade. Na maioria dos casos, não existe uma pessoa responsável pela idealização, produção, funcionamento do produto, mas um conjunto de elementos, uma equipa técnica, que integra a organização (e que pode nem sequer integrar os órgãos da pessoa coletiva). O algoritmo é, neste sentido, o resultado de vários contributos. O que nos levanta a questão de uma titularidade coletiva do risco proibido, globalmente pertencente à empresa. Questão esta que, pelo seu grau de complexidade, não pretendemos nem poderíamos desenvolver neste estudo.

A ideia que pretendemos evidenciar é simples e liga-se diretamente à natureza disruptivas dos algoritmos autónomos: admitindo-se que as empresas podem ser responsabilizadas pelos danos causados pelos algoritmos que integram os seus produtos ou as atividades por si desenvolvidas, será necessário que o legislador adeque o modelo de imputação, de modo a eliminar eventuais problemas de aplicação da lei. Construído o modelo de imputação exclusivamente sobre uma ação ou omissão de pessoas físicas (por exemplo, os titulares dos órgãos da pessoa coletiva), incorre o legislador na conduta arriscada de criar vazios de imputação no contexto da atuação empresarial e, consequentemente, no domínio económico.

5. Notas conclusivas (*to be continued*)

Sabemos que a IA transformou os mercados, tornando-os mais eficientes na realização de tarefas económicas, no cumprimento de obrigações jurídicas ou na satisfação das necessidades dos consumidores. Sabemos também que a IA pode prejudicar (ou ser utilizada para prejudicar) os interesses relacionados com o mercado e com os consumidores. A própria etiqueta e qualificação de um produto como "inteligente" traz consigo e transmite ao consumidor uma certa ideia de confiança, que pode ser ilusória. Rotular automóveis como "*self-driving*" ou "*autonomous*" no contexto rodoviário atual, potencia uma sensação infundada de segurança no seu utilizador[93]. No futuro, a generalização dos sistemas trará certamente uma confiança quase automática dos humanos nas máquinas. Contudo, a tecnologia do tempo presente parece estar longe de ser perfeita: a insegurança dos sistemas; a inadequação do produto ao seu ambiente; as "leituras" erradas de ordens de transferência; decisões discriminatórias, etc. Em todos estes casos o algoritmo aparece ligado a ofensas a interesses jurídicos, que suscitam a procura ou a reconstrução de respostas legais. A sua concretização, contudo, levará tempo. Dependerá do próprio produto, dos riscos que lhe são inerentes, dos seus possíveis usos e aplicações, da progressiva confiança que oferece. A transparência algorítmica parece ser um primeiro e necessário passo para alcançar as soluções legais mais adequadas, capazes de considerar os riscos inerentes aos "produtos inteligentes".

Da perspetiva jurídica de responsabilidade por danos causalmente ligados a estes algoritmos, os legisladores precisam de explorar as possibilidades oferecidas pelos modelos de responsabilidade já propostos, tais como a responsabilidade pelo produto e a responsabilidade dos entes coletivos, a fim de os adaptar aos danos ligados aos produtos inteligentes. Não são de

[93] Cf. O caso do "piloto automático" da Tesla tem vindo a ser apontado como um exemplo desta problemática https://www.consumerreports.org/tesla/tesla-autopilot-too-much-autonomy-too-soon/

excluir lacunas de responsabilidade (criminal)[94], próprias de contextos e de ambientes disruptivos[95]. Não caberá certamente ao direito penal reagir em primeira linha.

Excluir a possibilidade de falha será apenas imaginável num mundo praticamente automatizado, ordenado algoritmicamente. Um novo mundo em que a decisão é delegada na máquina, em "quem" se confia. Um passo que alguns começam a dar, fazendo acompanhar essa delegação – ou reconhecimento de autonomia do algoritmo – de uma nova identidade (a máquina autónoma), a que se reconhece personalidade (eletrónica) e responsabilidade pelas decisões por si tomadas[96]. Reduzindo a autonomia humana, reduz-se, simultaneamente, a esfera pessoal de responsabilidade, para o mal e para o bem[97]. Em última instância o grau de transferência dependerá de quanto se confia nos humanos ou, em alternativa, nas máquinas. Dependerá de quem venha, afinal, a ser o *vilão* desta previsivelmente longa história.

[94] Garson (2019).

[95] *Fighting Traffic: The Dawn of the Motor Age in the American City*, MIT Press Scholarship, 2008.

[96] Criticamente, Sousa (2020 a), p. 74 e ss.

[97] Criticamente, sobre este ponto, Burchard (2021), p. 191 e ss.

I. Bibliografia

AZIZ, SAQIB / DOWLING, MICHAEL, "Machine Learning and AI for Risk Management", *Disrupting Finance*, Palgrave Macmillan, 2019.

BALES, RICHARD A. / STONE, KATHERINE VAN WEZEL, "The Invisible Web at Work: Artificial Intelligence and Electronic Surveillance in the Workplace", *Berkeley Journal of Employment and Labor Law 41* (2020), UCLA School of Law, Public Law Research Paper No. 19-18, Available at SSRN: https://ssrn.com/abstract=3410655;

BLATTNER, LAURA / NELSON, SCOTT "How Costly is Noise? Data and Disparities in Consumer Credit", 2021, arXiv:2105.07554 [econ.GN].

BURCHARD, CHRISTOPH, *Artificial Intelligence as the Ende of Criminal Law? On the algorithmic transformation of society* (ed. Maria João Antunes / Susana Aires de Sousa), Instituto Jurídico da Faculdade de Direito, 2021.

BUTTLER, TOM, "What´s next in the Digital Transformation of Financial Industry", *IT Professional*, January/ February 2020.

CALZOLARI, G., *Artificial Intelligence market and capital flows*, Policy Department for Economic, Scientific and Quality of Life Policies, European Parliament, 2021, disponível em https://www.europarl.europa.eu/RegData/etudes/STUD/2021/662912/IPOL_STU(2021)662912_EN.pdf.

COPLER, CATRIONA, "The Anti-Spoofing Statute: Vague as Applied to the 'Hypothetically Legitimate Trader'", *American University Business Law Review*, Vol. 5, No. 2, 2016.

COSTA, José de Faria, «Apontamentos para umas reflexões mínimas e tempestivas sobre o direito penal de hoje», *Revista de Legislação e Jurisprudência 139* (2009).

DEARMAN, ALEXANDRA, "The wild, wild west: a case study of self-driving vehicle testing in Arizona", *Ariz. L. Rev 61 (2019)*, p. 983-1012.

DIAMANTIS, MIHAILIS (2021 a), "Algorithmic Harms as Corporate Misconduct", *in: AI in the economic sector: prevention and responsibility*" (ed. Maria João Antunes / Susana Aires de Sousa), Instituto Jurídico da Faculdade de Direito, 2021.

DIAMANTIS, MIHAILIS (2021 b), "Vicarious Liability for AI", *Iowa Legal Studies*, 2021, disponível em https://papers.ssrn.com/sol3/papers.cfm?abstract_id=3850418

DIAS, AUGUSTO SILVA, *«Delicta in se» e «Delicta Mere Prohibita». Uma Análise das Descontinuidades do Ilícito Penal Moderno à Luz da Reconstrução de uma Distinção Clássica* Coimbra Editora, 2008.

GARSON, JACK, "Who is responsible when robots kill?", 2019, chttps://www.offitkurman.com/blog/2019/09/30/who-is-responsible-when-robots-kill/

HEAVE, WILL DOUGLAS, "Bias isn't the only problem with credit scores—and no, AI can't help", *MIT Review*, https://www.technologyreview.com/2021/06/17/1026519/racial-bias-noisy-data-credit-scores-mortgage-loans-fairness-machine-learning/

HILGENDORF, Eric, „Gibt es ein "Strafrecht der Risikogesellschaft?" *NStZ 1993.*

HOWELL, JORDAN / BURRUSS, GEORGE W., "Datasets for Analysis of Cybercrime", in: *The Palgrave Handbook of International Cybercrime and Cyberdeviance* (ed. Holt /Bossler), Palgrave, 2020.

Iñigo Corroza, Maria Elena, *La Responsabilidad Penal del Fabricante por Defectos de sus Produtos*, Barcelona: J. M. Bosch Editor, 2001.

Mendoza Buergo, Blanca, "Principio de precaución, derecho penal del riesgo y delitos de peligro», *in: Principio de Precaución, Biotecnología y Derecho*, Bilbao-Granada: Editorial Comares, 2004,

Kennedy, J. P., "Counterfeit Products Online", *in: The Palgrave Handbook of International Cybercrime and Cyberdeviance* (ed. Holt /Bossler), Palgrave, 2020.

Knorr, Eric, "How PayPal Beats the Bad Guys with Machine Learning," *Ahead of the Curve, InfoWorld* (April 13, 2015).

Lin, Tom C. "The New Market Manipulation", 66 Emory L. J. 1253 (2017), https://scholarlycommons.law.emory.edu/elj/vol66/iss6/1

Linardatos, Pantelis / Papastefanopoulos, Vasilis / Kotsiantis, Sotiris, "Explainable AI: A Review of Machine Learning Interpretability Methods", *Entropy 2021*, 23, 18. https://dx.doi.org/ 10.3390/e23010018

Maia, Pedro, "Intelligent Compliance", *Artificial Intelligence in the economic sector: prevention and responsibility* (ed. Maria João Antunes / Susana Aires de Sousa), Instituto Jurídico, Coimbra, 2021.

Martins, Alexandre Soveral, "Algo-trading", *Artificial Intelligence in the economic sector: prevention and responsibility* (ed. Maria João Antunes / Susana Aires de Sousa), Instituto Jurídico, Coimbra.

Mayson, Sandra G . "Bias in, bias out", *The Yale Law Journal*, Vol. 128 (2019).

Pun, Hubert / Swaminathan, Jayashankar M. / Hou, Pengwen, "Blockchain Adoption for Combating Deceptive Counterfeits" (July 27, 2018)». Kenan Institute of Private Enterprise Research Paper No. 18-18, Available at SSRN: https://ssrn.com/abstract=3223656 or http://dx.doi.org/10.2139/ssrn.3223656

Raposo, Vera Lúcia, "Ex machina: preliminary critical assessment of the European Draft Act on artificial intelligence", *International Journal of Law and Information Technology*, 2022.

Ramos, José Ricardo Marcondes (2021 a), "The use of Big Data and Artificial Intelligence to prevent and detect fraud", *in: IA in the economic sector: prevention and responsibility* (ed. Maria João Antunes / Susana Aires de Sousa), Instituto Jurídico da Faculdade de Direito, 2021.

Ramos, José Ricardo Marcondes (2021 b), "Relatório sobre a atual regulação normativa europeia e portuguesa em matéria de Inteligência Artificial", *RPCC 31* (2021).

Ribón, Fletcher Richard / Audace, Nakeshimana / Olusubomi, Olubeko, "Addressing Fairness, Bias, and Appropriate Use of Artificial Intelligence and Machine Learning in Global Health", *Frontiers in Artificial Intelligence*, Vol. (2021).

Rigano, Christopher, "Using artificial intelligence to address criminal justice needs", *National Institute of Justice*, available at https://www.ojp.gov/pdffiles1/nij/252038.pdf;

Rocha Salazar, José de Jesús / Segovia Vargas, María Jesús / Camacho Miñano, María del Mar, "Money laundering and terrorism financing detection using neural networks and an abnormality indicator", *Expert Systems with Applications*, Volume 169 (2021),114470.

RODRIGUES, ANABELA MIRANDA, "Inteligência artificial no direito penal – A justiça preditiva entre a americanização e a europeização", *Inteligência Artificial no direito Penal*, (coord. Anabela Miranda Rodrigues), Almedina, 2020.

RODRIGUES, ANABELA MIRANDA (2021 a), "Os crimes de Abuso de Mercado e a «Escada Impossível de Escher (o caso do Spoofing)", Julgar 45 (Dez 2021).

RODRIGUES, ANABELA MIRANDA, (2021 b), "The Last Cocktail – Economic and Financial Crime", *IA in the economic sector: prevention and responsibility* (ed. Maria João Antunes / Susana Aires de Sousa), Instituto Jurídico da Faculdade de Direito, 2021.

RODRIGUES, ANABELA MIRANDA / SOUSA, SUSANA AIRES DE, "Algoritmos em contexto empresarial: vantagens e desafios à luz do direito penal", *Julgar 45*, 2021.

SADGALI / SAEL / BENABBOU, "Performance of machine learning techniques in the detection of financial frauds", *Procedia Computer Science*, Volume 148, 2019.

SAMTANI, SAGAR / ABATE, MAGGIE / BENJAMIN, VICTOR / LI, WEIFENG, "Cybersecurity as an Industry: A Cyber Threat Intelligence Perspective", *in: The Palgrave Handbook of International Cybercrime and Cyberdeviance* (ed. Holt /Bossler), Palgrave, 2020.

SCOPINO, GREGORY, *Algo bots and the Law*, Cambridge University Press, 2020.

SILBERG, JAKE / MANYIKA, JAMES, "Notes from the AI frontier: Tackling bias in AI (and in humans)", McKinsey Global Institute, 2019, disponível em https://www.mckinsey.com/~/media/mckinsey/featured%20insights/artificial%20intelligence/tackling%20bias%20in%20artificial%20intelligence%20and%20in%20humans/mgi-tackling-bias-in-ai-june-2019.ashx

SLAVIN, AIDEN / WERBACH, KEVIN, Decentralized Autonomous Organizations: Beyond the Hype, White Paper, World Economic Forum, 2022, disponível em https://www3.weforum.org/docs/WEF_Decentralized_Autonomous_Organizations_Beyond_the_Hype_2022.pdf

SOUSA, SUSANA AIRES DE, "Risco, precaução e responsabilidade penal no horizonte da incerteza", *Estudos em Homenagem ao Prof. Doutor Joaquim Gomes Canotilho*, Coimbra Editora, 2012.

SOUSA, SUSANA AIRES DE (2014 a), *Responsabilidade Criminal pelo Produto e o Topos Causal em Direito Penal. Contributo para uma protecção penal de interesses do consumidor*, Coimbra Editora, 2014.

SOUSA, SUSANA AIRES DE (2014 b), "A imputação do resultado em direito penal: a proposta de um modelo", *Boletim do Instituto Brasileiro de Ciências Criminais*, ano 22, nº 264, novembro de 2014.

SOUSA, SUSANA AIRES DE, "Causalidade e imputação: proposta de um modelo (o modelo da imputação causal de resultados criminalmente desvaliosos)", *Estudos Comemorativos dos 20 anos da FDUP*), Vol. II, Coimbra: Almedina, Nov. 2017.

SOUSA, SUSANA AIRES DE (2020 a), "'Não fui eu, foi a máquina': teoria do crime, responsabilidade e inteligência artificial", *A Inteligência Artificial no Direito Penal*, Almedina, 2020.

SOUSA, SUSANA AIRES DE (2020 b), "Um direito penal desafiado pelo desenvolvimento tecnológico: alguns exemplos a partir das neurociências e da inteligência artificial", *Revista Da Defensoria Pública Da União*, (14), 2020, 21-37. https://doi.org/10.46901/revistadadpu.i14.p21-37.

TOYODA, KENTAROH / MATHIOPOULOS, P. TAKIS / SASASE, IWAO / OHTSUKI, TOMOAKI "A Novel Blockchain-Based Product Ownership Management System (POMS) for Anti-Counterfeits in the Post Supply Chain", *IEEE Access*, 5, 17465-17477. https://doi.org/10.1109/ACCESS.2017.2720760

VELASCO NÚNEZ, ELOY, *Delitos tecnológicos. Cuestiones penales y procesales*, Wolters Kluwer, 2021.

VOGEL, JOACHIM, "La responsabilidad penal por el producto en Alemania: Situación actual y perspectivas de futuro", *Revista Penal* 8 (2001).

II. Documentos

Action Number PE21020, National Highway Traffic Safety Administration (NHTSA), disponível em https://static.nhtsa.gov/odi/inv/2021/INOA-PE21020-1893.PDF

Algorithms: How they can reduce competition and harm consumers, disponível em https://assets.publishing.service.gov.uk/government/uploads/system/uploads/attachment_data/file/954331/Algorithms_++.pdf

FATF (2021), Opportunities and Challenges of New Technologies for AML/CFT, FATF, Paris, France, https://www.fatf-gafi.org/publications/fatfrecommendations/documents/opportunities-challenges-newtechnologies-aml-cft.html

Fighting Traffic: The Dawn of the Motor Age in the American City, MIT Press Scholarship, 2008.

Sixth report on card fraud, European Central Bank, August 2020.

The Malicious Use of Artificial Intelligence: Forecasting, Prevention, and Mitigation, disponível em https://arxiv.org/ftp/arxiv/papers/1802/1802.07228.pdf

III. Outros

Inteligência Artificial e Criminalidade Empresarial, Projeto Exploratório do Instituto Jurídico da Universidade de Coimbra (coord. Susana Aires de Sousa), disponível em https://www.uc.pt/en/fduc/university-of-coimbra-institute-for-legal-research-uciler/research-projects/artificial-intelligence-and-corporate-crminality/normative-regulation-of-artificial-intelligence/

Proposta de Regulamento da IA, do Parlamento Europeu e do Conselho, disponível em *https://eur-lex.europa.eu/resource.html?uri=cellar:e0649735-a372-11eb-9585-01aa75ed71a1.0004.02/DOC_1&format=PDF*

Compliance Inteligente e Prevenção e Luta contra o Branqueamento

Anabela Miranda Rodrigues

Sumário: 1. Introdução. 2.Prevenção e luta contra o branqueamento. 2.1. O *compliance* como estratégia de aplicação da lei. 2.2. A função socializadora do *compliance*. 3. A IA «ao serviço» do *compliance*. 3.1. IA e branqueamento: da aliança inevitável... 3.2. ...aos riscos emergentes. 3.2.1. *Compliance* inteligente. 3.2.2. Dados – regulação e qualidade dos dados. 3.3.3. Algoritmo eficaz e governo do algoritmo. 4. A quem responsabilizar? 4.1. Modelos de atribuição de responsabilidade em contextos coletivos de ação. 4. 2. Responsabilidade das pessoas coletivas. De novo? 4.2.1. Os desafios. 4.2.2. IA e branqueamento – o risco e o controlo do risco. 5. A concluir.

1. Introdução

Desenvolvimento económico e avanços tecnológicos poderosíssimos marcam a sociedade contemporânea. A minha geração teve o privilégio de assistir à revolução digital, que representou uma mudança radical na nossa vida. De facto, foi a última a ter vivido num mundo não digital – este é, realmente, o *turning point* extraordinário, apesar de, por um destes dias, um telefone-computador-quântico que utiliza aplicações de Inteligência Artificial (IA) poder estar no bolso de um *teenager*. A entrada na *infoesfera* – a que se referiu

Luciano Floridi[1] – só acontece uma vez! É por isso que temos uma particular responsabilidade de desenhar um «projeto humano»[2] para a nova era que vivemos.

O direito e o sistema de justiça em geral[3] são interpelados por esta prodigiosa mudança cultural – um «facto social total»[4] –, que atinge os fundamentos da vida coletiva.

Neste estudo, confrontamo-nos com os desenvolvimentos da política criminal atual no domínio da prevenção e luta contra o branqueamento[5], que coloca ao seu serviço sistemas autónomos e de Inteligência Artificial no âmbito do *compliance*.

No contexto da presente aproximação ao problema, teremos em consideração que o estabelecimento de um sistema *preventivo* de branqueamento obedece a finalidades que são próprias e distintas do sistema *punitivo*[6]. A União Europeia[7] tem identificado, assim, um valor subjacente àquele sistema que radica na preocupação com a «preservação da solidez,

[1] Cf. FLORIDI, Luciano (2018), p.1s., referindo que hoje não vivemos ou *online* ou *offline*, mas sim num espaço especial, a *infoesfera*, que é integralmente analógica e digital, *offline* e *online*.

[2] Assim, FLORIDI, Luciano (nota 1), p.2. O Autor salientava, já nessa altura, que era o momento de estabelecer os fundamentos das «nossas sociedades de informação maduras» e que seremos «julgados pela qualidade do nosso trabalho».

[3] MIRANDA RODRIGUES, Anabela (2020 a), p. 11s.

[4] GARAPON, Antoine/LASSÈGUE, Jean (2018), p. 83, apelando a *Marcel Mauss*, que o define como um fenómeno que «*met en branle la totalité de la societé et de ses institutions*» (*Sociologie et anthropologie*, Paris, PUF, 1973, p. 274).

[5] Neste estudo, referimo-nos ao branqueamento, incluindo aqui o branqueamento de capitais e o financiamento ao terrorismo, objeto da Lei nº83/2017, de 18 de agosto, e o branqueamento, previsto e punido no Artigo 368º-A, do Código Penal.

[6] Colocando em evidência este aspeto, CAEIRO, Pedro (2017), p. 272 s, que trouxe para a discussão a questão de saber se é mais conveniente um modelo dual ou unitário de luta contra o fenómeno do branqueamento. Referindo-se a uma «perspetiva (preventiva) de *amparo* ao quadro jurídico-penal» (itálico no original), MIRANDA RODRIGUES, Anabela (2020 b), p. 175, que analisa a relevância dos deveres de *compliance* na gestão de riscos para efeitos de prevenção do branqueamento e a questão da responsabilidade pela violação destes deveres poder envolver responsabilidade pela prática do crime de branqueamento (p.201s.)

[7] Cf. *Considerando* 2, Diretiva 2015/849, de 20 de maio de 2015, relativa à prevenção da utilização do sistema financeiro para efeitos de branqueamento de capitais ou de financiamento do terrorismo; da mesma forma, já *Considerando* 2, Diretiva 2005/60/CE, de 26 de outubro de 2005, relativa à prevenção da utilização do sistema financeiro para efeitos de branqueamento de capitais ou de financiamento do terrorismo.

integridade e estabilidade das instituições de crédito e das instituições financeiras e a confiança no sistema financeiro no seu conjunto», que «poderão ser gravemente comprometidas pelos esforços do agente do crime e dos seus cúmplices para dissimular a origem do produto do crime (...)». Vale por dizer[8], a preservação do sistema financeiro e da confiança pública que nele se deposita «contra o infiltramento de fundos de origem ilícita». Com a adoção, em 2015, da Diretiva relativa à prevenção da utilização do sistema financeiro para efeitos de branqueamento[9] – que as diretivas posteriormente adotadas, em 2018[10] e 2019[11], não alteraram a este respeito –, que deixou intocado o sistema de repressão do branqueamento já erigido[12], tornou-se clara, a nível europeu, a institucionalização destes *dois* sistemas, que já se identificava desde 2001 e que não se alterou com a adoção da Diretiva relativa ao combate ao branqueamento de capitais através do direito penal, de 23 de outubro de 2018[13]. Desta forma, ao relevar que os sistemas de prevenção e

[8] Na síntese apertada de CAEIRO, Pedro (2017), p. 283.

[9] Cf. Diretiva 2015/849.

[10] Diretiva 2018/843, de 30 de maio de 2018, que altera a Diretiva 2015/849.

[11] Diretiva 2019/2177, de 18 de dezembro de 2019, que veio introduzir alterações, entre outras, à Diretiva 2015/849.

[12] A referência é à Ação Comum, de 3 de dezembro de 1998, relativa ao branqueamento de capitais, identificação, deteção, congelamento, apreensão e perda de instrumentos e produtos do crime e à Decisão-Quadro, de 26 de junho de 2001, relativa ao branqueamento de capitais, à identificação, deteção, congelamento, apreensão e perda dos instrumentos e produtos do crime (2001/500/JAI).

[13] Por referência ao sistema de prevenção instituído pela Diretiva 2015/849 e aos deveres de criminalização resultantes da Decisão-Quadro 2001/500/JAI, cf. CAEIRO, Pedro (2017), p. 273s. Não se pretende tratar especificamente o problema, mas observa-se que, apesar do alargamento da incriminação operada pela Diretiva 2018/1673, de 23 de outubro de 2018, relativa ao combate ao branqueamento de capitais através do direito penal, o âmbito do branqueamento relevante para o sistema de prevenção continua a ser mais amplo do que o branqueamento relevante para efeitos de cometimento do crime de branqueamento (cf., designadamente pelo que se refere às atividades de branqueamento, a definição de branqueamento contida no nº3 e respetivas alíneas do artigo 1º, da Diretiva 2015/ 849, e a de branqueamento punível, contida no nº1 e respetivas alíneas do artigo 3º da Diretiva 2018/1673 (cf., também, artigo 4º). Entre nós, verificou-se uma evolução, no sentido do estabelecimento de sistemas diferenciados de prevenção e de repressão do branqueamento. Assim, se em 2008 (Lei nº 25/2008, de 5 de junho, inalterada a este propósito pela Lei nº118/2015, de 31 de agosto) se tinha em vista «proibir» o branqueamento que, nos termos da legislação penal, constituía crime – consequentemente, o legislador não definia branqueamento para efeitos de prevenção, valendo, para esse efeito, a definição de branqueamento contida no Código

repressão não têm de se decalcar, está a chamar-se a atenção para que o âmbito do branqueamento relevante para o sistema de prevenção pode ser mais amplo do que o branqueamento punível. E, assim, que o sistema preventivo pode delinear-se erigindo um modelo em que as entidades obrigadas[14], designadamente, as entidades financeiras[15], tenham certos deveres de impedir que agentes de quaisquer crimes possam dissimular, ocultar, adquirir, conservar ou utilizar as suas vantagens. Projetado, pois, em ordem a fazer face a situações *idóneas* a poder configurar operações ou procedimentos que incidem sobre bens que têm origem criminosa ou sempre que exista a *suspeita* de realização de tais operações ou procedimentos sobre esses bens. A instauração de uma rede de deveres de *identificação e diligência*[16], que sustenta um modelo de colaboração das entidades obrigadas com entidades reguladoras, de supervisão e controlo e judiciárias para efeitos de prevenção do «branqueamento», confortado normalmente por contraordenações, salvaguarda o interesse de que essas operações e procedimentos, que não têm que ver (necessariamente) com o cometimento do crime de branqueamento, sejam identificadas, desde logo para que aquelas vantagens não sejam reintroduzidas no mercado. E, assim, para garantir, no fundo, a «pureza da circulação de bens», que é uma pretensão legítima do Estado. Sem esquecer, para além disso, que o sistema preventivo

Penal (cf. o nº2, do artigo 1º, onde se dispunha que o «branqueamento e o financiamento do terrorismo são proibidos e punidos nos termos da legislação penal aplicável») –, já a lei de prevenção do branqueamento de 2017 (Lei nº 83/2017, de 18 de agosto) definiu autonomamente branqueamento para efeitos de prevenção (cf. alínea j), i), ii) e iii), do artigo 2º). Pode dizer-se que, desta forma se institui entre nós um sistema dual de luta contra o branqueamento, que continua a persistir com a entrada em vigor da Lei nº 50/2020, de 31 de agosto, apesar do alargamento das atividades de branqueamento incriminadas. O âmbito de proteção dos deveres de prevenção não se limita a atividades suscetíveis de se enquadrarem na configuração típica da incriminação de branqueamento, sendo o âmbito do branqueamento relevante para efeitos de prevenção mais amplo (cf. artigo 5º, da Lei 58/2020, que altera a alínea j), i) e iii), do artigo 2º, da Lei 83/2017). Sobre isto, ainda antes da aprovação da Lei 58/2020, MIRANDA RODRIGUES, Anabela (2020 b), p. 206 e 207.

[14] Sobre a definição legal de «entidades obrigadas», cf. alínea r), do Artigo 2º, da Lei nº 83/2017, de 18 de agosto, alterada pela Lei nº 58/2020, de 31 de agosto (doravante Lei nº 83/2017, na redação atual).

[15] Cf. Artigo 3º, da Lei nº 83/2017, na redação atual.

[16] Sobre os deveres de *compliance*, cujo dever-chave, visto como um dever de informação acrescido, é o dever de identificação e diligência, cf. MIRANDA RODRIGUES, Anabela (2020 b), p.195s.

assim concebido tem ainda uma utilidade, que é a de servir a prevenção e a punição da atividade criminosa de onde provêm os bens que são objeto de branqueamento, constituindo, assim, uma opção político-criminal que tem boas razões para fazer curso. Por um lado, cabe destacar que a incriminação do branqueamento não terá tanto efeito preventivo da chamada criminalidade «antecedente» quanto o próprio sistema de prevenção do branqueamento, porquanto, se as medidas de prevenção do branqueamento dificultarem muito a tarefa de quem pretende ocultar, dissimular ou utilizar vantagens obtidas na atividade criminosa, isto poderá ser um fator relevante de dissuasão da prática de crimes. Por outro lado, quando se detetam, través do sistema preventivo, bens de origem criminosa, é a própria perseguição da criminalidade de onde eles provêm que se favorece[17].

2. Prevenção e luta contra o branqueamento

2.1. O *compliance* como estratégia de aplicação da lei

Um aspeto que importa considerar prende-se com o facto de que a mais atual política de prevenção e luta contra o branqueamento se nutre, com potenciais ganhos de eficácia, de um arcaboiço legal – não só europeu, já referido, como internacional – *integrado* de prevenção do branqueamento, onde sobressai o controlo interno (*compliance*)[18] como estratégia de aplicação da lei e um dos pilares da governança empresarial (*corporate governance*). Múltiplos deveres de controlo – os deveres de *compliance* – integram os programas de *compliance*, elaborados «à medida», de acordo com uma abordagem de prevenção de *riscos*, baseada na sua identificação, deteção, avaliação e redução[19]. A propósito da integração internacional da regulação da prevenção do branqueamento,

[17] Destacando este último aspeto, de que um sistema preventivo de branqueamento que não é incriminador «não deixa de ser útil para o sistema penal», na medida em que «permite (...) o desencadeamento de diligências pertinentes pelas autoridades para a identificação dos crimes cometidos e dos respetivos autores, com vista à condenação dos culpados e ao confisco das vantagens ilicitamente obtidas», CAEIRO, Pedro (2017), p. 301.

[18] No Aviso nº3/2020 do Banco de Portugal, o regulador-legislador utiliza a expressão «controlo interno» para se referir ao *compliance*.

[19] Cf., sobre os programas de *compliance* assim elaborados e por referência à prevenção do branqueamento, MIRANDA RODRIGUES, Anabela (2020 b), p. 94 s. e 190 s.

há que referir o *Acordo de Capital Basileia I*, de 1988, que dedicava especial atenção ao estabelecimento de padrões de avaliação do risco. A concretização mais profunda da integração dos sistemas financeiros ocorre com os três subsequentes acordos, visando responder ao fenómeno da financiarização da economia e às crises de 1990 e de 2008. Conjuntamente com as *Recomendações* do GAFI, o seu impacto foi inegável no estabelecimento de uma rede de deveres *compliance*. Assim concebido, um modelo de prevenção do branqueamento favorece a dependência das entidades reguladoras e de supervisão e controlo e das entidades judiciárias da informação reunida e fornecida pelos *gatekeepers*, exigindo o seu constante fornecimento e atualização por parte de entidades obrigadas, o que dá origem a enormes *bancos de dados*, tendo em vista a prevenção e eventual repressão de operações suspeitas e cuja verificação humana é impossível. É aqui, como se compreende, que se abre espaço para a automatização de procedimentos e se encoraja e nasce a apetência pela utilização de sistemas autónomos e se criam as condições para o desenvolvimento de IA massiva.

Acresce, ainda, o estabelecimento de modelos de atribuição da responsabilidade dos entes coletivos privados, designadamente contraordenacional e penal, e de determinação das consequências jurídicas decorrentes da prática das atividades ilícitas, que têm como objetivo responder aos «défices de organização» ou a situações de «irresponsabilidade organizada» que advêm da dimensão e complexidade daquelas entidades. Neste contexto, não surpreenderá a afirmação de que vivemos hoje uma nova realidade empresarial possibilitada, não só pelo enorme desenvolvimento computacional, mas sobretudo pelos sistemas autónomos e de IA, cuja aplicação é potenciada pelos avanços da comunicação cognitiva – a "Internet das coisas" (IoT). Num contexto deste tipo, as coisas – as máquinas e os sistemas – ligados em rede comunicam e interagem entre si, mostrando-se capazes de, em ambiente coletivo, prever atos e processos produtivos de modo muito eficaz e eficiente ou de prevenir ou detetar erros prejudiciais à empresa. O algoritmo apresenta, ainda, a vantagem de aumentar a segurança no âmbito empresarial prevendo, prevenindo e detetando atos lesivos de interesses juridicamente valiosos, vigiando e monitorizando o espaço e as pessoas que nele intervêm. A transição digital favorece a transferência de decisões em contexto societário para sistemas complexos autónomos. Pelo menos parcialmente, várias opções assumidas ao longo do processo produtivo são já decididas pelas "coisas". Isto é, muitas das tarefas decididas, atribuídas e executadas anteriormente por humanos são hoje atribuídas, decididas e executadas pela máquina. Contudo, uma decisão errada do algoritmo ligada à lesão de bens jurídicos – o que já foi definido como o *dark side* da utilização de IA no *compliance* empresarial[20] –, confronta criticamente um modelo de responsabilidade construído sobre a atuação de uma pessoa, humana ou ficcional, no caso, o ente jurídico[21]. Em especial, percebe-se que, à medida que as empresas vão substituindo empregados por algoritmos, é particularmente importante que se mantenha aberta a possibilidade de responsabilização dos entes coletivos – esta pode tornar-se o único meio de reparação dos efeitos nefastos provocados[22]. Como relata *Mihailis Diamantis*[23], foi a falta de uma teoria da responsabilidade que levou à não acusação no caso *Uber*, quando um dos seus veículos autónomos atropelou e matou um pedestre no *Arizona*.

2.2. A função socializadora do *compliance*

Importa lembrar que a problemática do *compliance* surge num contexto muito particular de *autorregulação regulada*[24] que significa a subordinação da autorregulação das entidades privadas aos fins e interesses *estaduais*. Com este movimento, é a necessidade de intervenção reguladora que se faz ouvir. Nesta estratégia regulatória, o direito sancionador não falta. O objetivo do estabelecimento de medidas de organização interna de uma empresa não é o de criar um programa normativo que favoreça a sua atividade «no fio da

[20] Cf. SABIA, Rossella (2020), p. 179.

[21] Sobre a questão, no âmbito da responsabilidade penal, cf., entre nós, MIRANDA RODRIGUES, Anabela e AIRES de SOUSA, Susana (2021), p. 203s; MIRANDA RODRIGUES, Anabela, «O Último Cocktail – Criminalidade Económico-Financeira, Responsabilidade Penal Empresarial, Compliance e Inteligência Artificial», Homenaje al Professor Ignatio Berdugo Gómez De La Torre, *Liber Amicorum Derechos Humanos y Derecho Penal*, Tomo II, Editores Juan Carlos Ferré Olivé, José Ramón Serrano-Piedecasas Fernández, Eduardo Demetrio Crespo, Ana Isabel Pérez Cepeda, Miguel Ángel Nuñez, Laura Zuñiga Rodríguez, Nieves Sanz Mulas, Ediciones Universidad de Salamanca, 2022, p. 473s.

[22] Assim, DIAMANTIS, Mihailis (2020), p. 895.

[23] *Ibid.*, p. 898.

[24] Cf. MIRANDA RODRIGUES, Anabela, *Direito Penal Económico – uma Política Criminal na Era Compliance*, 2ª edição, 2020, p. 83s e bibliografia aí citada.

navalha» e lhe permita fugir à responsabilidade, mas sim delimitar o perímetro de comportamentos proibidos, de forma que possam ser prevenidas e reprimidas práticas contrárias às normas de comportamento definidas. A eventualidade de aplicação de sanções é uma forma de incentivar os dirigentes das empresas a estabeleceram mecanismos de controlo eficazes. A *motivação* para assegurar o cumprimento devido das regras de controlo resulta, desta forma, de as empresas valorizarem de sobremaneira a possibilidade de não perseguição sancionadora e o estabelecimento de acordos ao nível processual ou a previsão da exclusão ou atenuação da sua responsabilidade.

A este propósito, importa destacar que a estratégia de *compliance*, à luz da moderna *self-regulation*, convive com uma intervenção estadual diferente da clássica, neste sentido, «menos coativa e mais dialogante». Trata-se, com efeito, de centrar a intervenção, designadamente contraordenacional ou mesmo penal, mais na qualidade e eficácia do sistema de autorregulação interno e menos, relativamente ao modelo de controlo público tradicional, no sancionamento do incumprimento da norma pelo seu destinatário. Está em causa evitar um método de atuação baseado em sanções, que são generalizadamente severas, desde o primeiro momento. Por outras palavras: a aposta é na prevenção de condutas desviadas empresariais.

Neste conspecto, em que assume especial relevo o *compliance*, a prevenção da ofensa a bens jurídicos torna-se um *dever* e uma *responsabilidade* para as empresas[25] e logra um sentido *socializador* – é a *socialização dos tempos modernos*. Imediatamente, os programas de *compliance* visam a promoção de uma cultura empresarial ética e de cumprimento legal, sendo que o seu objetivo final é evitar a lesão de bens jurídicos e a correspondente responsabilidade. Esta estratégia de *compliance* utiliza um novo tipo de *law enforcement* em que a atuação estadual passa por introduzir um *(novo) nível de aplicação da lei* entre a (violação da) norma e a (aplicação da) sanção ou punição. Que não está, portanto, tão dirigida a sancionar ou punir quanto a «buscar a cooperação e a colaboração dos infratores, com a finalidade de corrigir os defeitos que levaram à violação de uma norma»[26]. No fundo, trata-se de os tornar capazes

[25] A este propósito, cf. MIRANDA RODRIGUES, Anabela (2020 b), p. 28 s.

[26] Nesta linha, no contexto de uma justiça restaurativa, NIETO MARTÍN, Adán, (2015), p.117s (*vide*, também, p.102).

de evitar, no futuro, comportamentos semelhantes. No âmbito da atividade empresarial, isto significa que através do *compliance* se cumpre uma *função socializadora*.

3. IA «ao serviço» do *compliance*

3.1. IA e branqueamento – da aliança inevitável...

A eficácia do *compliance* compreendido nos termos descritos tem em conta um aspeto que não deve ser descurado. E que reside na constatação de que o cumprimento das normas, no contexto *de risco* em que as empresas atualmente desenvolvem a sua atividade, pode envolver dificuldades reais. É aqui que a prodigiosa evolução tecnológica que vivemos se faz sentir, ao favorecer o aparecimento de algoritmos capazes de extrair e estruturar, a partir dos *big data*, informação relevante para a gestão empresarial. Uma das suas aplicações mais comuns assenta na enorme capacidade de avaliação, gestão e controlo de risco empresarial. As soluções tecnológicas mais complexas de *deep learning* e com base em sistemas de IA ganham uma especial importância pela enorme capacidade analítica e pela elevada capacidade de precisão e de antecipação que lhe são reconhecidas. A gestão do risco pela «máquina» abrange áreas tão distintas como a monitorização do funcionamento das empresas – atuando no âmbito da gestão de produtos e de fornecedores ou de cumprimento das obrigações legais e regulatórias – e dos seus trabalhadores e a prevenção e luta contra a fraude, sendo-lhe reconhecidas diversas vantagens na redução dos enormes custos da "*regulatory compliance*"[27].

A prevenção e o combate à fraude passam pela aplicação das novas técnicas de IA como garantes da segurança e integridade do sistema financeiro, impedindo ciberataques e – é o que interessa destacar neste estudo – sinalizando situações ilícitas ou criminosas. O mercado de *software* crítico capaz de impedir e detetar fraudes está em expansão, sendo cada vez mais as empresas que se dedicam à oferta destes produtos. Veja-se o caso da *Feedzai*, uma *start-up* portuguesa de tecnologia financeira, especializada na deteção de fraude e na

[27] Cf., de forma desenvolvida, Butler, Tom / O'Brien, Leona (2019), p. 44.

prevenção do cibercrime no setor financeiro e bancário, utilizando técnicas de IA e de *machine learning*[28].

A particular adequação das utilidades fornecidas por sistemas de IA neste setor explica a significativa atenção que entidades, reguladas ou reguladoras, lhe têm dedicado, sendo o *compliance* uma das áreas da atividade das entidades bancárias que mais apetência evidencia pela sua utilização. Estando cada vez mais submetidas a deveres de *Know Your Customer* (*KYC*), o seu cumprimento pode revelar-se de maior eficácia, se a informação puder ser cruzada com diferentes fontes – a começar pela que é fornecida no *on boarding* pelo próprio cliente – num curto período temporal ou mesmo instantaneamente. Do *KYC* evoluiu-se para o *Know Your Data* (*KYD*) – *Data is King*[29]! A partir do momento em que as instituições de crédito possuem um crescente volume de dados que têm o dever de utilizar adequadamente – a começar pela avaliação da sua qualidade e autenticidade até à sua atualização –, as soluções tecnológicas tornaram-se cruciais. Esta evolução significa a emergência de um novo patamar de *Regulatory Technology (RegTech*): a *RegTech 2.0* tornar-se-á *RegTech 3.0.*[30].

A tecnologia está ao serviço do *compliance* muito antes do surgimento da *RegTech*. As crescentes exigências da regulação e, sobretudo, o modelo regulatório que se foi implantando já tinham feito da tecnologia o instrumento privilegiado do *compliance*, estimulado pelos próprios reguladores. A expressão *RegTech* surgiu em 2015[31], tendo sido definida pelo *Financial Stability Board* (*FSB*), referindo-se a tecnologias que podem facilitar o cumprimento das exigências regulatórias de forma mais eficiente e eficaz do que o permitido pelas capacidades que existiam. Pode dizer-se que a *RegTech* ajuda as empresas a atender às exigências regulatórias por meio do uso de tecnologia.

[28] A empresa mereceu a atenção dos meios de comunicação social pela avaliação internacional em cerca de mil milhões de dólares, atribuindo-lhe o estatuto de "*start-up* unicórnio". Em 2018, a *Feedzai* tinha sido considerada uma das 50 empresas mais promissoras na área da tecnologia financeira pela *Forbes*, tendo recebido várias distinções internacionais. Cf. https://feedzai.com/about-us/

[29] ARNER, Douglas W./ BARBERIS, Janos Nathan/ BUCKLEY, Ross P., (2016), p.16s.

[30] Cf. MAIA, Pedro, (2022), p. 5.

[31] Cf. MAIA, Pedro, (2022), p. 22s; sobre o tema, também MIRANDA RODRIGUES, Anabela e AIRES de SOUSA, Susana, (2021), p. 201s.

A este respeito, deve destacar-se que estamos a assistir a um movimento já cunhado como «metarregulação» ou «regulação da autorregulação»[32]. O regulador cria regras gerais e define certos objetivos; por seu turno, a entidade regulada mantém a sua discricionariedade na opção de formulação, implementação e controlo e aperfeiçoamento dos programas[33] necessários para alcançar os objetivos relevantes. O regulador intervém apenas em um "meta-nível», que consiste em avaliar os programas e, posteriormente, verificar se a entidade obrigada seguiu os programas que ela própria criou. No âmbito financeiro, a "metarregulação" difundiu-se de forma tão relevante que se tornou um modelo: por exemplo, a evolução dos já referidos acordos de capital a partir de *Basileia I*, onde uma abordagem comum a todas as instituições bancárias foi adotada, sem prejuízo de existir na sua base um processo de interação com a própria instituição. O que se observa é que o *compliance* tem sofrido uma evolução em que se encontra cada vez mais regulado – quanto à sua própria existência e à sua organização mínima e definição de objetivos ou pelo que se refere aos deveres consagrados[34]. A nível nacional, o quadro legal delineado para a prevenção do branqueamento de capitais e do financiamento do terrorismo[35] segue este modelo: cada entidade obrigada deve, de acordo com uma regulação exigente, definir e assegurar a aplicação efetiva das políticas, procedimentos e controlos adequados para a gestão eficaz de riscos relacionados com o branqueamento de capitais e o financiamento do

[32] Cf. COLIN, Scott, (2012), p. 57s.

[33] Sobre este modelo de elaboração de programa de *compliance* em três colunas, delineado por *Marc Engelhardt*, cf. MIRANDA RODRIGUES, Anabela, (2020 b), p. 102s.

[34] Referindo este aspeto, entre nós, para as instituições e crédito, MAIA, Pedro (2020), p. 402 e 403. Deve acrescentar-se que este fenómeno de metarregulação tem tendência a verificar-se em geral e a expandir-se, não só por efeito do *hard law* mas também do *soft law* – através de numerosos avisos e instruções dos reguladores da atividade económico-financeira, como, por exemplo, entre nós, é o caso do Banco de Portugal ou da Comissão do Mercado de Valores Mobiliários –, dando azo a manifestações do que se vem chamando já de *overcompliance*. A este respeito, cf., no âmbito económico-financeiro, para além do domínio do branqueamento, os do mercado de valores mobiliários ou da corrupção e infrações conexas, ou ainda o domínio do ambiente (para uma aproximação ao problema do *overcompliance*, cf., em geral, MANACORDA, Stefano, (2022), p. 73 s; e, para os domínios do branqueamento e do ambiente, respetivamente, AZEVEDO de MOURA, Miguel, (2020), p. 40 e 41, e AZEVEDO, Felipe Fagundes/ SAAD-DINIZ, Eduardo, (2020), p. 155 s).

[35] Cf. Lei nº 83/2017, na redação atual (cf. nota 14).

terrorismo a que está ou pode estar exposta[36]. E é dever da própria entidade identificar, avaliar e mitigar tais riscos, para o que deve ter em conta as suas características operativas específicas, tais como a natureza, dimensão e complexidade da sua atividade, os seus clientes e a atividade destes, ou os países ou territórios de origem dos clientes ou em que estes tenham domicílio ou, de algum modo, desenvolvam atividade[37].

Este modelo regulatório potenciou, pois – na medida em que determina que as entidades reguladas devem estabelecer os seus próprios programas que lidem adequadamente com o seu ambiente de risco –, a adoção da tecnologia mais avançada e sofisticada com o objetivo de criar e tratar os dados necessários para modelar o risco em cada organização e manter o tratamento dos bancos de dados permanentemente atualizados. Em matéria de branqueamento, há vários exemplos concretos de aplicações práticas que têm vindo a ser desenvolvidas pelas instituições financeiras tendo por fim cumprir exigências impostas pelos reguladores[38]. Identificar padrões (*pattern*) de suspeição no comportamento de um cliente ou conferir informações prestadas por ele, confrontar informações sobre beneficiários efetivos, detetar relações entre pessoas ou entre entidades, confrontar destinatários com listagens de Pessoas Politicamente Expostas – *Politically Exposed Persons* (*PEP*) – são alguns dos muitos aspetos em que sistemas autónomos e de IA podem ser usados. Pode mesmo dizer-se que o setor financeiro, que foi sempre um utilizador intensivo

[36] Cf. Artigo 12º, nº 1, alínea a), Lei 83/2017, na redação atual (cf. nota 14).

[37] Cf. Artigo 14º, Lei 83/2017, na redação atual (cf. nota 14). A este respeito, cf. vários instrumentos normativos emitidos pelo Banco de Portugal, tais como o Aviso nº 1/2022 (que entrou em vigor em 5 de agosto de 2022 e substitui o Aviso nº2/2018, que regulamentava, designadamente, as condições de exercício, os procedimentos, os instrumentos, os mecanismos, as formalidades de aplicação, as obrigações de prestação de informação e os demais aspetos necessários a assegurar o cumprimento dos deveres preventivos do branqueamento de capitais e do financiamento do terrorismo, no âmbito da atividade das entidades financeiras sujeitas à supervisão do Banco de Portugal), que define, entre outros aspetos, relativamente às entidades financeiras sujeitas à supervisão do Banco de Portugal, as condições de exercício dos deveres preventivos do branqueamento de capitais e do financiamento ao terrorismo previstos na Lei nº 83/2017; ou o Aviso nº3/2020, que regulamenta os sistemas de governo e controlo interno e define os padrões mínimos em que deve assentar a cultura organizacional das entidades sujeitas à supervisão do Banco de Portugal.

[38] Cf., a este respeito, MAIA, Pedro, (2021), p. 186s; *id.*, (2022), p.28s.

de inovações técnicas e tecnológicas, está na primeira linha do aproveitamento de aplicações de IA para a sua atividade.

O modelo tem na automatização (*automation*) um aspeto fulcral. Os procedimentos são levados a efeito por sistemas autónomos e em que pode haver alguma intervenção humana, sendo os casos classificados de acordo com o grau de risco: quanto maior o risco identificado pelo sistema, maior atenção é dada ao caso. Entretanto, dada a utilização de enormes bases de dados, o setor tem amplo espaço para a aplicação do potencial de IA para a identificação de padrões de branqueamento e subsequente deteção de operações similares ou de novos padrões destas operações. São geralmente apontados cinco domínios de aplicação da IA à prevenção e luta contra o branqueamento[39], para além da avaliação do risco e da descoberta de padrões – a priorização de casos, a análise visual e o apoio à decisão –, em três áreas principais: prevenção, deteção e investigação.

A eficácia da regulação depende destes desenvolvimentos tecnológicos, dada a discrepância notória do volume de Reportes de Atividades Suspeitas (*Suspicious Activity Reports* – SARs) a serem analisados e os recursos humanos necessários e disponíveis para o efeito. Entretanto, a obtenção de resultados só é possível devido à existência de bancos de dados tornados disponíveis pela própria regulação – sem *dados* não há desenvolvimento do sistema, autónomo ou de IA. A interdependência entre regulação e sistema autónomo e de IA é, pois, notória. Mas o sucesso da automatização e da intervenção de sistemas inteligentes dependerá sempre da *qualidade* dos dados fornecidos/disponíveis e, desta forma, os efeitos positivos da regulação estão, por sua vez, também dependentes dos dados e da sua qualidade e, por aí, em última análise, das soluções de sistemas autónomos e de IA mais avançadas aplicados à prevenção e luta contra o branqueamento[40].

[39] Cf. HOTI, Lindona (2021), p. 12s; *vide*, também, MAXWELL, Winston/ BERTRAND, Astrid/VAMPARYS, Xavier (2020), p. 13-15.

[40] Sobre a problemática aqui implicada, cf. *infra*, III., 2. (2.1. e 22.).

3.2. ... aos riscos emergentes

3.2.1. *Compliance* inteligente

As soluções de IA são a promessa que está a ser cumprida no domínio do *regulatory compliance.*

O mercado *RegTech* está em expansão e concentra-se na questão do *compliance.* Na última década, o recurso crescente à IA na regulação ficou a dever-se a razões específicas. Em primeiro lugar, é o resultado da crise financeira de 2007-2008 e das exigências regulatórias desencadeadas, que apenas poderiam ser atendidas com recurso ao uso da tecnologia. Depois, surge, ainda, na sequência da própria complexidade da regulação financeira, o que significou aumento das exigências de *compliance.* Além disso, os grandes desenvolvimentos no domínio da *data science,* nomeadamente, a possibilidade de transferir a computação para infraestruturas "nuvem", também impulsionou a *RegTech.* Finalmente, a pressão para reduzir custos significou igualmente optar pela *RegTech,* devido às poupanças que possibilita[41].

Deve ainda salientar-se que, não só as soluções de IA prometem uma contínua monitorização da empresa como facilitam, ainda, ao regulador, o acesso rápido a informação. Isto dito, não é surpreendente que o crescente uso de IA seja, em parte, *espontâneo* — resultando de uma iniciativa de diversas entidades reguladas, designadamente as instituições de crédito, determinada pelo seu interesse operativo; mas é, também, em grande medida, uma *imposição fáctica de reguladores* — na medida em que dirijam às entidades financeiras solicitações que somente através de IA possam ser cumpridas. Um eloquente exemplo a este propósito[42] encontra-se na exigência que o regulador alemão fez a uma instituição de crédito de, num relativamente curto espaço de tempo, reanalisar, numa perspetiva de branqueamento de capitais, 20 milhões de operações financeiras que havia efetuado no passado. Somente com a criação de uma ferramenta dotada de IA seria viável cumprir a determinação e assim sucedeu. Este propósito de induzir o uso de IA pelas instituições de crédito

[41] Devem ter-se em mente, designadamente no espaço da União Europeia ou nos Estados Unidos da América, os elevadíssimos custos reportados dos programas de *compliance* aplicados ao branqueamento de capitais ou ao mercado de valores mobiliários.

[42] Cf. MAIA, Pedro (2021), p. 186s.

no *compliance* relativo ao branqueamento é, de resto, expressamente assumido no domínio regulador.

Os benefícios[43], no plano da prevenção e luta contra o branqueamento no sistema financeiro são evidentes: a IA oferece a possibilidade de analisar e filtrar, designadamente, o *universo total das operações* – independentemente do seu montante, do lugar em que sejam ordenadas, da jurisdição a que pertençam os beneficiários ou da hora e do dia de semana em que ocorram –, *em tempo real* — determinando, por exemplo, o bloqueio de uma operação de pagamento com um cartão de crédito —, considerando um enorme acervo de informação inacessível ao conhecimento humano. Não só é vantajosa como, na verdade, se mostra uma *inevitabilidade*, se se pretender que a prevenção e luta contra o branqueamento se revistam de alguma eficácia, em face da realidade financeira presente: totalmente global, com um crescimento exponencial do uso de sistemas de pagamentos por meios eletrónicos, com a própria circulação de bens extraordinariamente incrementada. Tenha-se em mente o caso de vendas de bens no *eBay*, com pagamentos via *PayPal*, que serviam para branqueamento de capitais do estado islâmico, sem serem detetados. Reconhece-se, hoje, que é impossível cumprir, com um mínimo de eficácia, os propósitos de *compliance* no domínio do branqueamento com base em meios apenas humanos. Pode, por isso, afirmar-se que o desenvolvimento da tecnologia sustenta a atividade de branqueamento de capitais, mas a tecnologia também contribui[44] para a solução do problema.

Em termos gerais, *Buttler e O'Brien*[45] referem-se a uma revolução capaz de transformar o «*risk and compliance monitoring into a predictive process*». A contínua monitorização da empresa permite identificar problemas e resolvê-los antecipadamente, prevendo "*compliance breaches*" e, com isso, evitando que o regulado (a empresa) tenha que responder perante o regulador e outras autoridades judiciárias. À medida que a organização e a análise dos dados se tornam mais orientadas e focadas através da IA, a informação em tempo real permitirá antecipar os próprios riscos e chegar ao santo graal de um sistema de *compliance inteligente*, como sublinham *Aziz* e *Dowling*[46].

[43] Cf. MAIA, Pedro (2021), p. 188.

[44] Se não «constitui a solução» do problema (assim, MAIA, Pedro (2021), *loc. cit.*)

[45] BUTLER /O'BRIEN (2019), p. 45.

[46] AZIZ, Saqib / DOWLING, Michael (2019), p. 47.

3.2.2. Dados – regulação e qualidade de dados

O modelo regulatório de prevenção e luta contra o branqueamento, e também a utilização de IA para aplicar este modelo, mostraram a interdependência entre ele e a informação, vale por dizer, os dados. A *qualidade* destes é um dos principais desafios colocados à eficácia da regulação concebida de acordo com um princípio de *compliance*.

Estudos efetuados demonstram que a expansão da consagração de deveres de informação desencadeou, inicialmente, um efeito de aumento exponencial de comunicações de operações suspeitas, com elevada percentagem de investigações efetuadas na sua base; seguiu-se, todavia, um decréscimo de eficácia (utilidade)[47] da informação fornecida e armazenada, mesmo em face do número total crescente de comunicações. Isto tem a ver com insuficiência e desadequação de dados, que criam problemas à sua análise por sistemas autónomos e inteligentes[48]. A questão reside em dados enviesados (*data bias*) e em falsos positivos e falsos negativos.

Com efeito, o modelo de prevenção e luta contra o branqueamento baseia-se na *confiança* em relação às informações prestadas pelas entidades obrigadas, que devem alimentar uma base de dados *confiável*, a partir da qual são identificadas as operações suspeitas e são desencadeadas as investigações. No entanto, dada a relação de dependência evidente e já assinalada[49] das entidades reguladoras e de supervisão e controlo ou judiciárias da informação fornecida pelas entidades obrigadas, aquelas ficam expostas a uma eventual manipulação da informação por parte destas últimas, que pode passar pela sua omissão ou falsificação ou mesmo por uma sobrecarga de informação, com tradução, por exemplo, no fornecimento de informações relativas a operações legais com a indicação de «suspeitas» ou pela não comunicação de operações suspeitas. Este fenómeno de *informação maliciosa*, torna evidente a possível fraca qualidade da base de dados utilizada pelos sistemas autónomos ou de IA, com efeitos na eficácia do modelo – de *autorregulação regulada*, tal como já se colocou em evidência – em que assenta a prevenção e luta contra

[47] Sobre esta questão da eficácia (utilidade), cf. *infra*, 2.2.1.

[48] Cf. AGAPITO, Leonardo Simões/MIRANDA, Matheus de Alencar/ JANUÁRIO, Túlio Felippe Xavier (2021), p. 93 s., para o sistema financeiro brasileiro.

[49] Cf. *supra*, II. 1.

o branqueamento. Acresce que a dificuldade de deteção das violações dos deveres de diligência na base da prestação de informações pode ser elevada.

Os dados em si mesmo – o fator qualidade dos dados – a serem utilizados por algoritmos inteligentes é, agora, o aspeto a levantar especiais dificuldades à prevenção e luta contra o branqueamento, baseado num modelo regulatório como o que está implantado.

3.3.3. Algoritmo eficaz e governo do algoritmo

Em relação aos programas de *compliance*, a questão continua a ser a de eles serem *efetivos*. Está em causa serem representados como instrumentos de colaboração efetiva das entidades obrigadas com as instâncias reguladoras, de fiscalização e controlo e judiciárias e não concebidos para mera utilização cosmética, em que o seu objetivo é evitar ou transferir a responsabilidade das entidades bancárias pela prática de manobras de branqueamento. No âmbito do desenvolvimento de um *compliance inteligente* na prevenção e luta contra o fenómeno, em que os dados sejam cruzados com eficiência, exige-se «maturação»[50] dos dados a fornecer pelas entidades bancárias, mediante a verificação das operações, de acordo com um sistema complexo de condições e caraterísticas. Importante é, também, de acordo com *Zengan Gao* e *Mao Ye*[51], que as informações prestadas sejam baseadas em «casos», tendo em conta que o branqueamento não é uma operação isolada e envolve uma complexa cadeia de trocas, devendo ser utilizada uma técnica de mineração de dados que pode somar informações de clientes, contas, produtos, tempo e geografia por análise de vetores. A verificação de condições deste tipo é essencial à qualidade dos bancos de dados construídos, propiciando a sua melhor utilização por sistemas autónomos e IA.

Para além disso, o problema do enviesamento de dados deve ser minorado de diversas formas, criando um melhor ambiente para a utilização de IA. Isto pode ser feito através de auditorias proactivas por parte dos reguladores[52]. As inspeções *in loco* – mediante o livre acesso de agentes públicos a

[50] Cf., a este respeito, AGAPITO, Leonardo Simões/MIRANDA, Matheus de Alencar/ JANUÁRIO, Túlio Felippe Xavier (2021), p. 98.

[51] GAO, Zengan/YE, Mao (2007), p. 171.

[52] Sobre as vantagens e os inconvenientes das auditorias proactivas, cf. AGAPITO, Leonardo Simões/MIRANDA, Matheus de Alencar/ JANUÁRIO, Túlio Felippe Xavier (2021), p. 100.

computadores e arquivos físicos da entidade e o contato direto com os trabalhadores –, sendo um método relativamente simples, podem ter efeitos positivos ao nível da fiabilidade dos dados, ao passarem pela «materialização» institucional e a «colaboração» dos empregados. Designadamente, estes podem sentir-se mais seguros para colaborar desta forma do que através dos canais instituídos. Uma outra forma de verificação de qualidade dos dados é a experimentação *sandbox*.[53] As *regulatory sandboxes* são já usadas por entidades financeiras, designadamente UIF's, para desenvolver respostas regulatórias adequadas a novos utensílios tecnológicos no âmbito financeiro. Uma abordagem *sandbox* (*sandbox approach*) permite avaliar dados concretos produzidos, tendo em vista conhecer o seu potencial, vulnerabilidades e oportunidades; e, assim, eventualmente validar os sistemas institucionais de controlo ou a mineração de dados. Em geral, este tipo de abordagem tem a colaboração das entidades financeiras, que, em troca, recebem uma certificação das UIFs.

Entretanto, para além de considerar o mais inteligente algoritmo para identificar as falhas de um programa de *compliance*, impõe-se considerar os perigos implicados de violação dos direitos dos titulares dos dados na sua obtenção e tratamento. A questão tem a ver com exigências de regulação, tendo em vista a proteção dos direitos das pessoas no mundo digital em expansão. No espaço da União Europeia, o exemplo reside no Regulamento relativo à proteção das pessoas singulares no que diz respeito ao tratamento de dados pessoais e à livre circulação desses dados (RGPD)[54] e na proteção dos direitos das pessoas que daí decorre[55].

A tecnologia permite que, quer empresas privadas quer autoridades públicas, utilizem dados pessoais a uma escala sem precedentes para a realização dos seus objetivos. As instituições financeiras utilizam diferentes mecanismos de mineração de dados para conhecer os seus clientes. No atual contexto de desenvolvimento acelerado tecnológico, um banco pode conhecer os clientes muito para além do que lhes é legalmente exigido e criar perfis, cuja utilização

[53] Em geral, a este respeito, AIRES de SOUSA, Susana (2020), p. 86 e 87; especificamente, no domínio financeiro e da prevenção do branqueamento, AGAPITO, Leonardo Simões/ MIRANDA, Matheus de Alencar/ JANUÁRIO, Túlio Felippe Xavier (2021), p. 100.

[54] Regulamento (UE) 2016/679, de 27 de abril de 2016.

[55] Cf. Lei n.º 58/2019, de 08 de agosto, que assegura a execução, na ordem jurídica nacional, do Regulamento (UE) 2016/679, de 27 de abril de 2016.

pelos sistemas de IA, mesmo que «apenas» para efeitos de prevenção e luta contra o branqueamento, potencia riscos para os direitos das pessoas. O governo da IA implica conhecer os riscos associados à sua aplicação e a regulação de dados pessoais é uma pedra angular para os limitar. Uma das críticas feitas pelas autoridades de proteção de dados aos sistemas utilizados de prevenção e luta contra o branqueamento é a de que os reguladores encorajam os bancos a ir para além do que é estritamente exigido por lei – um sistema conhecido como «*gold plating*»[56].

O princípio da proporcionalidade assume aqui um papel fulcral – que bem atestam as sucessivas decisões do Tribunal de Justiça da União Europeia, nos casos *Digital Rights Ireland*[57], *Tele2 Sverge*[58] e *Ministerio Fiscal*[59] ou, muito recentemente, a decisão do *District Court de Haia*, na Holanda, em relação a um algoritmo utilizado pelas autoridades da segurança social para detetar potenciais fraudes nesta área[60] –, com reflexos no âmbito da prevenção e luta contra o branqueamento. Com efeito, são múltiplas as referências constantes do RGPD, não só à proporcionalidade, mas também à necessidade que devem estar presentes no tratamento de dados, exigindo-se, designadamente, que o responsável pelo tratamento avalie a «necessidade e a proporcionalidade» de operações de tratamento de risco elevado, como é o caso no domínio da prevenção e luta contra o branqueamento[61]. A questão está, pois, na limitação de direitos fundamentais que o processamento de dados para estes efeitos pode desencadear – especialmente invasivo da esfera jurídica pessoal –, designadamente quando são analisados todos os dados, sem exceção, relativos

[56] Cf. MAXWELL, Winston/ BERTRAND, Astrid/VAMPARYS, Xavier (2020), p.17.

[57] Casos Conjuntos C-293/12 e C-594/12, *Digital Rights Ireland Ltd v. Minister for Communications, Marine and Natural Resources and Others and Kärntner Landesregierung and Others*, Tribunal de Justiça (Grande Secção), de 8 de abril de 2014.

[58] Casos Conjuntos C-203/15 and C-698/15, *Tele2 Sverige AB v. Post- och telestyrelsen and Secretary of State for the Home Department v. Tom Watson and Others*, Tribunal de Justiça (Grande Secção), de 21 de dezembro de 2016.

[59] Acórdão C-207/16 – *Ministerio Fiscal*, Tribunal de Justiça (Grande Secção), de 2 de outubro de 2018.

[60] A referência é à decisão *Netherlands Legal Committee for Human Rights and others v. The Netherlands*, C-09-550982-HA ZA 18-388 ECLI: NLLL: RBDHA:2020:865 5 February 2020 (The Hague District Court, NL), *apud* MAXWELL, Winston/ BERTRAND, Astrid/VAMPARYS, Xavier (2020), p. 9 e 10.

[61] Cf. Artigo 35º (vide, especificamente, nº 7, alínea b)), RGPD.

a transações e são criados perfis de risco[62]. O objetivo do processamento de dados é detetar e reportar operações de branqueamento, eventualmente criminosas, que requerem garantias especiais[63]. Em certos casos, são tratados dados étnicos ou religiosos, objeto de proteção do disposto no RGPD[64]. É notório que, para além de direitos relacionados com a privacidade, podem ser afetados o direito à não discriminação, uma vez que o sistema pode gerar mais alertas relativamente a certas nacionalidades ou grupos de população ou o direito a um recurso efetivo em face de decisões tomadas com base em sistemas autónomos ou de IA. O conhecido problema da *black box*, que não permite compreender, controlar e contraditar as conclusões a que chega o algoritmo[65], deve ser tido em atenção, designadamente através da consagração de obrigações de realização de auditorias algorítmicas, o que constitui um exemplo de um expediente que pode minorar ou afastar o problema.

No contexto da proporcionalidade, além disso, não se pode deixar de interrogar a genuína eficácia da espiral de sofisticação tecnológica em que está a entrar o sistema financeiro, designadamente bancário[66]. Desde logo, ela é alimentada pela convicção de que mais investimento em *compliance* e em sistemas autónomos e de IA significa menos perigo de incorrer em sanções por violação de deveres de *compliance* em matéria de branqueamento. O que, acrescente-se, é percecionado como uma ameaça mais gravosa do que a possibilidade de sancionamento por violações de regras no âmbito da proteção de dados. Para além disso, a questão tem a ver com a utilidade dos dados dos SARs ao nível da aplicação da lei. O que se verifica, a este respeito, é que os SARs enviados para as entidades judiciárias ou UIFs caem numa espécie de «buraco negro»[67] – estas autoridades não confirmam nem negam se o que se configurou/apresentou como «suspeito» ao *compliance officer* de um banco estava, de facto, ligado a atividade criminosa. Os bancos tentam avaliar a eficácia dos seus sistemas usando um *proxy* – o número de alertas que são convertidos

[62] Estamos perante um tratamento de dados de risco elevado: cf. Artigo 35º e *considerando* 91, RGPD.

[63] Cf. Artigo 10º, RGPD.

[64] Cf. Artigo 9º, RGPD.

[65] Por exemplo, permitindo que enviesamentos cognitivos levem a resultados discriminatórios por parte das entidades financeiras. Assim, CORIA, Dino Carlos Caro (2022), p. 636.

[66] Cf. MAXWELL, Winston/ BERTRAND, Astrid/VAMPARYS, Xavier (2020), p. 19 s.

[67] Cf. MAXWELL, Winston/ BERTRAND, Astrid/VAMPARYS, Xavier (2020), p. 19.

em SARs. Mas esta é uma métrica imperfeita para testar a utilidade de SARs do ponto de vista da identificação de fundos provenientes da prática de atividades criminosas e perseguição criminal ou não do branqueamento e, em última análise, de perda de bens – tudo isto, objetivo do conjunto da legislação contra o branqueamento. Nestas condições, de mensuração deficiente da eficácia do sistema erigido contra o branqueamento, é muito difícil avaliar da sua proporcionalidade por referência aos direitos fundamentais – isto exigiria avaliar se medidas com menos impacto para estes direitos alcançariam um mesmo nível de eficácia na prevenção e luta contra o branqueamento. O ponto de equilíbrio deveria encontrar-se na maximização da eficácia e da proteção dos direitos fundamentais.

4. A «quem» responsabilizar?

4.1. Modelos de atribuição de responsabilidade em contextos coletivos de ação

Assumido que o sancionamento *penal* de muitos comportamentos económico-financeiros ilícitos é uma necessidade imperiosa[68] – o caso do branqueamento é um bom exemplo do que está em causa –, o direito penal deparou-se com as primeiras dificuldades de responsabilização perante a agressão a bens jurídicos em «contextos de ação coletivos». Com efeito, a questão da responsabilidade penal conhece um aspeto nevrálgico na atribuição desta responsabilidade às chamadas pessoas coletivas. É tudo isto que em grande parte tem alimentado a discussão doutrinal vivíssima travada em torno dos modelos de imputação possíveis de responsabilidade penal empresarial[69]. Que, como é sabido, se podem compreender de acordo com dois grandes sistemas: o modelo vicarial ou heterónomo, em que se transfere para a pessoa coletiva a responsabilidade do facto praticado por pessoas físicas individuais, que lhe estão organicamente ligadas e que, como seus representantes ou trabalhadores, atuam em seu nome e no seu interesse; e aqueloutro, que radica na autorresponsabilidade e na possibilidade de a pessoa coletiva ser passível de

[68] Cf. MIRANDA RODRIGUES, Anabela (2020 b), p. 50 s.

[69] Cf. SOUSA, Susana Aires (2019), p. 84s; também, MIRANDA RODRIGUES, Anabela (2020 b), p. 110 s.

responsabilidade penal direta, baseada em pressupostos próprios e distintos da responsabilidade individual das pessoas singulares que a ela se ligam. No primeiro, a atuação da pessoa individual é o substrato de atuação e de vontade do ente coletivo; já, no segundo, o facto é do ente coletivo, plasmando-se uma imputação direta, tanto no plano da ação como da culpa. A atribuição objetiva e subjetiva do facto sustenta-se num «defeito de organização» que permitiu a realização do facto criminoso: *censura-se*[70] o agente coletivo por esta falha organizacional, que deu lugar à lesão de bens jurídicos.

Nos sistemas de *common law*, costuma apontar-se o *case law* dos Estados Unidos e do Reino Unido como exemplos de responsabilidade vicarial. Tendo de se considerar, neste último caso, a «adaptação pragmática»[71] que ocorre nos casos de *mens rea offence*, em que o «princípio da identificação» é o critério para responsabilizar a pessoa coletiva. E, assim, certas pessoas especialmente qualificadas na empresa são elas próprias como que «os cérebros» ou «as mentes» da empresa: os *seniors* ou os *controlling officers*. Desta forma, os casos de ilícitos cometidos por estas pessoas no exercício das suas funções são considerados cometidos pela própria empresa. O caso *Tesco Supermarkets Ltd v. Nattrass*, em 1972, é reconhecido como o *leading case* a este propósito[72].

É sabido que na europa continental, contrariando a teoria clássica de um direito penal em torno do agente individual, se vem afirmando e expandindo paulatinamente uma responsabilidade criminal dos entes coletivos. Se a lei penal francesa de 1994 e a lei belga de 1999 são referidas como tendo consagrado um regime extravagante e tido como excecional, é um facto que a solução político-criminal da responsabilidade penal das pessoas coletivas foi merecendo acolhimento nos códigos penais, mesmo em países tradicionalmente avessos a uma responsabilidade criminal desta natureza, como ocorreu, em 2010, no âmbito do Código Penal Espanhol[73]. Em Portugal, foi

[70] Fala-se, nesta via, em «culpa na organização».

[71] WELLS, Celia (2019), p. 256.

[72] Cf WELLS, Celia (2019), p. 257s.

[73] Cf. *Ley Orgánica* nº5/2010. No disposto no Artigo 31 bis, nº4, alínea d), desta lei considerava-se já, além disso, como circunstância atenuante da responsabilidade penal das pessoas jurídicas o estabelecimento, depois da prática do delito através dos seus representantes legais, de medidas eficazes para prevenir e descobrir os delitos que pudessem vir a ser cometidos no futuro com os meios ou a coberto da pessoa jurídica. Um caminho de consagração expressa da relevância substantiva e adjetiva dos programas de *compliance* foi prosseguido com as

em 1984[74], com a legislação respeitante às infrações contra a economia e contra a saúde pública, que se deram os primeiros passos na consagração da responsabilidade penal das pessoas coletivas[75]. De lá para cá, a previsão da imputação penal às pessoas coletivas tem-se vindo a intensificar progressivamente, designadamente aumentando exponencialmente o leque de crimes passíveis de serem cometidos por pessoas coletivas e contrariando, desta forma, o princípio geral clássico enunciado no Artigo 11º, nº 1, do Código Penal, de acordo com o qual «só as pessoas singulares são suscetíveis de responsabilidade criminal». O que se tem verificado não só em legislação extravagante[76], como também por efeito da previsão, no Código Penal, em 2007, por força do nº2, deste mesmo Artigo, de uma lista de crimes, progressivamente ampliada, pelos quais as pessoas coletivas podem ser responsabilizadas penalmente. Em primeiro lugar[77], quando cometidos «em seu nome ou por sua conta e no seu interesse direto ou indireto por pessoas que nelas ocupem uma posição de liderança» – definida esta no nº4 do citado preceito, e consoante o qual se entende que «ocupam uma posição de liderança os órgãos e representantes da pessoa coletiva e quem nela tiver autoridade para exercer o controlo da sua atividade, incluindo os membros não executivos do órgão de administração e os membros do órgão de fiscalização»; ou, em segundo lugar[78], quando cometidos «por quem aja em seu nome ou por sua conta e no seu interesse direto e indireto, sob a autoridade das pessoas referidas na alínea anterior em virtude de uma violação

alterações ao Artigo 31 bis, efetuadas pela Ley nº1/2015: cf. nºs 2 e 4 (consagrando-se, agora, mediante certas condições, também a possibilidade de isenção de responsabilidade penal).

[74] Decreto-Lei nº 28/84, de 20 de janeiro, na redação atual.

[75] De acordo com o previsto no seu Artigo 3º, nº1, as pessoas coletivas são responsáveis pelas infrações previstas neste diploma, quando cometidas pelos seus órgãos ou representantes em seu nome e no interesse coletivo.

[76] Cf. a legislação extravagante, nomeadamente em matéria de crimes ligados à informática (Lei nº109/91, de 17 de agosto), de infrações tributárias (Lei nº15/2001, de 5 de junho), de condições de entrada, permanência, saída e afastamento de estrangeiros do território português (Decreto-Lei nº34/2003),de 25 de fevereiro), de previsão e punição dos atos e organizações terroristas (lei nº52/2003, de 22 de agosto),de infrações laborais (Código do Trabalho, aprovado pela Lei nº99/2003, de 27 de agosto),de armas e suas munições (Lei nº 5/2006,de 23 de fevereiro) de comportamentos antidesportivos (Lei nº50/2007, de 31 de agosto).

[77] Cf. alínea a), do nº 2, do Artigo 11º, do Código Penal.

[78] Cf. alínea b), do nº2, do Artigo 11º, do Código Penal.

dos deveres de vigilância ou controlo que lhes incumbem»[79]. No contexto das considerações que aqui temos em vista, é relevante acrescentar que, de acordo com as recentes alterações introduzidas no Código Penal, por força da Lei nº 94/2021, de 21 de dezembro, os programas de *compliance* adquiriram relevância jurídica. Assim, passaram expressamente a determinar a atenuação especial da pena de multa[80]; podem ser considerados para efeitos de determinação da medida da pena de multa[81]; e relevam para a substituição desta pena[82].

[79] Sendo ainda de referir, para efeitos de deixar uma panorâmica geral dos aspetos legislativos que, no ordenamento jurídico português, podem ser convocados neste âmbito com interesse imediato para a nossa abordagem, o nº 6, do mesmo Artigo 11º, do Código Penal (e sem prejuízo da referência que faremos, de seguida, em texto), segundo o qual a responsabilidade das pessoas coletivas «é excluída quando o agente tiver atuado contra ordens ou instruções expressas de quem de direito». É ainda de referir que a abertura à responsabilização penal da pessoa coletiva foi-se alargando, para além dos ordenamentos jurídicos já referidos, a países como a Áustria, Dinamarca, Estónia, Eslovénia, Eslováquia, Holanda, Finlândia, Hungria, Irlanda, Luxemburgo ou a Suíça. Do outro lado, procurando manter a fidelidade ao princípio *societas delinquere non potest* e recusando, pelo menos formalmente, uma responsabilidade criminal dos entes coletivos, encontram-se a Bulgária, a Grécia, a Itália, ou a Lituânia e, por enquanto, com perspetivas de mudança em pouco meses, a Alemanha, onde se discutiu, há pouco tempo, mas sem êxito, a inclusão na legislação penal desta responsabilidade através da *Verbandssanktionengesetz*. Sobre isto, AIRES de SOUSA, Susana (2021), p. 29 e ss.

[80] Cf. Artigo 90º-A, nº4, do Código Penal (Penas Aplicáveis e Determinação da Pena): «O tribunal *atenua especialmente a pena*, nos termos do artigo 73.º e para além dos casos expressamente previstos na lei, de acordo com o disposto no artigo 72.º, considerando também a circunstância de a pessoa coletiva ou entidade equiparada ter adotado e implementado, *antes* da prática do crime, *programa de cumprimento normativo adequado a prevenir a prática do crime ou de crimes da mesma espécie*» (itálicos nossos).

[81] Vide, para a pena de multa como pena principal, o relevo atribuído aos programas de *compliance* na determinação da sua medida (Artigo 90º-B, nº4): «A pena de multa é *fixada* em dias, de acordo com os critérios estabelecidos no n.º 1 do artigo 71.º, *podendo ser considerada a circunstância* de a pessoa coletiva *ter adotado e executado, depois da comissão da infração e até à data da audiência de julgamento*, um *programa de cumprimento normativo com medidas de controlo e vigilância idóneas para prevenir crimes da mesma natureza ou para diminuir significativamente o risco da sua ocorrência.*»(itálicos nossos).

[82] Cf. Artigo 90º-A, nº 6: «O tribunal *substitui a pena de multa por pena alternativa* que realize de forma adequada e suficiente as finalidades da punição, considerando, nomeadamente, a *adoção ou implementação* por parte da pessoa coletiva ou entidade equiparada de *programa de cumprimento normativo adequado a prevenir a prática do crime ou de crimes da mesma espécie*». (itálicos nossos). Entendemos que, no âmbito da realização das finalidades preventivas das penas de substituição, é um poder-dever para o tribunal a consideração da adoção ou implementação de um programa de compliance que satisfaça as exigências referidas.

Já pelo que se refere à pena de substituição vigilância judiciária[83], prevê-se, agora, que o acompanhamento da pessoa coletiva por um representante judicial se destine também «à fiscalização do cumprimento efetivo de um programa de cumprimento normativo com medidas de controlo e vigilância idóneas para prevenir crimes da mesma natureza ou para diminuir significativamente o risco da sua ocorrência»[84] ou tenha em vista controlar a «adoção ou implementação de programa de cumprimento normativo adequado a prevenir a prática do crime ou de crimes da mesma espécie»[85]. Nem deve deixar de se assinalar a consagração expressa de uma *pena acessória* de injunção judiciária[86] – a aplicar, portanto, juntamente com a pena principal ou de substituição –, que é, precisamente, «a adoção e implementação de programa de cumprimento normativo», que deve conter «medidas de controlo e vigilância idóneas para prevenir crimes da mesma natureza ou para diminuir significativamente o risco da sua ocorrência»[87]; e em cuja aplicação o tribunal *deve* ter em conta, no âmbito da realização das finalidades preventivas que com esta pena se pretendem realizar, o facto de «a pessoa coletiva não ter ainda adotado e implementado programa de cumprimento normativo adequado a prevenir aprática do crime ou de crimes da mesma natureza»[88] [89].

Uma referência particular deve ser feita ainda à legislação italiana e ao sistema de responsabilidade de pessoas coletivas introduzido pelo Decreto Legislativo No. 231/2001, de 8 de junho, que implementou a Lei No. 300/2000.

[83] Cf. Artigo 90º-A, nº3, alínea c).

[84] Cf. Artigo 90º-E, nº1.

[85] Cf. Artigo 90º-E, nº2.

[86] Ou, porventura mais exatamente, de um novo conteúdo para a pena acessória de injunção judiciária (cf., já, Artigo 90º-A, nº2, alínea a); cf. o que imediatamente se diz em texto).

[87] Cf. Artigo 90º-G, alínea b).

[88] Cf. Artigo 90º-A, nº5. Entendemos que a consideração do pressuposto de aplicação da pena acessória em referência de não adoção e implementação de um programa de cumprimento é um poder-dever para tribunal.

[89] Em ordenamentos jurídicos estrangeiros, constituem ainda exemplos de consequências substantivas vantajosas dos programas de *compliance* o disposto nos Artigos 3.º, 6.º, n.º 3 e 17.º, n.º 4, da Lei chilena 20 393, de 2 de dezembro de 2009; e ao Artigos 8.º, 9.º, 22.º e 23.º, da Lei argentina 27 401, de 1 de dezembro de 2017. De forma semelhante, é vantajosa para a pessoa coletiva a celebração da *convention judiciaire d'interêt public* prevista no artigo 41-1-2 do Código de Processo Penal francês, introduzida em 2016 (Loi nº 2016-1691, de 9 de dezembro de 2016, relativa «*à la transparence, à la lutte contre la corruption el la modernisation de la vie économique*» – *Loi Sapin II*).

Um sistema definido formalmente como «administrativo», mas considerado por muitos autores «de responsabilidade para-criminal», dada a carga «repressiva» das sanções previstas. É sabido que, mesmo se os artigos 5 -7 do referido Decreto Legislativo 231/2001 apontam vários critérios de imputação, os programas de *compliance* desempenham um papel fundamental na disciplina da responsabilidade empresarial *ex crimine*, na medida em que a sua adoção pode excluir a possibilidade de atribuir à *societas* a responsabilidade pelos ilícitos praticados pelos seus membros[90].

Entre nós, é um modelo vicarial de responsabilidade contraordenacional da pessoa coletiva que, na área específica do branqueamento, o legislador consagrou na Lei nº 83/2017[91]. Com efeito, uma pessoa coletiva é responsável pelas contraordenações cometidas pelas pessoas singulares «que sejam titulares de funções de administração, gerência, direção, chefia ou fiscalização, representantes, trabalhadores ou demais colaboradores, permanentes ou ocasionais, quando estas atuem no exercício das suas funções ou em nome e no interesse do ente coletivo», sendo a responsabilidade do ente coletivo apenas excluída «quando o agente atue contra ordens ou instruções expressas daquela». Ora, poder-se-á configurar uma situação que faz incorrer a entidade coletiva em responsabilidade contraordenacional quando, em homenagem à autonomia decisória que tem de pautar o exercício da função de *compliance*, o *órgão de administração* não emite uma ordem ou instrução expressas no sentido do cumprimento do dever de comunicação de operações suspeitas de branqueamento que cabe ao responsável pela função de *compliance* às entidades judiciárias – o DCIAP – e de fiscalização e controlo financeiro – a UIF[92], *abstendo-se*, como deve, de qualquer interferência no exercício daquele dever de comunicação[93]. Com efeito, temos um regime legal para o *compliance*, no

[90] Sobre esta solução, com indicações jurisprudenciais e de doutrina relativa à questão, cf. MAZZACUVA, Stefano (2021), p. 148s. No âmbito da responsabilidade administrativa das pessoas coletivas, identificam-se ainda contrapartidas substantivas e adjetivas dos programas de *compliance* no disposto nos Artigo 7º da Lei brasileira 12 846, de 1 de agosto de 2013, e dos artigos 12.º, alíneas *d)* e *e)*, e 17.º da Lei peruana 30 424, de 21 de abril de 2016, modificada pelo Decreto Legislativo 1 352, de 7 de janeiro de 2017.

[91] Artigo 162º, nºs 1 e 2, Lei nº 83/2017, na redação atual.

[92] Cf. Artigos 43º e 16º, nº2, alínea e) e nº4, Lei nº 83/2017, na redação atual.

[93] Cf. Artigo 13º, nº3, Lei nº 83/2017, na redação atual. alínea a), Lei nº 83/2017, na redação atual.

domínio específico do branqueamento, em que o legislador foi especialmente longe na autonomização[94] da função, sendo que determinados deveres da entidade financeira não podem ser cumpridos pelos seus órgãos sociais: é o responsável pelo *compliance* que tem competência própria de representação perante as autoridades, judiciárias e de fiscalização e controlo, numa tentativa de encontrar um ponto de equilíbrio para a tensão entre os objetivos em conflito, de obtenção de lucro por parte daquelas entidades e deveres de prevenção de branqueamento a que (também) estão sujeitas[95].

4.2. Responsabilidade das pessoas coletivas: de novo?

4.2.1. Os desafios

Acontece que estes modelos de responsabilidade de entes coletivos são hoje postos à prova pelo uso de IA nas empresas. É verdade que uma «empresa inteligente» – capaz de atuar em comunicação contínua e sem falhas de organização, na medida em que tais defeitos seriam antecipadamente corrigidos pelo algoritmo –, é ainda uma visão situada num futuro incerto. Um sistema de *compliance* de base algorítmica que automatize a empresa no cumprimento das obrigações impostas por reguladores, e passível, com isso, de excluir uma sua eventual responsabilidade, sendo um desafio em curso, prosseguido por algumas empresas, está (ainda!) por concretizar. De qualquer modo, em ordenamentos jurídicos que consagrem modelos em que a imputação do facto à pessoa jurídica se sustenta num defeito de organização, os *softwares* "inteligentes" de *compliance* apresentam-se com a promessa de serem uma poderosa ferramenta para excluir ou atenuar a responsabilidade da pessoa jurídica, facilitando, desde logo, a prova de que a empresa se auto-organizou para cumprir o direito. Do lado da empresa, um sistema inteligente de *compliance*

[94] Cf. Artigo 16º, nº3, Lei nº 83/2017, na redação atual. Sobre as condições de exercício de modo independente, permanente, efetivo e com autonomia decisória da função de *compliance*, cf. MIRANDA RODRIGUES, Anabela (2020 b), p. 192s.

[95] Cf. Artigo 169º-A, v), Lei 83/2017, na redação atual. Não será de afastar a hipótese, todavia, de que a existência de um programa de *compliance efetivo* possa ser passível de excluir a responsabilidade contraordenacional da entidade coletiva quando o agente não cumpre a referida obrigação legal de comunicação das operações suspeitas, em violação de dever(es) de *compliance* estabelecido(s) a este propósito.

reveste assim, à primeira vista, uma dupla vantagem: a primeira, concretizada na mitigação ou eliminação do erro e no consequente aumento da segurança; a segunda, aproximando a atividade empresarial de um (estrito) cumprimento normativo apto a excluir a empresa de qualquer responsabilidade, ou, em certos casos, de a atenuar.

A propósito da questão da responsabilidade empresarial, entretanto, as questões vão surgindo. Com efeito, o defeito de organização não é só uma *conditio sine qua non*, antes uma *conditio per quam*. Se voltarmos a utilizar a legislação italiana como exemplo, para responsabilizar uma empresa é necessário que um dos crimes indicados no Decreto Legislativo No.231/2001 tenha sido cometido «no interesse ou em benefício» da entidade coletiva por uma «pessoa»[96]. Isto quer dizer que, mesmo se se aceitasse que a IA pode ser considerada uma «pessoa» – o que implica, pelo menos, reconhecer-lhe personalidade jurídica –, a verificação daquele requisito não é automática pelo que se refere ao erro/ilícito praticado pelo algoritmo, devendo ser demonstrado que a utilização de IA na atividade empresarial foi intencionalmente programada com o objetivo de serem obtidos lucros ou de representar uma poupança ilícitos para a empresa. Podendo, aliás, encontrar-se jurisprudência no sentido desta interpretação, em casos de acidentes de trabalho causados por medidas inadequadas adotadas pelo empregador nos âmbitos da saúde e segurança[97]. Ou, se quisermos, podemos transportar a questão para a *Bribery Act 2010*, do Reino Unido, nos termos da qual[98] uma organização é responsável por corrupção levada a efeito por pessoas individuais que praticam os factos no interesse da entidade coletiva, sendo que esta pode defender-se, demonstrando que foram adotadas «medidas adequadas para prevenir» a corrupção antes do cometimento do crime. E, finalmente, tomemos como exemplo o regime legal português previsto no disposto no Artigo 11º do Código Penal[99], onde a imputação do crime ao ente coletivo assenta em atos ou omissões realizados

[96] Cf. Artigo 5.

[97] Esta interpretação tem sido adotada pelos tribunais italianos, em casos em que os acidentes de trabalho são causados por medidas sanitárias e de segurança inadequadas adotadas pelo empregador: sobre isto, com indicações jurisprudenciais e doutrinais, MAZZACUVA, Federico (2021), p. 149.

[98] *Section* 7. Sobre isto, cf. MAZZACUVA, Federico (2021), p. 149.

[99] Cf. *supra*, neste número (III.1.),

por pessoas físicas que atuam em nome da empresa ou por sua conta e no seu interesse – «pessoas» que «nesta» ocupam uma posição de liderança ou atuam sob a autoridade de pessoas que ocupam uma posição de liderança.

4.2.2. IA e branqueamento – o risco e o controlo do risco

Compreende-se como a entrada da IA na atividade empresarial introduz dificuldades novas às dificuldades já conhecidas dos modelos de imputação de comportamentos às pessoas coletivas, por via, quer das pessoas físicas, quer coletivas.

A questão reside nos algoritmos "inteligentes", tecnologicamente complexos, capazes de *autonomamente* fazerem opções qualificáveis como ilícitas, mas que não foram pré-programados nesse sentido ou sequer tais decisões eram previsíveis ao programador (*cognitive robots*)[100]. A novidade está, então, no facto de a máquina, enquanto *"máquinas que aprende"*[101], chegar a um resultado novo que é, num certo sentido, seu. Enquanto sistema de inteligência artificial, uma "máquina que aprende" não se confunde com um complexo processador de dados, isto é, não se limita a calcular a melhor opção de entre os milhares de dados que lhe foram introduzidos, análise inacessível ou muito difícil para o humano. Antes, o algoritmo, alimentado com dados, ajusta-se continuamente, por forma a diminuir o erro e criar a sua própria decisão. É esta natureza dinâmica da máquina – a sua *autonomia* – que desafia a atribuição de responsabilidade às pessoas que estão por detrás da máquina, sejam naturais sejam jurídicas.

É neste contexto que se identificam as questões mais difíceis de imputação da responsabilidade empresarial[102]. Num modelo vicarial, a questão passa por saber como imputar as decisões e ações ou omissões legalmente relevantes da máquina, nas condições descritas, a pessoas físicas. Num modelo autónomo de responsabilidade, o uso de IA pode ser uma espada de dois gumes: ela é,

[100] Sobre a distinção entre *cognitive robots* e os *deterministic robots* – pré-programados para a prática de determinada atuação criminosa –, de forma clara, no contexto dos robôs, o *Report of COMEST on Robotic Ethics*, 2017, p. 48, disponível em https://unesdoc.unesco.org/ark:/48223/pf0000253952

[101] Sobre as dificuldades no plano da imputação, AIRES de SOUSA, Susana (2020), p. 65s e bibliografia aí citada.

[102] Cf. MIRANDA RODRIGUES, Anabela /AIRES de SOUSA, Susana (2021), p. 206s.

sem dúvida, um valioso instrumento para assegurar o *compliance* da empresa; mas, por seu turno, o emprego de algoritmos inteligentes, em certas circunstâncias, pode representar, em si mesmo, um risco e conduzir a um defeito de organização. As dificuldades surgem na exata medida em que o "defeito" do algoritmo não seja passível de ser conhecido e, como tal, prevenido e evitável. A capacidade cognitiva da máquina torna-a imprevisível, capaz de reagir ao inesperado, retirando a sua decisão do domínio da previsibilidade do programador. É esse espaço de liberdade que se concede à máquina, explorando as suas capacidades de aprendizagem, que não pode ser determinado (ou impedido). O "defeito" do algoritmo não existe; está no futuro e, por isso, escapa à auto-organização ... do algoritmo... e por aqui da empresa! Pelo menos em abstrato, se a ofensa causada por uma aprendizagem do algoritmo leva a um resultado imprevisível, dificilmente se pode censurar a empresa por não evitar um risco que não podia conhecer.

No momento presente, a auto-organização empresarial inteligente não eliminará decisões erradas tomadas por *softwares* inteligentes. Constituem exemplos comprovados disto mesmo opções discriminatórias na contratação ou no despedimento de trabalhadores, situações de combinação de preços ou transações financeiras fantasmas[103]. As dificuldades que deixámos expressas relativamente à prevenção do branqueamento falam por si e envolvem também, naturalmente, a possibilidade da prática de crimes de branqueamento.

Pode dizer-se, então, de forma sincopada: as novas tecnologias e, de forma especial, com recurso a sistemas de IA, são, simultaneamente, um risco em si mesmo e um modo de controlo do risco[104].

É assim que a transformação digital da empresa evidencia uma patente desconformidade entre a evolução tecnológica das empresas e os modelos legalmente previstos para aferir da sua responsabilidade, a desvendar dificuldades. A IA está a expor *lacunas* na regulação ao nível penal[105]. As propostas

103 Sobre a problemática aqui implicada e os crimes de abuso de mercado praticados por agentes artificiais, cf. MIRANDA RODRIGUES, Anabela (2021), p.65s.

104 Na formulação de MAZZACUVA, Federico (2021), p. 150: «...*are both a risk and a way to manage it*».

105 De uma perspetiva geral, equacionando, por isso, a intervenção do legislador, quer a nível nacional, quer internacional, cf. PAGALLO, Ugo/ QUATTROCOLO, Serena (2018), p. 386; no âmbito específico da regulação penal do abuso de mercado, MIRANDA RODRIGUES, Anabela (2021), p. 73s.

de solução, sendo diversas, reclamam, em último termo, uma reconfiguração, pelo legislador do modelo de imputação de responsabilidade. Perante a manifesta dificuldade em fazer responder a pessoa humana, as hipóteses oscilam, na verdade, entre a interpretação atualizada e a modificação legislativa dos pressupostos da responsabilidade das empresas e vão até às mais radicais que admitem a responsabilidade da máquina.

Referindo-se especificamente a esta problemática, *Mihailis Diamantis* procura fazer o caminho da responsabilidade da empresa, explorando um modelo que consiste na adaptação ao contexto empresarial da "*extended mind thesis*"[106]. Desta perspetiva, no processo de automatização da empresa, os algoritmos integram a forma como a empresa pensa e decide e, assim, constituem uma extensão do seu estado mental e da sua vontade, vinculando-a criminalmente.

Do que se trata, em última análise, é de recorrer a uma interpretação «atualizada» das *normas* para evitar défices na proteção de bens jurídicos[107]. Na teorização de *Diamantis*[108], assume-se que as *atividades empresariais* e os *estados mentais* podem ser *alargados* para além dos seus tradicionais limites, ou seja, para além das atividades e estados mentais de empregados individuais, por forma a incluir «sistemas coletivos funcionalmente integrados». O funcionalismo, com efeito, é neutro em relação às pessoas/sistemas que operam ou realizam estados mentais. Por outras palavras, o que se quer significar é que os algoritmos não atuam nem pensam por si próprios; e que são as empresas que atuam ou pensam através dos seus sistemas de IA – deste ponto de vista, *Hallevey* defendeu que, no contexto que adiante referimos, a IA tem «capacidade de cumprir os requisitos de conscientização em direito penal»[109] –,

[106] Diamantis, Mihailis E. (2020), p. 893; também Bryson, Joanna J. / Diamantis, Mihailis/ Grant, Thomas D., «Of, for, and by the people: the legal lacuna of synthetic persons», *Artificial Intelligence Law*, 2017, p. 273 e ss.

[107] Ao nível penal, nesta via, da perspetiva da reinterpretação e da alteração das incriminações de abuso de informação e de manipulação de mercado, no ordenamento jurídico português, para efeitos de responsabilização das pessoas físicas singulares pela prática destes crimes com envolvimento de IA, designadamente através da negociação algorítmica de alta frequência (HFT – *High Frequency Trading*) por agentes artificiais com capacidade autónoma, MIRANDA RODRIGUES, Anabela (2021), p. 82s.

[108] Diamantis, Mihailis E. (2020), p. 895s; cf., nestes termos, MAZZACUVA, Federico (2021), p. 147.

[109] Cf. HALLEVEY, Gabriel (2015), p. 91.

de modo que, mediante uma interpretação ampla de uma responsabilidade puramente objetiva, no âmbito da norma pode caber a sua responsabilização pelos erros dos seus algoritmos. Mais especificamente, o que se afirma é que, do ponto de vista da responsabilidade assim entendida, a intervenção de sistemas de IA para a consideração da responsabilidade autónoma do ente coletivo é menos problemática, uma vez que, por um lado, o novo *homo technologicus* tem capacidade para praticar «atos»[110] e, por outro lado, os elementos externos (*actus reus*) da IA podem ser considerados de forma *ampla/alargada* uma conduta da empresa; já a partir de uma perspetiva vicarial, a sua responsabilidade torna-se mais complexa, apenas se verificando se[111], desde logo, o crime foi cometido mediante informação «conhecida» do algoritmo e, assim, da empresa; depois, é necessário que o algoritmo conheça a informação dentro do escopo do seu uso dentro da organização; e, finalmente, o algoritmo deve usar a informação de uma forma que acumule algum benefício para a própria empresa. Entendimento semelhante pode ser defendido[112] quando se faz funcionar o princípio da identificação. Sendo que, de acordo com a compreensão funcionalista dos estados mentais, se qualquer sistema que desempenhe o mesmo papel funcional que os empregados também pode fazer parte da mente coletiva, os únicos algoritmos relevantes (do ponto de vista desta compreensão da responsabilidade) são aqueles que executam as operações de nível mais alto.

Como se vem fazendo notar, a questão é menos teórica do que se possa pensar... Mesmo que pareça improvável que uma tarefa executada erroneamente pela IA possa ser ligada de alguma forma à alta administração – no contexto empresarial, tais ferramentas geralmente auxiliam ou substituem *compliance officers*, ou seja, funcionários de nível intermediário ou baixo –, existem já várias empresas que nomearam para o seu Conselho de Administração, em vez de uma pessoa, um *software* de IA como membro com direito a voto. São conhecidos os casos de *Vital* – um *software* de IA – aceite, em 2014, com o estatuto de «observador» com direito a voto em todas as decisões relativas a

110 Cf. HALLEVEY, Gabriel (2015), p.61, que considera que isto é verdade não só para a IA forte, mas também para a tecnologia de «*sub-artificial intelligence*», que tem «capacidade factual de praticar atos».

111 De acordo com a «*extended mind thesis*» referida *supra* (nota 95), de *Mihailis Diamantis* (2020).

112 Assim, MAZZACUVA, Federico (2021), p. 148.

investimentos financeiros, pelos diretores «humanos», nas reuniões do Conselho de Administração da empresa de capital de risco sediada em *Hong-Kong*, a *Deep Market Ventures*. E se nenhum *software* de IA ocupa, presentemente, um lugar formal num Conselho de Administração de uma empresa, na Europa, é assinalado pelo menos numa empresa, a *Tieto*, o caso de um artefacto de IA autónomo semelhante – *Alicia T* – como um membro com direito a voto no seu grupo de gestão[113].

Numa outra perspetiva do problema, a suposta insuficiência dos esquemas jurídicos clássicos de atribuição de responsabilidade constituiu um impulso decisivo para o surgimento de propostas teóricas defensoras de uma *personalidade jurídica eletrónica*, no plano civil, e de uma consequente responsabilização direta da máquina como resposta ao *responsability / accountability gap*. Defende, por exemplo, *Gabriel Hallevy*, para efeitos de responsabilidade criminal de uma entidade, a ideia aparentemente simples de que, estando verificados os seus pressupostos, ela deve ser responsabilizada, seja ela um ente físico, um ente coletivo ou um ente artificial[114]. Numa clara compreensão utilitarista da responsabilidade penal, a extensão do direito penal às máquinas autónomas e inteligentes não exigiria, na visão do autor, grandes modificações aos pressupostos exigidos por esta responsabilidade, sendo possível identificar, na atuação da IA, os elementos externos (*actus reus*) e mentais (*mens rea*) exigidos por uma responsabilização penal.

5. A concluir

A tentação, por parte de reguladores e regulados, de alcançar níveis de eficácia cada vez mais elevados na prevenção e luta contra o branqueamento pode levar a um estado de perigosa euforia, quando a oferta de aplicações práticas de IA para esse efeito é já uma realidade e um «negócio» atrativo para ambas as partes no setor bancário. O *compliance* veio colocar-lhe cada vez mais

[113] Sobre estes casos, cf. SIEBECKER (2019), p. 96 e 97.

[114] Cf. HALLEVY, Gabriel, «The Criminal Liability of Artificial Intelligence Entities – From Science Fiction to Legal Social Control», *Akron Intellectual Property Journal* Vol. 4, Issue 2, 2010, p. 199; *id* (2015), p. 61. Para uma apreciação crítica da construção deste autor, AIRES de SOUSA, Susana (2020), p. 77s. Em sentido crítico, também, MIRANDA RODRIGUES, Anabela (2020 a), p. 52s.

exigências e está a assistir-se à emergência de um novo patamar de *RegTech*. As vantagens e os benefícios que estão inegavelmente contidos nesta mudança radical não devem acontecer, todavia, à margem da consideração dos riscos que ela implica para os direitos fundamentais das pessoas envolvidas. Este processo de transformação «coloca os dados no poder» e deixa os «súbditos» à sua mercê.

É por isso que a regulação relativa à proteção de dados é a pedra de toque para limitar os riscos do novo mundo digital. É como uma afirmação de lucidez e não de rendição que deve ser lido o RGPD e a declaração aí inscrita em que se reconhece que «As novas tecnologias permitem às empresas privadas e às entidades públicas a utilização de dados pessoais numa escala sem precedentes no exercício das suas atividades.»[115]. No domínio do branqueamento, que nos ocupou neste estudo, a questão fundamental em matéria de proteção de direitos fundamentais é a de saber se sistemas de IA aplicados à deteção e identificação de operações suspeitas satisfaz as exigências de proporcionalidade. Concebeu-se um modelo de prevenção e luta contra o branqueamento em que reguladores e regulados permanecem na ignorância sobre a real eficácia do controlo efetuado e em que os dados ganham vida própria – representam em si mesmo um poder ilimitado –, à margem da sua subordinação ao objetivo em vista do qual são utilizados de prevenção e luta contra o branqueamento.

Não é de agora a denúncia dos perigos de um modelo de prevenção e luta contra o branqueamento em constante expansão. Mas o desenvolvimento de sistemas de IA aplicados no setor tornou os perigos maiores. Torna-se imperioso que o critério da eficácia que se liga à utilização de sistemas de *compliance* inteligente neste domínio seja perspetivado em função de outras variáveis, sendo, então, particularmente relevante o aspeto da regulação. Que, como se enalteceu nas primeiras linhas deste estudo, constitui uma especial responsabilidade da geração presente.

A aproximação do direito, e também do direito penal, à IA é, ainda, demasiado conservadora, ao reduzir-se a uma relação de meio-fim – a *Legal Tech* tem tendência a centrar-se na otimização de procedimentos mediante a utilização de sistemas de IA. Na prevenção e luta contra o branqueamento impõe-se que

[115] Cf. Considerando 6, do RGPD.

a lei defina as caraterísticas e os limites dos sistemas de controlo de operações que o setor bancário deve implantar, simultaneamente aproveitando as vantagens e beneficiando dos progressos de sistemas autónomos e de IA. Sob pena de a proporcionalidade – o critério a ter presente como garantia de que a sua utilização se faz nos parâmetros do permitido por lei[116] – se revelar letra morta.

[116] *Vide* a exigência de que o tratamento de dados «para fins que não sejam aqueles para que os dados pessoais foram recolhidos» tenha base legal, quando não for realizado com base no consentimento do titular dos dados (Artigo 6º, nº 4 e 23º, nº1, do RGPD). Uma eventual dificuldade relacionada com a exigência de proporcionalidade pode residir, desde logo, na falta de especificidade na lei de prevenção e luta contra o branqueamento das características e limites dos sistemas de fiscalização e controlo de transações que os bancos devem implantar.

Bibliografia

AGAPITO, Leonardo Simões/MIRANDA, Matheus de Alencar/ JANUÁRIO, Túlio Felippe Xavier, «On the Potentialities and Limitations of Autonomous Systems in Money Laudering Control», *Révue International de Droit Pénal,* Gert Vermeulen, Nina Persak and Nicola Recchia (Eds.), *Artificial Intelligence, Big Data and Automated Decision-Making in Criminal Justice,* Vol. 92 issue 1, 2021, p. 87 s.

AIRES de SOUSA, Susana, *Questões Fundamentais de Direito Penal da Empresa,* Almedina, 2019.

AIRES de SOUSA, Susana, «'Não fui eu, foia máquina: teoria do crime, responsabilidade e inteligência artificial», *A Inteligência Artificial no Direito Penal,* coord. Anabela Miranda Rodrigues, Almedina, 2020, p. 59 s.

AIRES de SOUSA, Susana, «As diferentes faces dos programas de *compliance*», *Legitimidade e efetividade dos programas de compliance* (org. Adán Nieto Martin / Eduardo Saad Diniz), Tirant lo blanch, 2021, p. 29 e ss.

ARNER, Douglas W./ BARBERIS, Janos Nathan/ BUCKLEY, Ross P., "The emergence of *RegTech* 2.0: from know your customer to know your data", *Journal of Financial Transformation*, vol. 44, 2016, p. 79s.

AZEVEDO de MOURA, Miguel, «O *overcompliance* e o princípio da proporcionalidade na aplicação de normas relativas à prevenção e combate ao branqueamento de capitais e financiamento do terrorismo», *Vida Judiciária,* janeiro/fevereiro, 2020, p. 40s.

AZEVEDO, Felipe Fagundes/ SAAD-DINIZ, Eduardo, «*Overcompliance,* regulatory policies and environmental crime», *Révue International de Droit Pénal,* v. 91, n.1, 2020, p. 155 s.

Aziz, Saqib / Dowling, Michael, «Machine Learning and AI for Risk Management», *Disrupting Finance,* Palgrave Macmillan, 2019, p. 40s.

Bryson, Joanna. J. / Diamantis, Mihailis/ Grant, Thomas D., «Of, for, and by the people: the legal lacuna of synthetic persons», *Artificial Intelligence Law*, 2017, p. 273 e ss.

Butler, Tom / O'Brien, Leona, «Artificial intelligence for regulatory compliance: Are we there yet?», *Journal of Financial Compliance,* Vol. 3 (1), 2019, p. 44s.

CAEIRO, Pedro, «Contra uma política criminal 'à flor da pele': a autonomia do branqueamento punível em face do branqueamento proibido», *Estudos em Homenagem ao Prof. Doutor Manuel da Costa Andrade, Direito Penal,* Volume I (organizadores: José de Faria Costa, Anabela Miranda Rodrigues, Maria João Antunes, Helena Moniz, Nuno Brandão, Sónia Fidalgo), *Boletim da Faculdade de Direito, Studia Iuridica,* 108, Ad Honorem – 8, Instituto Jurídico, Universidade de Coimbra, 2017, p. 267s.

COLIN, Scott, «Regulating Everything: From Mega- to Meta-Regulation», *Administration,* Vol. 60, 2012, (inaugural lecture as Professor of EU Regulation and Governance at University College Dublin, delivered on 26th February 2008).

CORIA, Dino Carlos Caro, «Compliance, Neurociencias e Inteligencia Artificial/Compliance, Neuroscience and Artificial Intelligence», *on line,* 2022, p. 633 s.

DIAMANTIS, Mihailis, «The Extended Corporate Mind: When Corporations Use AI to Break the Law», *North Caroline Law Review,* vol. 98, 2020, p. 893s.

FLORIDI, Luciano, «Soft Ethics and the Governance of the Digital», *Philosophy and Technology,* February 2018 (https://www.researchgate.net/publication/32324854).

GAO, Zengan/YE, Mao, «A Framework for data mining-based anti-money laundering research», *Journal of Money Laudering Control,* Vol.10, No. 2, 2007, p. 170 s.

GARAPON, Antoine/LASSÈGUE, Jean, *Justice digitale,* Presses Universitaires de France/ Humensis (PUF), 2018.

HALLEVEY, Gabriel, «The Criminal Liability of Artificial Intelligence Entities – From Science Fiction to Lrgal Control», Akron Intellectual Property Journal, Vol. 4, Issue 2, 2010. p. 189s.

HALLEVEY, Gabriel, *Liability for Crimes Involving Artificial Intelligence Systems,* Springer, 2015

HOTI, Lindona, «Application of Artificial Intelligence Techniques to Combat Money Laundering in the Banking Sector», Department of computer and Systems Sciences, Stockholm University, 2021, p. 1 s.

MAIA, Pedro, «Direito das Sociedades Bancárias», Revista de Legislação e de Jurisprudência, Ano 149º, Nº 4023, Julho-Agosto, 2020, p. 372s.

MAIA, Pedro, «Compliance bancário na era da Inteligência Artificial – uma breve introdução», *Julgar,* Nº 45 (coordenação: Anabela Miranda Rodrigues), Set.-Dez. 2021, p. 159 s.

MAIA, Pedro, «Intelligent Compliance», *Artificial Intelligence in the Economic Sector. Prevention and Responsability* (Editors: Maria João Antunes e Susana Aires de Sousa), Instituto Jurídico/Faculdade de Direito/Universidade de Coimbra, janeiro de 2022, p. 3s.

MANACORDA, Stefano, «The 'Dilemma? Of Criminal Compliance for Multinational Enterprises in a Fragmented Legal World», Manacorda, Stefano/, Centoze, Francesco (eds.), *Corporate Compliance on a Global Scale: Legitimacy and Effectiveness,* Springer, 2021.

MAXWELL, Winston/ BERTRAND, Astrid/VAMPARYS, Xavier (2020), «Are AI-based Anti-Money Laundering (AML) Systems Compatible with European Fundamental Rights?», ICML 2020 *Law and Machine Learning Workshop,* Jul 2020, Vienne, Austria. *Hal -02884824v3,* p. 1 s.

MAZZACUVA, Stefano, «The Impact od AI on Corporate Criminal Liability: Algorithmic Misconduct in the Prism of Derivative and Holistic Theories», *Révue International de Droit Pénal,* Gert Vermeulen, Nina Persak and Nicola Recchia (Eds.), *Artificial Intelligence, Big Data and Automated Decision-Making in Criminal Justice,* Vol. 92 issue 1, 2021, p. 143 s.

MIRANDA RODRIGUES, Anabela, «Inteligência Artificial no Direito Penal – a justiça preditiva entre a americanização e a europeização», *A Inteligência Artificial no Direito Penal,* Coord: Anabela Miranda Rodrigues, Almedina, 2020 a).

MIRANDA RODRIGUES, Anabela, *Direito penal económico – uma política criminal na era compliance,* Almedina, 2ª Edição, 2020 b).

MIRANDA RODRIGUES, Anabela, «O último cocktail – criminalidade económico-financeira, responsabilidade penal empresarial, compliance e Inteligência Artificial», *Homenaje al Professor Ignacio Berdugo de la Torre,* Liber Amicorum Derechos humanos y Derecho Penal, Tomo II, Editores Juan Carlos Ferré OlivÉ, José Ramón Serrano-Piedecasas Fernandéz, Eduardo Demetrio Crespo, Ana Isabel Pérez Cepeda, Miguel Angel Núñez Laura ziñiga Rodríguez, Nieves Sanz Mulas, Ediciones Universidad Salamanca, 2022.

MIRANDA RODRIGUES, Anabela, «Os crimes de abuso de mercado e a «Escada Impossível» de *Escher* – o Caso do *Spoofing*)», *Julgar*, (coordenação: Anabela Miranda Rodrigues), Nº 45, Set.- Dez. 2021, p. 65 s.

MIRANDA RODRIGUES, Anabela e AIRES de SOUSA, Susana, «Algoritmos em contexto empresarial: vantagens e desafios à luz do direito penal», *Julgar*, (coordenação: Anabela Miranda Rodrigues), Nº 45, Set.- Dez. 2021, p. 193s.

NIETO MARTÍN, Adán, «Autorregulación, '*compliance*' y justicia restaurativa» *Autorregulación y sanciones, Luis Arroyo Jimenez/Adán Nieto Martin* (Directores), Thomson Reuters, Aranzadi, 2ª Edición, 2015.

PAGALLO, Ugo/ QUATTROCOLO, Serena, «The Impact of IA on Criminal Law, and its Twofold Procedures», Woodrow Barfield and Ugo Pagallo (eds.), *Research Handbook on the Law of Artificial Intelligence*, Edward Elgar Publishing, 2018, p. 385s.

SABIA, Rossella, «Artificial Intelligence and Environmental Criminal Compliance», *Rivista Italiana di Diritto Penale* (*RIDP*), 91 (1), 2020, p. 179s.

SIEBECKER, Michael, «Making Corporations More Human through Artificial Intelligence, *Journal of Corporate Law*, 45, 2019, p. 95s.

WELLS, Celia, «Economic Crime in the UK. Corporate and Individual Liability», *White Collar Crime. A Comparative Perspective*, Katalin Ligeti and Stanislaw Tosza (eds.), Hart Publishing, 2019, p. 253-276.

Os Crimes de Abuso de Mercado e a «Escada Impossível» de *Escher* (o Caso do *Spoofing*)[1]

Anabela Miranda Rodrigues

Sumário: 1. Introdução. 2. A HFT e a regulação dos mercados financeiros. 3. A questão penal. 3.1. O tipo legal de abuso de informação. 3.2. O tipo legal de manipulação de mercado. 4. O tipo legal de crime e uma nova escrita. 5. A renovação dos tipos legais incriminadores (ou os desafios da prática judiciária). 6. A concluir.

1. Introdução

Atualmente, muitas das nossas preocupações incidem sobre o que podemos chamar de *Hard AI Crimes*[2]. Para significar crimes cometidos mediante sistemas de Inteligência Artificial (IA), em que não é praticamente defensável reduzir a atuação da IA a atores censuráveis. Não há responsabilidade humana identificável – é a IA a cometer crimes autonomamente. No domínio dos crimes económicos, designadamente no cometimento de crimes financeiros, o envolvimento da IA é crescente. Neste estudo, serão tidos em consideração os crimes de abuso de mercado.

[1] Este texto foi originalmente publicado na revista *Julgar*, nº 45 (2021), numa edição dedicada a temas de direito na era da Inteligência Artificial.

[2] Sobre os *AI Crimes*, em geral, cf. o estudo fundamental de KING, Thomas C., AGGARWAL, Nikita, TADDEO (2020), p. 89s. Referem-se, expressamente, a *Hard AI Crimes*, com o sentido que se lhe atribui em texto, ABBOT, Ryan e SARCH, Alex (2019), p. 335s.

A questão de saber a quem atribuir a responsabilidade pela prática destes crimes é premente, dada a entrada nos mercados da negociação de alta frequência *(High Frequency Trading*– HFT). Este problema pode ser abordado do ponto de vista dos modelos de imputação de responsabilidade e tem determinado, igualmente, a consideração da possibilidade de ficcionar estas novas entidades inteligentes – os agentes artificiais (AA) – como autores dos crimes cometidos, numa teorização que remonta a *Gabriel Hallevy*[3]. Não é sobre isto que versa este estudo, embora esta problemática esteja presente nas considerações que se seguem. A perspetiva de análise aqui tomada em conta centra-se na crise do tipo legal de crime e na necessidade de criar novas incriminações ou tão-só de alteração ou reinterpretação de elementos constitutivos das já existentes. Tendo em vista não enfraquecer a proteção dos bens jurídicos que elas visam assegurar e não desresponsabilizando os agentes físicos pela prática destes crimes.

2. A HFT e a regulação dos mercados financeiros

O domínio do abuso de mercado consubstancia um exemplo paradigmático de como se torna cada vez mais difícil distinguir a conduta humana daquela que é levada a efeito por programas algorítmicos de alta frequência que investem no mercado de modo totalmente autónomo de instruções de agentes físicos. Com esta negociação de última geração, a HFT[4], não é apenas a *execução* das transações, mas, mais radicalmente, a *decisão* que está na sua origem, que não reside na determinação de um ser humano e radica num cálculo de tipo matemático gerado por um algoritmo, que se determina em plena autonomia. São

[3] É hoje já uma referência o modelo da responsabilidade direta dos AA desenvolvido pelo penalista israelita *Gabriel Hallevy* em múltiplos artigos, que remontam a 2010. Cita-se, aqui, por todos, HALLEVY, G., (2010), p. 171-201. Sobre a problemática em torno da atribuição de responsabilidade às «máquinas», cf. AIRES de SOUSA, Susana (2020), p. 59s; e JANUÁRIO, Túlio Xavier, (2020), p. 95s.

[4] Para a distinção entre negociação algorítmica e negociação algorítmica de alta frequência – que reside «no grau de sofisticação dos algoritmos de negociação» – cf. ALMEIDA, Miguel (2016), p. 23s., p. 26; também, GOMBER, Peter/ARNDT, Bjorn /LUTAT, Marco/UHLE, Tim Elko, (2011), p.21s, que se referem ainda a algoritmos de primeira, segunda e terceira gerações (p. 23s), acessível em SSRN: https://ssrn.com/abstract=1858626 or http://dx.doi.org/10.2139/ssrn.1858626.

autênticos *decision makers*, o que significa que atuam com autonomia operativa em relação aos sujeitos em cujo interesse operam, titulares de *hedge funds*, *market makers* ou outros intermediários financeiros[5]. Para além disso, diversamente dos algoritmos de primeira geração, os de alta frequência são capazes de aprender e de modificar as próprias estratégias operativas, revelando, assim, uma caraterística que os identifica. E que é a de terem capacidade para reagir às mudanças do contexto em que operam sem qualquer instrução humana diversa das inicialmente dadas pelos programadores[6]. Evidencia-se, assim, a sua capacidade de efetuar escolhas. A capacidade autónoma de escolha que detêm, resultante da sua capacidade de elaboração crítica de uma massa de informações incompreensíveis para uma pessoa física – fala-se, aqui, de *Newsreader Algorithms*[7] –, faz deles *omniscientes* em relação ao futuro[8]. Por força dos mecanismos de *machine learning* – aprendizagem automática –, estes sistemas de IA têm, pois, capacidade para aprender com a experiência e de modificar, portanto, a sua atuação, adaptando-a aos estímulos entretanto recebidos[9]. Em muitos casos[10], inclusivamente, mediante o recurso às tecnologias de *cloud computing*, através da troca de informações com outros sistemas inteligentes mesmo operando em ambientes diferentes, podem incrementar exponencialmente a aprendizagem. Para já não considerar a possível interação *in cloud* de sistemas de inteligência artificial e humanos no vasto mundo da *Internet of Things* (IoT). Finalmente, importa, pois, relevar que, embora sejam uma criação humana, é da interação entre o algoritmo e o ambiente económico em mudança em que ele atua que surge a decisão de investimento – uma decisão imprevisível no momento da geração do programa e da sua colocação no mercado. O funcionamento dos agentes inteligentes de última geração que utilizam as técnicas do *deep learning* está associado aos algoritmos *black box*

[5] Neste sentido, cf. SCOPINO, Gregory (2015), p. 458s; SOKOL, Nathaniel E. (2016), p. 415, que coloca em evidência como a HFT foi o catalisador da mais recente crise de confiança dos investidores no mercado de valores mobiliários; e CONSULICH, Federico (2018), p. 205s.

[6] Cf. CONSULICH, Federico (2018), p. 206.

[7] Cf. GOMBER, Peter/ARNDT, Bjorn /LUTAT, Marco/UHLE, Tim Elko, (2011), p. 23 e 24, referindo que os *Newsreader Algorithms* utilizam « *statistical methods as well as text-mining techniques to discern the likely impact of news announcements on the market.*».

[8] Assim, KEARNS-KULEZSA-NEVMYVAKA (2010); também PAPA, Michele (2020), p. 20.

[9] Cf., por todos, BECK, Susanne (2016), p.140.

[10] Cf. CAPPELLINI, Alberto (2019), p.5s; e BORSARI, Riccardo (2019), p. 264s.

(*black box algorithms*). Uma tecnologia em que o processo de transformação de *inputs* em *outputs* está envolto em opacidade, não permitindo compreender como o *software* chega ao resultado final (*black box problem*). O resultado – é o que se pretende sublinhar aqui – não está dentro da capacidade de previsão dos programadores[11].

A origem da colonização do mercado de valores mobiliários por estes agentes artificiais é tecnológica, sem dúvida, mas está também ligada a aspetos regulatórios[12]. A potência do *hardware* e o elevado grau de sofisticação do *software* de *trading* de nada serviriam se, primeiro nos EUA e depois na Europa – aqui, proporcionada pela entrada em vigor da DMIF I, em 2004[13] –, as autoridades não tivessem viabilizado sistemas alternativos de negociação de valores fora dos mercados regulamentados. A concorrência passou a ser a concorrência entre os mercados tradicionais e as plataformas negociais de nova geração e de caráter privado. O aumento da concorrência assim fomentado, favoreceu a evolução de negociações mobiliárias cada vez mais velozes, beneficiando, por seu turno, das novas possibilidades abertas pela inovação tecnológica. Os operadores algorítmicos de alta frequência – a referência é agora aos *high frequency traders* – caraterizam-se, ainda, na verdade, por uma particular velocidade operativa, que os distingue dos *traders* algorítmicos identificados simplesmente por serem baseados em instruções operativas de tipo matemático. A velocidade é a pedra-de-toque da negociação algorítmica de alta frequência[14].

Já em 2010, nos EUA, a SEC[15], e, do lado europeu, a DMIF II, em 2014,[16] colocaram em evidência esta caraterística – a sua capacidade de realizar

[11] Sobre isto, cf., por todos, BECK (2017), p. 227s.

[12] CONSULICH, Federico (2018), p. 197s.

[13] É assim conhecida a Diretiva 2004/39/CE do Parlamento Europeu e do Conselho, de 21 de abril de 2004, relativa aos mercados de instrumentos financeiros.

[14] Assim, ALMEIDA, Miguel (2016), p. 26; *vide*, também, LIN, Tom C.W. (2013), p.. 691 e CAIVANO, V./CICCARELLI, S./STEFANO, G.DI/FRATINI, M./GASPARRI, G./GILIBERTI, M./LINCIANO, N./TAROLA, I. (2012), p. 8.

[15] Sobre isto e no que se segue, cf. CONSULICH, Federico (2018), p. 199s

[16] Diretiva 2014/65/EU do Parlamento Europeu e do Conselho de 15 de maio de 2014 relativa aos mercados de instrumentos financeiros. Cf. Considerando 61, onde a negociação algorítmica de alta frequência se define como um sistema de negociação que «analisa os dados ou sinais do mercado a alta velocidade e, em seguida, envia ou atualiza um grande número de ordens num período de tempo muito curto, em resposta a essa análise».

múltiplas transações financeiras num infinitésimo arco de tempo –, que fica a dever-se, não só à sofisticação dos *hardwares*, mas também à *partilha de instalações*, a chamada *co-location*[17], em que o *hardware* é colocado na proximidade do *server* dos mercados financeiros em que os programas algorítmicos vão operar. Desta forma, resulta que, por um lado, a HFT tem capacidade para quase anular o *período de latência*, o tempo que intercede entre a *decisão* de realizar uma operação financeira e a sua posterior *execução* completa – é a chamada *low latency*; e, por outro lado, o modelo operativo que estes algoritmos seguem, dada a rapidez que podem imprimir às transações, é o de ordens de sinal contrário quase simultâneas. Refere-se[18] que «aumentou de forma exponencial» a frequência com que as ordens «são introduzidas nos livros de ofertas e posteriormente modificadas, canceladas ou efetivamente executadas», processando-se, hoje, em «frações de milésimo» e «milionésimo de segundo», sendo expectável que, num futuro próximo, «passe a desenvolver-se na escala dos nanosegundos». Estes *traders* dispõem, assim, de uma colossal vantagem competitiva cognitiva, gerada pela sua superioridade em termos de velocidade operativa, que nenhum ser humano é capaz de acompanhar. Antes de um operador humano ter realizado uma única operação, o *trader* algorítmico já elaborou milhares de informações e, na sequência, realizou uma negociação de latência ultrabaixa (*ultra low latency trading*). O *modus operandi* da HFT visa aproveitar as oscilações de valores dos títulos, por mínimas que sejam em valores absolutos, beneficiando dos desalinhamentos temporais na execução das transações realizadas pelos intermediários físicos ou dos atrasos operativos infinitesimais dos mercados. É por isso que a sua capacidade de gerar ganhos ingentes se revela sobretudo em perspetiva agregada. A utilidade marginal produzida pela ação da HFT não é percetível entre as operações isoladas – só

[17] Neste sentido, também a DMIF II (nota 14), Considerando 62, onde, depois de se chamar a atenção para que negociação de alta frequência «é facilitada pela partilha das instalações (*co-location*) dos intervenientes no mercado nas proximidades do motor de correspondência de uma plataforma de negociação», adverte-se para que «é fundamental exigir que as plataformas de negociação prestem esses serviços de partilha das instalações de forma não discriminatória, equitativa e transparente», em ordem a «assegurar condições para uma negociação ordenada e equitativa». Sobre a importância da *co-location*, *vide*, também, JONES, Charles M. (2013) p.10; e CAIVANO, V./CICCARELLI, S./STEFANO, G.DI/FRATINI, M./GASPARRI, G./GILIBERTI, M./LINCIANO, N./TAROLA, I. (2012), p. 8s.

[18] Cf. ALMEIDA, Miguel (2016), p. 27.

perspetivando as operações realizadas num arco temporal, ainda que muito restrito, é possível entender os ganhos económicos.

A reflexão sobre a possível danosidade dos operadores algorítmicos começou com o *flash crash* do índice *Dow Jones*, em 6 de maio de 2010, a que outros se seguiram[19]. O risco da ocorrência deste tipo de fenómenos, que têm natureza mecânica, independente de fatores económicos reais, está associado ao modo como a negociação de alta frequência se relaciona com a informação, que não atende aos fundamentos económicos do título negociado. A correta formação dos preços nos mercados pode, assim, ser prejudicada. Encontram-se relatos[20] do *flash crash* de 23 de abril de 2013, ocorrido nos mercados financeiros norte-americanos na sequência da notícia falsa, lançada na conta *twitter* da *associated press*, de um atentado a *Barack Obama*, em que os operadores algorítmicos processaram a notícia antes de qualquer outro operador físico, prevendo um efeito de descida nos mercados e, portanto, não só antecipando a verificação deste efeito, mas também amplificando exponencialmente o seu alcance. Apesar de os algoritmos de alta frequência serem, não só produtores de informação – fala-se de uma estratégia predatória de operacionalidade dos HFT, baseada no modelo de *front running*[21] –, mas também consumidores de informação, a sua atividade encerra uma iniludível contradição, já que não é informativa. Quebra uma regra fundamental do direito financeiro, segundo a qual o comportamento dos investidores é informativo. Alguns autores apontam, assim, a degradação da qualidade das transações que a HFT provoca, não obedecendo a qualquer perspetiva de longo prazo que tenha em conta variáveis económicas relevantes para um operador profissional, antes visando tirar proveito das oscilações de um título em períodos brevíssimos e

[19] Cf. LIN, Tom C. W. (2013), p. 704; CONSULICH, Federico (2018), p. 201s; e CAIVANO, V./CICCARELLI, S./STEFANO, G.DI/FRATINI, M./GASPARRI, G./GILIBERTI, M./LINCIANO, N./TAROLA, I. (2012), p. 17 e 18. Para uma análise detalhada do *flash crash* do índice *Dow Jones, vide* KIRILENKO, Andrei, KYLE, Albert S., SAMADI, Mehrdad, TUZUN, Tugkan (2017), *passim*. Note-se que este acontecimento deu origem ao Caso *Sarao*, na base de uma «queixa-crime» apresentada pelo *US Department of Justice* (cf., *infra*, nota 74).

[20] CONSULICH, Federico (2018), p. 202.

[21] Sobre o modelo de operacionalidade da HFT baseada na *front running* e sobre a possibilidade de os HF *traders* agirem primeiro do que os outros operadores, beneficiando do conhecimento antecipado de uma grande ordem de compra ou venda no mercado, SOKOL, Nathaniel E. (2016), p. 421.

lucrar com a sua antecipação. Fomenta-se, além disso, a fuga dos operadores financeiros do mercado institucional para as plataformas de baixa taxa de transparência (*dark pools*)[22].

De qualquer modo, há uma polarização em torno do juízo sobre o efeito dos operadores algorítmicos, provavelmente a refletir um conhecimento ainda relativamente parco da HFT[23]. Os estudos económico-financeiros não confirmam, de forma inequívoca que incida negativamente sobre o valor informativo dos preços de mercado ou sobre a própria formação dos preços em mercado. De qualquer forma, referem-se impactos menos positivos relacionados com fornecimentos de liquidez meramente cíclicos, períodos de negociação agressiva ou com potenciação de volatilidade nos preços. E, no polo oposto, não deixa de se chamar a atenção para que a HFT tende a melhorar a qualidade e constitui uma força positiva do mercado. Refere-se que, ao contrário do que é defendido por alguns, não é prejudicada a eficiência da informação e que a velocidade do processo de incorporação das informações disponíveis nos preços reduz o grau de volatilidade dos preços e apontam-se os benefícios potenciais das transações algorítmicas em termos de maior liquidez para os sistemas de negociação. Um ponto sobre o qual todos parecem estar de acordo diz respeito à sua marcada propensão para amplificar[24] os efeitos negativos de uma negociação manipulada que utiliza estratégias predatórias. Os analistas dos mercados financeiros referem, entre outras, estratégias de *momentum*

[22] Cf. LIN, Tom C. W. (2013), p. 690s.; CONSULICH, Federico (2018), p. 216s; e CAIVANO, V./CICCARELLI, S./STEFANO, G.DI/FRATINI, M./GASPARRI, G./GILIBERTI, M./LINCIANO, N./TAROLA, I. (2012), p. 19.

[23] Sobre a questão, com referências bibliográficas, cf. ALMEIDA, Miguel, (2016), p. 34. Refira-se que a Alemanha foi o primeiro país, no âmbito europeu, a regular a negociação de alta frequência (*Gesetz z. Vermeidung von gefahrenund Missbrauchen im Hochfrequenzhandel (Hochfrequenzhandelgesetz – HFHHandelG*, de 7de maio de 2013); sobre o impacto da aplicação desta lei, concluindo que «*consequences originating from the absence of unregulated HFT could be considered marginal for securities markets quality*», HAFERKORN, Martin/ZIMMERMANN, Kai, *The German High-Frequency Trading Act: Implications for Market*, acesso em Deliver.cfm/SSRN_ID2603196_code1685487.pdf?abstractid=1&tipe=2.

[24] KIRILENKO, Andrei, KYLE, Albert S., SAMADI, Mehrdad, TUZUN, Tugkan (2017), p. 18, dão conta de que, relativamente ao *flash crash* do índice *Dow Jones*, a SEC verificou que os *traders* de alta frequência, embora não pudessem ser considerados os causadores do ocorrido, potenciaram os seus efeitos, ampliando uma espiral de baixa de preços.

ignition, quote stuffing, pinging, smoking, layering ou *spoofing*[25]. Com estas estratégias predatórias, de distorção dos mercados, trata-se da multiplicação exponencial de ordens no mercado, inundado, assim, de milhões de operações que continuamente são modificadas e depois canceladas, determinando um cenário de mercado completamente desconforme com a realidade. O que acontece é que os algoritmos de primeira geração, menos sofisticados, e os operadores tradicionais são induzidos a realizar operações danosas, uma vez que são estimuladas por uma imagem irreal do mercado. A reação dos investidores assim provocada é analisada e aprendida pelos *traders* de alta frequência que, depois, concluem as transações realizadas e, monetizando o cenário do mercado gerado, beneficiam das oscilações relativas de preço.

É no espetro da ambiguidade que envolve a negociação de alta frequência que se inserem as tentativas da sua regulação nos mercados de capitais. Até aos tempos mais recentes desenhada para outro tipo de investidores, físicos ou *slow traders*. Basta pensar, por exemplo[26], na *mandatory disclosure*, que não permite prevenir as potencialidades abusivas da HFT, já que a fonte da desigualdade entre os operadores não reside numa assimetria informativa ocasional, mas na *estrutura* dos investidores, que torna possível ao *trader* algorítmico adotar estratégias económicas impensáveis para o operador físico.

A atenção regulatória a incidir sobre a negociação de alta frequência fez-se sentir, desde logo, nos Estados Unidos. Enquanto o Departamento de Justiça (*Department of Justice* – DOJ) confirmou recentemente a mera existência de investigações «exploratórias» para determinar se a HFT viola ou não a lei em matéria de *insider trading*[27], o Regulador, através da SEC e da *Commodity Futures Trading Commission* (CFTC), empreendeu uma ação sancionatória

[25] Cf. ALMEIDA, Miguel (2016), p. 33 e 34, que se refere, neste âmbito, a «estratégias direcionais», normalmente qualificadas como *estratégias especulativas*, distinguindo entre «estratégias de índole oportunista» e outras, mais graves (como as elencadas em texto), conhecidas como estratégias «predatórias»; *vide*, também, LHABITANT, François-Serge/GREGORIOU, Greg N. (2015), p. 161 e CONSULICH, Federico, (2018), p. 209s.

[26] Assim, CONSULICH, Federico (2018), p. 204.

[27] Cf. CHRISTIAN-ROSENFELD-LAKATOS-HANCHET-BISANZ, *US Department of Justice Brings Its First Criminal Prosecution for Spoofing Commodities Markets*, acessível em www.mayer-brown.com, que referem como orientação prioritária o «escrutínio apertado» pelas agências do Governo da HFT, acrescentando: «*In April 2014 congressional testimony, Attorney General Eric Holder confirmed that the DOJ is investigating HFT to determine whether it violates insider trading laws*».

dirigida aos intermediários que utilizavam ilicitamente algoritmos de alta frequência, desencadeando, em paralelo, investigações de caráter penal nos casos de perturbações fraudulentas do mercado (*securities fraud e market manipulation*)[28]. A CFTC sancionava o *spoofing* em duas previsões da *Commodity Exchange Act* – CEA[29], proibindo/considerando ilícita a prática da introdução de várias ordens no mercado sem a intenção de as executar. O denominador comum desta e outras estratégias de negociação especulativas já referidas é aproveitarem a velocidade operativa dos algoritmos de alta frequência. Com a aprovação da *Dodd-Frank Wall Street Reform and Consumer Protection Act*, em 2010, foi ampliado o arsenal de transações proibidas consideradas «disruptivas de uma negociação *fair* e equitativa»[30], que abrangeu as disposições *anti-spoofing* e conferiu à CFTC mais campo de manobra para lutar contra práticas de negociação disruptivas dos mercados. A proibição do *spoofing* em termos alargados, como a conduta que «*is, is of the character of, or is commonly known to the trade as, 'spoofing'*»[31], foi considerada vaga e indeterminada pela doutrina. Aliás, perante as críticas levantadas em torno desta disposição e do perigo de captura de práticas lícitas de negociação, a CFTC ofereceu, em 2013, um guia exemplificativo de atividades que podiam ser classificadas de *spoofing*[32].

[28] A este propósito, para uma panorâmica das iniciativas empreendidas pelas Autoridades americanas, cf. SOKOL, Nathaniel E. (2016), p.437s.

[29] Secção 4c(a)(2)(B) e Secção 9(a)(2). A Secção 4c(a)(2)(B) considerava ilícita a atividade de «*offer to enter into, enter into, or confirm the execution of a transaction*» que «*is used to cause any price to be reported, registred, or recorded that is not a true and bona-fide price*»; A Secção 9(a)(2) proibia um intermediário financeiro de desencadear a transmissão de «*false or misleading or knowingly inacurate reports concerning crop or market information or conditions that affect or tend to affect the price of any commodity in interstate commerce*». Cf. KLUCHENEK, Matthew F./KAHN, Jacob L. (2013), defendendo que no período pré-*Dodd-Frank Act*, o *spoofing* não apresentava um grau claro de aplicação.

[30] Cf. CHRISTIAN-ROSENFELD-LAKATOS-HANCHET-BISANZ (nota 26), p. 120.

[31] Cf. 7 U.S.C. 6c(a)(5)(C) (2014). Com efeito, a *Dodd-Frank Act* alterou a Section 4c(a) da CEA, acrescentando três novos tipos de transações ilícitas, onde se incluía a operação de spoofing: uma prática disruptiva que consiste em «*bidding or offering with the intent to cancel the bid or offer before execution*», punida com pena de prisão, e definida (conforme se refere em texto), como uma prática que «*is, is of the character of, or is commonly known to the trade as, 'spoofing'*». Para além desta alteração, foram acrescentadas, na referida Section 4c(a), outras duas práticas disruptivas, visando quem: «*(A) violates bids or offers; (B) demonstrates intentional or reckless disregard for the orderly execution of transaction during the closing period*». Cf., para uma aprofundada reflexão sobre a alteração relativa ao spoofing, COPPLER, Catriona (2016), p.279.

[32] Cf. COPPLER, Catriona (2016), p. 267 e 268.

Do lado europeu, a primeiras resposta regulatória para a negociação algorítmica de alta frequência só foi contemplada na DMIF II, em 2014[33], onde foram avançadas, no Artigo 4º, nº1, incisos 39 e 40, as definições, respetivamente, de «negociação algorítmica» e de «técnica de negociação algorítmica de alta frequência»[34]. O Regulamento (UE) Nº 596/2014, de 16 de abril[35], por sua vez, remete para esta última definição, no Artigo 3º, nº1, inciso 33. Acresce que, no Considerando 38, dispõe que nele se devem prever «medidas relativas à manipulação de mercado que possam ser adaptadas a novas formas de negociação ou novas estratégias suscetíveis de serem abusivas», acrescentando-se que «para refletir o facto de a negociação dos instrumentos financeiros se basear cada vez mais em procedimentos automatizados, é aconselhável que a definição de manipulação de mercado *apresente exemplos* específicos de estratégias abusivas que podem ser realizadas por meio de qualquer tipo de negociação disponível, incluindo a negociação algorítmica e de alta frequência. (...)»[36].

[33] Diretiva 2014/65/EU (nota 14). Note-se que esta Diretiva só foi transposta para o ordenamento jurídico interno pela Lei 35/2018, de 20 de julho, que entrou em vigor a 1 de agosto do mesmo ano. Apontando as desvantagens da tardia intervenção regulatória europeia, em comparação com o verificado nos Estados Unidos, TAVARES, Carlos (2016), p. 15 e 16.

[34] A «negociação algorítmica» é definida como (nº 39) «negociação em instrumentos financeiros, em que um algoritmo informático determina automaticamente os parâmetros individuais das ordens, tais como o eventual início da ordem ou o modo de gestão após a sua introdução, com pouca ou nenhuma intervenção humana. Esta definição não inclui qualquer sistema utilizado apenas para fins de encaminhamento de ordens para uma ou mais plataformas de negociação, para o processamento de ordens que não envolvam a determinação de parâmetros de negociação ou para a confirmação das ordens ou o processamento pós-negociação das transações executadas»; a «técnica de negociação algorítmica de alta frequência», por sua vez, carateriza-se por (nº40): «a) Uma infraestrutura destinada a minimizar a latência de rede e de outros tipo, incluindo pelo menos um dos seguintes sistemas para a entrada de ordens algorítmicas: partilha de instalações (*co-location*), alojamento de proximidade ou acesso eletrónico direto de alta velocidade; b) A determinação pelo sistema da abertura, geração, encaminhamento ou execução de ordens sem intervenção humana para as transações ou ordens individuais; e c) Elevadas taxas de mensagens intradiárias constituídas por ordens, ofertas de preços ou cancelamentos».

[35] Regulamento (UE) Nº 596/2014 do Parlamento Europeu e do Conselho de 16 de abril de 2014 relativo ao abuso de mercado (regulamento abuso de mercado) e que revoga a Diretiva 2003/6/CE do Parlamento Europeu e do Conselho e as Diretivas 2003/124/CE e 2004/72/CE da Comissão (cit. RAM).

[36] Itálico nosso. De acordo com a «técnica de exemplos» normalmente utilizada pelo legislador, acrescenta-se, ainda (Considerando 38, parte final), que os exemplos apresentados «não

3. A questão penal

A crise do tipo legal de crime está ligada a múltiplas razões. Numa síntese apertada, pode dizer-se que está associada às crescentes dificuldades de «ordenar o mundo com base na aparência das coisas»[37]. O contexto semiótico em que se move o legislador contemporâneo é muito diferente do passado. Pense-se nas dificuldades que experimenta em descrever certas condutas típicas, como as relativas ao branqueamento, ao ambiente ou à fraude fiscal. E em que, às dificuldades da morfologia dos crimes, se acrescenta a progressiva desmaterialização da realidade em que se interage e eles são praticados. A indeterminação dos tipos legais é, assim, um aspeto que sobressai na normatividade penal atual, a despertar a crítica fundada da doutrina[38]. E que requer uma atenção construtiva.

É neste contexto que se vão considerar os crimes de abuso de mercado e as estratégias predatórias de negociação de alta frequência, servindo-nos do caso do *spoofing*.

3.1. O tipo legal de abuso de informação

Ao nível da incriminação do *abuso de informação*[39], quando entram no mercado *traders* algorítmicos de alta frequência, sobressaem dificuldades de interpretação do elemento típico *informação privilegiada*. Eles colocam em causa algumas

pretendem ser exaustivos nem dar a entender que as mesmas estratégias executadas de outras formas não seriam igualmente abusivas».

[37] Cf. PAPA, Michele (2020), p. 13s; também PAPA, Michele (2020 a)), p. 9s.

[38] A questão sobressai no domínio da criminalidade económica em sentido amplo, como é o caso do branqueamento ou de certos crimes ambientais, relevando também ao nível dos crimes contra a liberdade sexual. Cf., nesta via, RODRIGUES, Anabela Miranda, «O crime de branqueamento sob o signo da expansão (as modalidades de ação típica e as alterações resultantes da Lei nº 58/2020, de 31/8)», *In Memoriam do Professor Augusto Silva Dias*, em curso de publicação; *id*, «Sobre o crime de importunação sexual», *Revista de Legislação e Jurisprudência*, Ano 143º, Nº 3987, Julho-Agosto 2014, p. 413s (p. 434s); *id*, «Direito Penal e Constituição – o que resta do conceito de bem jurídico-penal?», *Homenagem ao Professor Doutor Germano Marques da Silva*, Volume I (Coord. José Lobo Moutinho, Henrique Salinas, Elsa Vaz de Sequeira, Pedro Garcia Marques), Universidade Católica Editora, Lisboa,2020, p.149s (p.160s), *id*, «A reforma permanente dos crimes sexuais no ordenamento jurídico-penal português», *Reformas penales en la península ibérica: a 'jangada de pedra'?, Coordinadores: Maria Acalé SÁnchez, Anabela Miranda Rodrigues, Adán Nieto Martín/Prólogo Juan Carlos Campo Moreno, Jornadas de las Secciones española y portuguesa de la AIDP, Cádiz, 16 y 17 de julio de 2020, Agencia Estatal Boletín Oficial del Estado,Madrid, 2021, p. 281s.*

[39] Cf. Artigo 378º, da Lei nº28/2017, de 30 de maio, que revê o regime sancionatório do direito dos valores mobiliários (última alteração: Lei nº 58/2020, de 31 de agosto).

noções fundamentais do direito dos mercados financeiros com relevo para o direito penal, como a de *investidor razoável*, essencial para compreender, por sua vez, o conceito de informação privilegiada. O direito dos mercados financeiros baseia-se na assunção de que a informação relevante é aquela que motiva a ação do investidor razoável, sendo o fundamento da determinação da sua conduta. Esta correlação entre informação e negociador razoável está hoje em perda. Tendo sido sempre difícil definir investidor razoável[40], tornou-se ainda mais difícil, exatamente devido ao relevo que a sua entrada nos mercados significa para essa definição e para efeitos de se considerar a informação como privilegiada – tendo especialmente em atenção uma das caraterísticas que a define e que é a de ser *price sensitive* – e cuja utilização é, em geral, proibida.

Importa lembrar que a criminalização das práticas, em geral, de abuso de mercado ficou a dever-se a uma exigência de garantia e salvaguarda de um valor fundamental e matricial que poderíamos designar como a integridade do mercado de valores mobiliários[41]. Que surge, por seu turno, intrinsecamente relacionada com a igualdade de oportunidades dos investidores, prevenindo-se, designadamente, as práticas de abuso e domínio das posições injustificadas de privilégio. Igualdade ou *par conditio* que, encarada como condição da confiança dos operadores no mercado, exige também «transparência plena e adequada do mercado», que, por sua vez, deve colocar os investidores protegidos contra situações de abuso de mercado e designadamente, para o que agora nos interessa, a utilização ilícita de informação privilegiada[42]. É sobre um conjunto de bens ou interesses aqui radicados – em que também não deixa

[40] Sobre isto, CONSULICH, Federico (2018), p. 212s.

[41] Sobre a exigência, em geral, de *eticização dos negócios*, relevante para a génese da incriminação, SEMINARA, Sergio (1998), p. 141s. Referindo-se à importância de «regularidade» e «eficiência» do setor do mercado de capitais, no espetro mais amplo do sistema financeiro, que, reconhecido,emPortugal, ao nível constitucional (Artigo 101º, CRP), desempenha, como funções mais comuns, as de financiamento das empresas e de investimento, através da aplicação das poupanças, cf. PINTO, Frederico da Costa, (2000), p.17s; acrescenta-se, ainda (*id*, *op.cit.*, p. 19), que a proteção destas funções económicas é, também de acordo com o texto constitucional (Artigo 81º, alínea f)), uma «incumbência prioritária do Estado», que deve, nomeadamente, «assegurar o funcionamento eficiente dos mercados» e a repressão de «outras práticas lesivas do interesse geral». *Vide*, também, RODRIGUES, Ricardo/SOARES, João Luz (2015), p. 801s.

[42] Cf. RAM, Considerandos 1, 2 e 3. Sobre os fundamentos do *Insider Trading* no direito norte-americano e do crime de abuso de informação na doutrina europeia, cf. PINTO, Frederico da Costa (2000), p. 45s; *vide*, também, GOMES, Fátima (1996), *passim* (especialmente, p 3-71).

de ser considerada a proteção dos investidores[43] – que se ordena a topografia da área de tutela típica do abuso de informação[44].

A propósito da igualdade de oportunidades, vale destacar que se trata apenas da igualdade em relação às assimetrias resultantes do privilégio da informação ao dispor dos insiders *enquanto tal considerados*[45]. O tipo legal de abuso de informação[46] orienta-se, assim, como um dos lados de uma moeda, para a proteção da igualdade de oportunidades que se traduz na igualdade de todos os investidores no que toca ao acesso à informação, que evite que uns agentes obtenham uma posição de vantagem cognoscitiva em relação aos demais, em virtude da posse de uma informação relevante e *não pública* ou que *não está destinada a sê-lo*. Fazendo avultar para a igualdade em causa a transparência informativa. Do outro lado da moeda, importa agora precisar que só assume relevo *típico* a desigualdade devida a informação *privilegiada*. Seria utópico pensar num mercado depurado de todas as desigualdades e assimetrias do ponto de vista da experiência, do saber, da inteligência ou do poder de observação. Como é igualmente evidente que existem diferentes géneros de investidores. A este último aspeto voltaremos adiante.

Para já, importa reter que a criminalização da atividade do *insider* dá por adquirido que há um fluxo de informação que percorre o mercado e está acessível a quem queira e possa investir o tempo e os meios necessários para a sua recolha e tratamento. E, assim, que todo o investidor está, em princípio, em condições de assumir o mesmo grau de risco nas suas operações. A relevância

[43] Cf. FARALDO CABANA, Patrícia (1995), 54s; e SILVEIRA, Renato (2019), p. 257.

[44] Não sendo objetivo, na economia deste estudo, adentrar na questão do bem jurídico-penal protegido, entende-se que se devem ter em conta valores subjetivados por diferentes titulares ou portadores: a comunidade; os investidores no mercado; e as sociedades. Cf., referindo-se à pluri-ofensividade da incriminação, PINTO, Frederico da Costa (2000), p. 64s (p. 65); também, neste sentido, STRATENWERTH, Gunther (1983), p. 668, apontando que os comportamentos de *insider tradiding* podem atingir, desde logo, interesses da economia globalmente considerada, colocando em risco a confiança dos investidores e, por aí, a funcionalidade do mercado, especialmente do mercado de valores mobiliários; mas que, para além disso, podem igualmente ser vistos como violação da confiança em relação às sociedades em que o *insider* trabalha, configurando a lesão de interessas daquelas; mostrando-se, ainda, como comportamentos que representam um prejuízo para outros investidores, sendo, nesta medida, inconciliáveis com o princípio da igualdade de oportunidades.

[45] Sobre o conceito de *insider* que releva para efeitos de incriminação, cf. infra....

[46] A este propósito, cf. PINTO, Frederico da Costa (2000), p. 67s.

criminal de uma operação advém, deste ponto de vista, do facto de ser levada a efeito por quem beneficia de uma informação privilegiada, ligada à sua qualidade de *insider*[47]. Pode dizer-se, então, que o que identifica o crime é o aproveitamento abusivo de uma posição de superioridade radicada na pessoa do *insider*. Esta qualidade, entretanto, há que notar, foi sendo progressivamente alargada a *outsiders*, considerados *insiders secundários* ou *extranei*. Agentes possíveis do cometimento do crime de abuso de informação, que utilizam informação privilegiada independentemente da fonte[48], que não tem de ser um insider primário ou *intraneus*. O alargamento da qualidade de agente ao *outsider*, que faz do crime um crime comum, inviabilizou, pois, em parte, a identificação, para efeitos penais, de uma operação praticada com base numa informação (que faz dela uma informação) privilegiada pela qualidade do agente. Passaram a avultar, para aqueles efeitos, *as caraterísticas da informação* para a qualificar como informação privilegiada.

Ora, são essas caraterísticas da informação que a identificam como privilegiada que estão em crise, por força da entrada nos mercados da HFT.

A caraterização de uma informação como privilegiada já assume, por si só independentemente de fatores de complexidade que se acrescentem, as suas próprias dificuldades. Como já adiantámos, uma informação constituir ou não informação privilegiada não depende só das suas caraterísticas intrínsecas,

[47] Como dispõe o Artigo 378º, nº1, da Lei nº 28/2017, de 30 de maio, relativamente aos *insiders primários* (*intranei*), «quem disponha de informação privilegiada» devido à sua qualidade de *corporate insider*, *insider* não institucional ou *temporary insider* ou, ainda, quem disponha de informação privilegiada que, «por qualquer forma, tenha sido obtida através de um facto ilícito ou que suponha a prática de um facto ilícito» e «a transmita a alguém fora do âmbito normal das suas funções ou, com base nessa informação, negoceie ou aconselhe alguém a negociar em valores mobiliários ou outros instrumentos financeiros ou ordene a sua subscrição, aquisição, venda ou troca, direta ou indiretamente, para si ou para outrem»; e, nos termos do nº2, do mesmo Artigo, quem, nas circunstâncias previstas no nº1, «disponha de informação privilegiada e, com base nessa informação, ordene ou aconselhe alguém a ordenar, direta ou indiretamente, para si ou para outrem, a modificação ou o cancelamento da ordem».

[48] Como dispõe o Artigo 378º, nº3, da Lei nº 28/2017, de 30 de maio, agora relativamente aos *outsiders*, «qualquer pessoa» não abrangida na definição de insider primário ou *intraneus*, que «tendo conhecimento de uma informação privilegiada, a transmita a outrem ou, com base nessa informação, negoceie ou aconselhe alguém a negociar em valores mobiliários ou outros instrumentos financeiros ou ordene a sua subscrição, aquisição, venda, troca ou a modificação ou o cancelamento de ordem, direta ou indiretamente, para si ou para outrem».

mas também dos conhecimentos e aspetos atinentes aos seus destinatários. Que, reagindo à informação, tomam as decisões de investimento. Neste contexto, o RAM dispõe[49] que, para efeitos de se considerar uma informação como privilegiada, a *price sensitivity* da uma informação é um elemento, mas *não o único*, que um investidor razoável utiliza para fundamentar as suas decisões. Note-se, assim, que o investidor razoável não é o investidor médio, já que podem qualificar-se de *price sensitive* informações que são relevantes apenas para uma minoria de investidores, se estas forem idóneas para influenciar os preços.

A questão a suscitar é a de saber se estas noções, de informação privilegiada e de investidor razoável, por força da incidência que a HFT tem sobre elas, continuam a cobrir-se com os conceitos normativos que são utilizados para efeitos penais.

Quanto à noção de investidor razoável, relevante para definir uma informação como privilegiada, fala-se, aqui, em *armadilha da* competência[50], relacionada com a informação financeira relevante, mas não razoável, nos mercados contemporâneos. A este propósito, importa notar como o funcionamento dos *traders* algorítmicos tiram proveito de qualquer oscilação dos preços nos mercados e, assim, optando por investimentos influenciados em medida nula ou muito limitada pelo valor substancial do título objeto de negociação. Esta sua forma de funcionamento tem como efeito, no mercado, que os fenómenos de flutuações dos preços, repentinos e muito rápidos que nele se verificam, não estão, pois, associados a qualquer alteração do referido valor substancial dos títulos. Mas os *traders* de alta frequência levam-nos em consideração! Desta forma, percebe-se o efeito da entrada dos operadores algorítmicos de última geração sobre a informação financeira *privilegiada*. E que é o surgimento de informação *price sensitive* – isto é, idónea para influenciar de maneira sensível os preços nos mercados, porque relevantes para os algoritmos – mas *não razoável*, porque privada de qualidade económica: é informação que não está ligada,

[49] Cf. Artigo 7º, nº 4, RAM: «*Para efeitos de aplicação do disposto no nº1*, entende-se por informação que, caso fosse tornada pública, seria idónea para influenciar de maneira sensível preço dos instrumentos financeiros, dos instrumentos financeiros derivados, dos contratos de mercadorias à vista com eles relacionados ou dos produtos leiloados com base nas licenças de emissão, a informação que um investidor razoável utilizaria normalmente para fundamentar *em parte* as suas decisões de investimento.» (itálicos nossos).

[50] CONSULICH, Federico (2018), p. 212s.

nem ao valor dos títulos, nem à estrutura do emitente, nem às condições do mercado de referência.

O que isto pode significar para o direito dos mercados já foi cunhado como uma verdadeira *anafilaxia*[51]. Se a maior competência induz a génese de novas informações, entende-se o que pode acontecer com um operador algorítmico de alta frequência, dotado de capacidade de análise incomparavelmente superior à de qualquer operador profissional humano. E que é a ampliação incontrolável de *price sensitivity* das informações e, portanto, de informações que possam dever caber no conceito de *privilegiadas*. Acresce que os *high frequency traders* tiram partido do desconhecimento, por parte dos outros negociadores, dos fatores que afinal influenciaram os preços no mercado e, por aqui, da desigualdade da informação. A consequência que daqui decorre é a proliferação das ocasiões de abuso de informação relevante para efeitos penais. A expansão das informações *price sensitive* poderia transformar-se numa hipertrofia incontrolável dos deveres de comunicação ou abstenção que sustentam a disciplina do abuso de informação privilegiada, onerando os operadores com tantos e tais deveres (de cumprimento) que tornariam impossível qualquer operação económica a não ser que tivesse uma justificação racional, já que as informações consideradas pelos algoritmos são privadas exatamente de relevância económica e dizem respeito, por exemplo, a episódicos e rapidíssimos desalinhamentos de preços entre oferta e procura de um instrumento financeiro, além disso de valor infinitesimal. Imagine-se um cenário em que em que se impusessem deveres de comunicação ou proibições de realizar operações relativamente a informações negligenciáveis, todavia relevantes, mas, apenas, para os algoritmos. Agora, o próprio conceito de informação privilegiada ganha uma *nova* dimensão – passa a ser *price sensitive but not reasonable*[52].

A questão que aqui se suscita é a de que as dificuldades levantadas pelos operadores algorítmicos de alta frequência não se verificam só no plano da interpretação dos conceitos de investidor razoável e de informação *price sensitive,* mas também ao nível dos pressupostos da responsabilidade da atuação das pessoas *físicas* que utilizam estes instrumentos de negociação. Que se

[51] CONSULICH, Federico (2018), p. 214.

[52] CONSULICH, Federico (2018), p. 216s.

poderia dizer que se aproveitam de informação privilegiada do ponto de vista do instrumento que utilizam para negociar. E, assim, trata-se de saber se não se deverá ter em conta um alargamento do âmbito de proteção da incriminação de abuso de informação relativamente a esta informação. Relembre-se que, apesar de se ter perdido a ligação de um eventual autor deste crime aos *insiders* primários, assumindo relevância para configurar a conduta típica uma conduta que tenha na base uma informação (que é) privilegiada, não basta à incriminação de um agente estar, por quaisquer razões, melhor informado do que outros. Pelo que diz respeito à ação (*actus réus, no common law*, ou *Handlung*, no direito germânico) dos novos agentes artificiais, ela já atingiria o valor protegido pela norma de integridade do mercado, relacionado com a igualdade de oportunidades em relação às assimetrias resultantes do privilégio de informação ao dispor dos *traders* de alta frequência[53].

3.2. O tipo legal de manipulação de mercado

Quanto à incriminação da manipulação de mercado[54], interessa centrar a atenção sobre as condutas típicas que se reconduzem à manipulação que se pratica através da execução de «outras práticas fraudulentas»[55]. É sabido[56] que o crime pode ser praticado de forma *ruidosa*, com a divulgação de «informações falsas, incompletas, exageradas, tendenciosas ou enganosas». Ou de forma *silenciosa*, aqui relevando a realização de «operações de natureza fictícia ou a execução de outras práticas fraudulentas». Com a manipulação silenciosa, esta surge porque os negócios celebrados «não significam aquilo que

[53] Teríamos, portanto, um alargamento do âmbito da incriminação. A pergunta a colocar pode, então, ser assim formulada: o tipo legal de crime, pensado para a atuação de agentes físicos, deve abarcar os comportamentos de agentes físicos que utilizam instrumentos de alta frequência para a negociação nos mercados? Independentemente da questão da atribuição de responsabilidade penal que aqui é preciso resolver e que não é objeto do nosso estudo, não cremos que assim deva ser, sem se introduzirem alterações no tipo legal. A nossa resposta prende-se com razões que já se deixaram adiantadas e que têm a ver com a ampliação do âmbito da incriminação de abuso de informação, por força da proliferação de informações que poderiam ser privilegiadas para efeitos penais.

[54] Cf. Artigo 379º, da Lei nº28/2017, de 30 de maio.

[55] Cf. Artigo 379º, nº1, da Lei nº28/2017, de 30 de maio.

[56] Cf. PINTO, Frederico da Costa (2000), p. 86 s.

aparentam»[57]. Sob este conceito, aceita-se[58] que se «ocultam» uma «grande diversidade *de práticas negociais*» que, de forma mais ou menos intensa, criam liquidez ou geram cotações de um ativo *que se formam* artificialmente através de operações controladas «*por certas pessoas*». O crime, que hoje se estrutura também na modalidade de dano[59], basta-se já com a idoneidade da conduta para alterar artificialmente o regular funcionamento dos mercados – é um crime de perigo abstrato-concreto[60] – e que não exige dolo específico – apenas exige o dolo do agente nos termos previstos no disposto nos artigos 13º e 14º, do Código Penal.

O que está em causa é subsumir certas estratégias especulativas de negociação de alta frequência no tipo legal de manipulação de mercado, pela via do elemento típico «execução de outras práticas fraudulentas», considerando a negociação idónea para alterar artificialmente o regular funcionamento do mercado. Refere-se como os *traders* de alta frequência podem ser a *longa manus* do manipulador de mercado[61]. Por um lado, como em geral se aceita, o mercado deve funcionar segundo o princípio da livre formação dos preços, de acordo com o que o valor das cotações resulta apenas e só do regular encontro entre a oferta e a procura, sem perturbações artificiais que obstem a que elas reflitam, a todo o momento, o justo valor dos respetivos instrumentos financeiros. De outro lado, entretanto, não deixa de apontar-se que a indeterminação do tipo legal, a ocultar uma grande diversidade de práticas negociais, envolve o risco de desencadear desconfiança dos investidores, com a consequente inibição da participação nos mercados, sobretudo dos mais jovens, e prejuízos para o desenvolvimento económico, com repercussões a nível social.

57 Assim, PINTO, Frederico da Costa (2000), p. 88. Refere o autor (p. 87) que se abrangem as condutas que se traduzem em operações que «são controladas pelos agentes de forma a violar o livre jogo da oferta e da procura», criando «uma aparência de liquidez» ou gerando «cotações que, por estarem artificialmente sustentadas», não correspondem à realidade».

58 Assim, PINTO, Frederico da Costa (2000), p. 89; cf., também, SILVEIRA, Renato (2019), p.275s.

59 Cf. Artigo 379º, nº2, da Lei nº 28/2017, de 30 de maio.

60 Cf. Artigo 379º, nº1, da Lei nº 28/2017, de 30 de maio. Sobre esta categorização, DIAS, Jorge de Figueiredo (2007), p. 310 e 311.

61 CONSULICH, Federico (2018), p. 209.

4. O tipo legal de crime e uma nova escrita

Isto dito, sempre seria preciso perguntar a quem atribuir a responsabilidade pela prática destes crimes de abuso de mercado, entrando na discussão dos modelos de responsabilidade das pessoas ou mesmo «artificial». O problema, todavia, pode ser visto de outro ângulo. E que é o da necessidade de criar novas incriminações ou reinterpretar ou alterar as já existentes para que possam ser aplicáveis à negociação de alta frequência. E, assim, oferecerem proteção a bens jurídicos em face das novas formas de agressão[62]. Já sabemos que reside exatamente na dinâmica intrínseca ao funcionamento da HFT, de autonomia e de aprendizagem, um limite importante para a capacidade dos padrões regulatórios existentes. O que se pretende destacar é que está aqui em causa um *processo de alienação da responsabilidade do agente humano*[63], descrito com uma plasticidade especial através do exemplo da utilização de *drones* em cenário de guerra, que substituem os pilotos de aeronáutica militar. O comando da ação permanece no ser humano, o operador do *drone*, mas o ser humano não é materialmente o agente da ação (que é um *drone*). Esta não identificação imediata do operador com o agente da ação induz um «tipo de alienação com perigosos efeitos de desresponsabilização» e repercute-se na forma como «os agentes humanos assumem a responsabilidade das suas próprias decisões». O que está em causa com a privação da relação de interação entre seres humanos é, pelo menos, a desresponsabilização *moral* do agente humano.

O que sobreleva, reforça-se, é que esta desresponsabilização (do humano) – fala-se de «desumanização das ofensas»[64] – pode enfraquecer a proteção do bem jurídico que a norma penal visa assegurar.

É aqui que cabe colocar a questão da reconfiguração de tipos legais mediante recurso à IA e a um novo instrumento semiótico[65], capaz de descrever de modo mais moderno e eficaz os elementos constitutivos de certos crimes. Fala-se, então, numa perspetiva futurista da descrição típica do ilícito penal,

[62] Chama a atenção para esta perspetiva BASILE, Fabio, s/d, p.25s.

[63] BAGNOLI, Carla (2019), p.78. Fazendo relevar também a *desresponsabilização* do juiz no processo penal pela decisão delegada a sistemas de IA, RODRIGUES, Anabela Miranda (2020c), p.43 e 52s.

[64] CONSULICH, Federico (2018), p. 204.

[65] Assim, PAPA, Michele (2020a), p.4; PAPA, Michele (2020), p. 18s

na utilização da «realidade aumentada»[66], para definir paradigmas de conduta para verificar a relevância penal de comportamentos. A questão passa por utilizar a realidade aumentada para descrever algumas situações paradigmáticas em novos cenários, como por exemplo, o de HFT, que podem ser reconhecidas, através de instrumentos informáticos, no momento em que se realizam.

É possível pensar que, no futuro, a normatividade possa ser condicionada pelas tecnologias da realidade aumentada e, mais em geral, pelas formas de IA. Estas permitem, na verdade, relacionar-se com a morfologia do mundo sensível de forma inédita. A IA, interagindo com o ambiente através de sensores de vário tipo e combinando uma grande quantidade de informação, está em condições de devolver uma visão do mundo que, para os limites da consciência humana, é capaz de ser omnisciente.

Todavia, esta resposta para o problema do tipo legal deve ser olhada com reservas[67]. A IA codifica e gere a sua interação com o mundo através de algoritmos. Perante uma *compreensão* do mundo como um acontecer histórico, a IA apenas releva e analisa um facto nos termos indicados por um modelo algorítmico, previamente estabelecido.

O tipo legal é uma formulação para o futuro, que não encerra o direito[68] e que um juiz, um ser humano, aplica. Com a transformação do tipo operada pela IA, a decisão procede do algoritmo a favor de uma solução e deixa de ser uma criação humana que interpreta o facto como acontecer único e irrepetível. O sujeito-algoritmo não experimenta o único de cada facto. Para a IA, o facto é sempre um passado que se realiza. Por mais que possa aprender e evoluir muito rapidamente, funciona sempre segundo um mecanismo de reminiscência.

Fica aqui em causa a preservação na norma de um indeterminismo não calculável necessário à construção de um sentido jurídico. Este aspeto é indispensável à constituição do direito como forma simbólica, não redutível à soma das prescrições positivas, que oferece a capacidade de transformar estas prescrições positivas ao mesmo tempo que mantem o seu poder prescritivo.

[66] Sobre isto, *Research Handbook on the Law of Virtual and Augmented Reality, Cheltenham-Northampton* (dir. W. Barfield/M. J. Blitz), Elgar, 2018.

[67] Cf. PAPA, Michele (2020), p. 20 e 21.

[68] Referindo-se, desta perspetiva, à *nova escrita numérica* (por apelo a Antoine Garapon/Jean Lassègue, *Justice digitale*, Presses Universitaires de France/Humensis (Puf), 2008), RODRIGUES, Anabela Miranda (2020c), p. 44s.

Com o paradigma do facto formalizado no algoritmo, o tipo legal transforma-se de profecia sobre o futuro, numa imagem de uma memória que perde o sentido jurídico. E, com ele, a plasticidade que lhe permite reelaborar-se pela interpretação.

5. A renovação dos tipos legais incriminadores (ou os desafios da prática judiciária)

Dado o envolvimento da IA no cometimento de crimes de abuso de mercado e perante as dificuldades que sobressaem para atribuir responsabilidade aos agentes físicos, um princípio de solução pode procurar-se da perspetiva dos tipos legais em causa. Não se trata da via radical que acabei de apresentar, nem de posições que aceitam soluções tributárias de uma responsabilidade penal objetiva – a merecer justificadas críticas, como será o caso da *Responsible Person*[69] *– ou que cedem à alternativa da responsabilidade apenas no plano civil*[70].

As práticas especulativas de manipulação de mercado – que, como se referiu, evoluíram substancialmente com a entrada nos mercados dos traders de alta frequência, induzindo os algoritmos de primeira e segunda gerações e os intermediários humanos tradicionais a realizarem operações danosas, motivadas por uma imagem do mercado artificialmente criada – suscitam uma atenção particular. A este propósito, dado o modo de funcionamento autónomo dos novos agentes artificiais e na via de uma resposta que passa por persistir na atribuição de responsabilidade humana a casos de manipulação de mercado, pode pensar-se na alteração da configuração típica do tipo legal, recorrendo à utilização de

[69] Não nos parece convincente o argumento de que, entre a não exploração de todas as potencialidades da IA pelos danos que pode provocar e a expansão, restrita, do âmbito de proteção de algumas normas penais ou mesmo a criação de novas incriminações para responsabilizar os agentes humanos, que defendemos, o *equilíbrio* esteja na consagração de novas modalidades da responsabilidade penal, designadamente objetiva. Para uma crítica da responsabilidade penal objetiva, designadamente através da figura da *Responsible Person*, ABBOT, Ryan/SARCH, Alex (2019), p. 378s (especialmente, p. 381).

[70] Já se pretendeu fundamentar a responsabilidade civil na personalidade jurídica da IA (personalidade eletrónica) – é conhecida a Resolução do Parlamento Europeu em matéria de legislação civil sobre robótica e IA (Resolução de 16.02.2017, disponível em https://www.. europarl.europa.eu/doceo/document/A-8-2017-0005_PT.pdf); não implicando esse reconhecimento, encontram-se respostas que passam por ressarcimento e reparação de danos causados pela IA.

um elemento subjetivo da ilicitude[71], com a introdução no tipo da exigência de intenção de manipulação do mercado, que exprimiria, precisamente, a responsabilidade humana que se procura. Nesta solução – que não prescinde da construção do tipo na forma dolosa[72] –, a execução da negociação mediante a utilização do algoritmo que acabou por incorrer numa estratégia predatória poderia subsumir-se ao elemento típico «execução de outras práticas fraudulentas»[73].

[71] Em sentido *aparentemente* divergente, embora em contexto em que não se aprofunda o tratamento da incriminação de manipulação de mercado, SOUSA, Susana (2020), p. 69 e 70. Sublinha-se, aparentemente, uma vez que a autora distingue (p. 69) «o resultado final – eventualmente delimitado por indicação humana» e «o processo que permite alcançar aquele resultado – oculto ou opaco ao conhecimento humano.»; apontando, assim, para os casos de atuação imprevisível (e opaca) do artefacto inteligente de onde resulta o dano.

[72] No direito brasileiro, cf. JANUÁRIO, Túlio Xavier, «Inteligência Artificial e Manipulação do Mercado de Capitais: uma análise das negociações algorítmicas de alta frequência (*high-frequency trading* – HFT) à luz do ordenamento jurídico brasileiro», em curso de publicação, *Revista Brasileira de Direito Processual Penal* (gentilmente cedido pelo autor), na via da construção do tipo de manipulação de mercado na forma negligente, que não acompanhamos – por a entendermos desnecessária para a incriminação de agentes físicos no contexto da HFT (cf. o que a seguir se diz em texto) e, em geral, considerarmos que configura um alargamento excessivo da punição no caso dos tipos de crime de abuso de mercado. O autor apoia-se em posição defendida – de um modo geral e em termos que se explicitam na nota anterior, anote-se, e não por referência ao crime de manipulação de mercado – por SOUSA, Susana Aires (2020), p. 72. Cabe referir, neste contexto, que, a este propósito, o legislador português não alterou a incriminação contida na norma do Artigo 379º da Lei nº28/2017, de 30 de maio, que transpõe a Diretiva 2014/57/UE, relativa às sanções penais aplicáveis ao abuso de informação privilegiada e à manipulação de mercado (abuso de mercado) e adapta o direito português ao Regulamento (EU) nº596/2014, relativo ao abuso de mercado, continuando os crimes de abuso de mercado a ser configurados apenas na forma dolosa e, quanto aos novos tipos legais introduzidos, apenas o «Uso de informação falsa ou enganosa na captação de investimento (Artigo 379º-E) foi previsto na modalidade negligente. Da mesma forma, o legislador espanhol transpôs a Diretiva 2014/57/EU pela *Ley Orgánica* 1/2019, de 20 de febrero, alterando o Artigo 284 do Código Penal, relativo à manipulação de mercado, por forma a incorporar nos meios de cometimento do crime, pelo que agora nos interessa, «*la utilización de artifícios y el empleo de las tecnologías de la información para la alteración de precios*» unicamente na forma dolosa; e, quanto ao crime de abuso de informação, interessa referir, no contexto das presentes considerações, que acrescentou uma nova incriminação de perigo (o Artigo 285 *bis*) para tipificar a comunicação ilícita de informação privilegiada quando coloque em perigo a integridade do mercado ou a confiança dos investidores. Refira-se, por último, que a Diretiva 2014/57/UE não impõe a criminalização do abuso de mercado na forma negligente.

[73] É totalmente improcedente afirmar que um óbice a esta possibilidade residiria em que «o uso de técnicas de negociação de alta frequência não é proibido e nem sempre será simulado»,

As virtualidades desta alteração típica podem testar-se por referência à prática de *spoofing* através de HFT. Sabido que o que corresponde a esta prática, que pode ser levada a efeito autonomamente e de forma imprevisível pelos algoritmos de alta frequência, é a introdução de várias ordens no mercado sem a intenção de as executar, isto é, apenas para se induzirem outros investidores à compra ou venda dos ativos aproveitando destas operações, com o subsequente cancelamento das ordens previamente emitidas, o que se vem dizer é que, com a consideração daquele elemento subjetivo da ilicitude, a imputação do crime ao agente físico não resulta *ipso facto* de se ter verificado um cancelamento da ordem introduzida. O agente incorre em responsabilidade penal se o cancelamento, pelo sério risco nele contido, expressa a indiferença pelo bem jurídico protegido pela incriminação. Sendo que a verificação dessa ofensa ao bem jurídico, que se afere através do filtro da legalidade penal traduzida no ilícito típico e, portanto, da intenção do agente de manipular o mercado, permitirá a imputação do crime ao agente físico, a título de dolo. A prova que aqui está implicada – de que o comportamento do agente é subjetivamente dirigido para a ofensa ao bem jurídico – não se revela fácil. Mas ela não é mais exigente do que acontece com tantos outros tipos legais que exigem a prova de elementos subjetivos da ilicitude. E, em todo o caso, menos difícil do que provar a intenção do agente (físico) de cancelar a introdução de ordens, quando está em causa a HFT.

O caso *United States v. Coscia*[74], nos EUA – o primeiro caso de condenação (criminal) por manipulação de mercado na forma de *spoofing* de um intermediário financeiro que utilizou um algoritmo de alta frequência na negociação para concretizar aquela estratégia[75] –, gerou múltiplas críticas da doutrina.

conforme JANUÁRIO, Túlio Xavier (nota 71).

[74] Decisão disponível em https://law.justia.com/cases/federal/appellate-courts/ca7/16-3017/16-3017-2017-08-07.html. Para uma descrição deste caso, MIRANDA RODRIGUES, Anabela/AIRES de SOUSA, SUSANA, «Algoritmos em contexto empresarial: vantagens e desafios à luz do direito penal», *Julgar* ,III., 1.

[75] *Michael Coscia* foi condenado, em 2015, a 36 meses de prisão. Em 2020 (dados recolhidos em RAVELLI, Rahmen, *2020 Year in Review, Spoofing and Market Manipulation. United States, United Kingdom, European Union*), em nove condenações criminais que se lhe seguiram, seis das quais contra pessoas individuais (*United States v. Sarao; United Staes v. Zhao; United States v. Flaum; United States v. Edmonds; United States v.Trunz; e United States v. Liew*), os visados *pled guilty* e os casos terminaram com um *Deferred Prosecution Agreement* (DPA), não tendo sido, portanto, levados a julgamento nem aplicada qualquer pena de prisão. Em 2021, até ao momento,

Apontou-se a inconstitucionalidade da norma[76], com fundamento na indeterminação e no caráter aberto do tipo legal no segmento em que define *spoofing* como a conduta que «*is of the character of*» *spoofing*[77]. Esta decisão veio sobretudo demonstrar, do meu ponto de vista, a dificuldade de se provar a intenção de cancelamento da ordem, por várias razões, entre as quais avulta determinar qual é o momento em que a intenção de cancelar deve estar presente para efeitos de se responsabilizar o agente (físico): se no momento em que a ordem original foi introduzida ou se releva também a intenção de cancelar que só se forma alguns milissegundos depois da introdução da ordem original com a intenção de a executar[78]. Ora, com a consideração típica do elemento subjetivo da ilicitude referido, relativo à intenção de manipular o mercado, relevante para efeitos de incriminação seria esta intenção e não a intenção de cancelar a ordem.

A questão que aqui subjaz é a de saber se à imputação da responsabilidade penal a agentes físicos na base de uma incriminação assim tipicamente configurada basta o dolo eventual. E, assim, se é bastante o agente utilizar os sistemas de IA com a intenção de serem emitidas ordens de cancelamento que não exclui que sejam possíveis de manipular o mercado, dadas as virtualidades que os sistemas de IA de negociação de alta frequência têm de atuar desse modo. Os custos de o sistema financeiro ficar arredado da utilização de modernos meios de negociação algorítmica pelo receio que os investidores

registaram-se duas condenações por *spoofing*, em que foram aplicadas penas de prisão a dois ex-*traders* do *Deutsche Bank*, nos casos *United States v. Vorley e United States v. Chanu*, cada uma de 1 ano e1 dia de prisão. A CFTC, a SEC e o DOJ têm sido particularmente ativos na luta contra a manipulação de mercado, com a CFCT a obter a maior condenação civil da sua história por *spoofing*, em 2020, contra a *JP Morgan*, com a aplicação de sanção pecuniária no valor de 920 milhões de US dólares. Em 8 de julho de 2020, a CFTC apresentou o seu Plano Estratégico 2020-2024 (Strategic Plan 2020-2024), indicando como Objetivo Estratégico 4 (Strategic Plan, cit, p. 8) orientar-se para «*detecting, investigating and prosecuting misconduct that could potentially indermine market Integrity*», incluindo «*fraud, manipulation, spoofing, and disruptive trading*».

[76] Cf. SCOPINO, Gregory (2020), p. 365s; COPPLER, Catriona, (2016), p. 272s.

[77] Cf., supra,

[78] Assim, COPPLER, Catriona (2016), p. 279 e 280. Nesta linha, uma definição de *spoofing* proposta (*id, ibidem*, p. 286) é a que consiste em colocar uma oferta ou ordem no mercado que, no momento da entrada, não se tinha a intenção de executar como uma transação de boa-fé («*the act of placing a bid or order that, at the time of entry, was not intended to be executed as a bona fide transaction.*»).

teriam, ao utilizá-los, de virem a ser punidos por práticas de manipulação de mercado faz avultar a importância de uma dimensão da regulação dos mercados financeiros – a dimensão preventiva e de *compliance* – que não se aborda aqui. E que, já perante a própria imprevisibilidade do sistema de negociação de alta frequência[79], comportando uma série de deveres de cuidado, poderá resultar na atribuição de responsabilidade penal ao agente, na medida em que o seu incumprimento ou cumprimento defeituoso releva ao nível da realização típica ilícita – no sentido de que expressa o dolo do ilícito típico – e, assim, a particular intenção de manipular o mercado. A imputação ao agente da prática do crime ainda a título de dolo far-se-ia radicar, então, na circunstância de a omissão ou o cumprimento defeituoso de deveres poder expressar aquela intenção, na medida em que o agente não entrava em linha de conta com o risco – com a mera possibilidade (a probabilidade), ainda que imprevisível – de o algoritmo, autonomamente, cancelar as ordens previamente emitidas. Podendo dizer-se, assim[80], que, ao atuar em violação dos deveres, o agente *decide-se* – se bem que «não sob a forma de uma resolução ponderada, ainda que só implicitamente, mas nem por isso de forma menos segura» – pelo sério risco contido na norma incriminadora (a manipulação do mercado) e, nesta aceção, conforma-se com a realização do tipo objetivo bastante para que o tipo subjetivo de ilícito possa ser qualificado de doloso.

[79] Do nosso ponto de vista, a imprevisibilidade fundamenta, aqui, não a punição título de negligência, mas uma série de deveres de cuidado, cuja violação ou cumprimento defeituoso lhe diz respeito e justificará, por isso, sancionamento contraordenacional ou administrativo. Para além disso, no contexto de risco em que se desenvolve a atividade, em geral, de negociação nos mercados, colhe justificação a opção feita, desde o início (DL nº 486/99,de 13 de novembro), pelo legislador português de criminalizar a violação do dever de impedir práticas manipuladoras do mercado pelos titulares do órgão de administração e pessoas responsáveis pela direção ou pela fiscalização de áreas de atividade de um intermediário financeiro (crime de omissão pura), previsto hoje no nº5, do Artigo 379º, da Lei 28/2017, de 30 de maio.

[80] Cf. RODRIGUES, Anabela Miranda (2020d), p. 118s, para uma referência, em geral, à responsabilidade penal dos *compliance officers* (v., também, p. 204s, para o crime específico de branqueamento). Sobre a teorização do dolo eventual aqui implicada, FIGUEIREDO DIAS, Jorge (nota 59), p. 375 e 376. Lapidar é a formulação de *Klaus Roxin*, referida por *Figueiredo Dias* (*op. loc. cit*), segundo a qual, «quando a verificação de um resultado como possível é completamente indiferente» ao agente, *existe já* «uma decisão pela violação *possível* do bem jurídico» (itálicos nossos).

6. A concluir

É crescente o envolvimento da IA no cometimento de crimes financeiros, designadamente no âmbito do mercado de capitais. As práticas criminais em que se confundem a ação humana e a ação de programas informáticos que investem no mercado com plena autonomia decisória transportam-nos para a genialidade do universo *escheriano* e para os objetos impossíveis de *Penrose*. A sua «Escada Impossível», tornada imorredoira por *Maurits C. Escher* na sua litografia «*Ascending and Descending*», evocou em mim a (in)capacidade dos padrões regulatórios penais existentes para «ordenar o mundo com base na aparência das coisas». A colonização dos mercados financeiros pelos *traders* algorítmicos de alta frequência determina uma mudança de paradigma no sistema de negociação e a tentação de atribuir relevância penal à ilusão.

Neste estudo, foram tidos em consideração os crimes de abuso de mercado. A nossa perspetiva de análise centrou-se nos tipos legais de crimes de abuso de informação e de manipulação de mercado e na necessidade, respetivamente, de reinterpretar alguns dos seus elementos típicos constitutivos e na modificação do tipo legal. Com o objetivo de não enfraquecer a proteção dos bens jurídicos que eles visam assegurar e não desresponsabilizar os agentes físicos pela prática destes crimes, num caminho progressivo de «desumanização das ofensas».

No caso do crime de abuso de informação, confrontaram-se as dificuldades da definição do conceito de investidor razoável – que sempre tem, de resto, resistido a uma compreensão monolítica –, essencial para a interpretação do elemento típico informação privilegiada, tendo especialmente em conta uma das caraterísticas que a define e que é a de ser *price sensitive*. Já em face de certas estratégias especulativas de negociação de alta frequência, do que se trata é da sua subsunção ao tipo legal de manipulação de mercado pela via do elemento constitutivo «execução de outras práticas fraudulentas», considerando a negociação, desde logo, idónea para alterar artificialmente o regular funcionamento do mercado.

Obedecendo às preocupações já enunciadas de preservar a eficácia do direito penal, pensado, quase exclusivamente – se não considerarmos a ficção das pessoas coletivas –, para pessoas e comportamentos humanos, discutiu-se a alteração da incriminação relativa à manipulação de mercado recorrendo à utilização de um elemento subjetivo da ilicitude «intenção de manipulação do mercado». Esta alteração típica foi aplicada ao caso da estratégia predatória de *spoofing*, em que é extremamente difícil fazer prova da intenção do agente físico de *cancelar* a introdução de ordens no mercado, quando está em causa a HFT. Na solução que contempla a alteração proposta, e em que não se prescinde da configuração do tipo na forma dolosa, considerou-se a possibilidade de o crime ser imputado a título de dolo eventual A consideração deste aspeto faz avultar, por seu turno, a importância da dimensão regulatória dos mercados financeiros que é a de *compliance* e que não abordámos aqui expressamente. Que, entretanto, deve ser encarada de forma equilibrada – pesando os custos económicos e sociais, sobretudo da perspetiva dos direitos fundamentais das pessoas envolvidas –, para dela se extraírem os efeitos positivos – de socialização – que contem, sem redundar em hipertrofia regulatória ou agressiva.

I. Bibliografia

ABBOT, Ryan e SARCH, Alex, «Punishing Artificial Intelligence: Legal Fiction or Science Fiction», *University of California, Davis*, Vol.53, 2019, p. 323s.

AIRES de SOUSA, Susana, «"Não fui eu, foi a máquina": Teoria do Crime, Responsabilidade e Inteligência Artificial», *A Inteligência Artificial no Direito Penal* (coord: Anabela Miranda Rodrigues), Almedina, 2020, p. 59s.

ALMEIDA, Miguel, «Introdução à negociação de alta frequência», *Cadernos do Mercado de Valores Mobiliários*, nº54, 2016, p. 23s.

BAGNOLI, Carla, *Teoria della responsabilità*, Il Mulino, 2019, p. 77s.

BASILE, Fabio, «Intelligenza artificiale e diritto penale: quattro possibili percorsi di indagine», *Diritto Penale e Uomo*, s/d, Milano, p1s.

BECK, Susanne, «Intelligent agents and criminal law – Negligence, diffusion of liability and electronic personhood», *Robotics and Autonomous Systems*, 86 (2016), p. 138s.

BECK, Susanne, Google cars, software agents, autonomous weapons systems – New challenges for criminal law?», E. Hilgendorf, U. Seidel (eds.), *Robotics, Autonomics, and the Law*, Baden-Baden, 2017, p. 227s.

BORSARI, Riccardo, «Intelligenza artificiale e responsabilità penale: prime considerazioni», *Media Laws. Rivista di Diritto dei Media*, 2019, p. 262s.

CAPPELLINI, Alberto, «Machina delinquerenon potest? Brevi appunti su intelligenza artificiale e responsabilità penale», *Criminalia. Annuario di scienze penalistiche, in disCrimen* de27.3.2019, p. 1s.

CONSULICH, Federico, «Il nastro di Mobius. Intelligenza Artificiale e imputazione penale nelle nuove forme di abuso del mercato», *Banca Borsa Titoli di Credito*, Anno LXXX Fasc. 2-2018, p. 195s

COPPLER, Catriona, «The Anti-Spooffing Statute: Vague As Applied To The 'Hypothetically Legitimate Trader'», *American University Business Law Review*, Vol. 5, Nº2 (2016), p. 261s.

DIAS, Figueiredo, *Direito Penal. Parte Geral, Tomo I, Questões Fundamentais. A Doutrina Geral do Crime*, 2ª edição, 2007.

FARALDO CABANA, Patrícia, «Algunos aspectos del delito de uso de información reservada en el mercado de valores en el proyecto de Código Penal de 1994», *Estudios Penales y Criminológicos*, Santiago de Compostela, n. 18, 1995, p. 45s

GOMES, Fátima, *Insider Trading*, APDMC Editor, 1996.

GOMBER, Peter/ARNDT, Bjorn /LUTAT, Marco/UHLE, Tim Elko, *HIgh-Freuency Trading* (2011), p.21s, acessível em SSRN: https://ssrn.com/abstract=1858626 or http://dx.doi.org/10.2139/ssrn.1858626.

HAFERKORN, Martin/ZIMMERMANN, Kai, *The German High-Frequency Trading Act: Implications for Market*, acesso em Deliver.cfm/SSRN_ID2603196_code1685487.pdf?abstractid=1&tipe=2.

HALLEVY, G., «The Criminal Liability os Artificial Intelligence Entities – From Science Fiction to Legal Social Control», *Akron Intellectual Property Journal*, Vol 4, Issue 2 (2010), p. 171s.

JANUÁRIO, Túlio Xavier, «Veículos Autónomos e Imputação de Responsabilidades Criminais por Acidentes», *A Inteligência Artificial no Direito Penal* (coord: Anabela Miranda Rodrigues), Almedina, 2020, p. 95s.

JONES, Charles M., «What Do We Know About Hig-Frequency-Trading?», *Columbia Business School Research,* Paper No. 13-11, mar. 2013 (acessível em http://dx.doi.org/10.2139/ssrn.2236201).

KEARNS-KULEZSA-NEVMYVAKA, *Empirical Limitations on High Frequency Trading Profitability,* disponível em http://papers.ssrn.com, 2010.

KING, Thomas C., AGGARWAL, Nikita, TADDEO, Mariarosaria, «Artificial Intelligence Crime: An Interdisciplinary Analysis of Foreseeable Threats and Solutions», *Science and Engineering Ethics,* 2020, p. XXX

KIRILENKO, Andrei, KYLE, Albert S., SAMADI, Mehrdad, TUZUN, Tugkan, «The Flash Crash: High-Frequency Trading in an Electtronic Market», *Journal of Finance,* Forthcoming, jan./2017, *passim.* (acessível em http://dx.doi.org/10.2139/ssrn.2108344).

KLUCHENEK, Matthew F./KAHN, Jacob L., «Deterring Disruption in the Derivatives Markets: A Review of the CFTC's New Authority Over Disruptive Trading Practices», *Harvest Business Law Review Online,* 120, 130-32 (2013), disponível em http://www.hblr.org/wp-content/uploads/2013/03/Kluchenek_Dettering-Disruption.pdf

LHABITANT, Françóis-Serge/GREGORIOU, Greg N., High Frequency Trading. Past, Present, and Future», *Handbook of High Frequency Trading* (Greg N. Gregouriou ed.), London, Academic Press, 2015, p.155s .

LIN, Tom C.W., «The New Investor», *60 UCLA Law Review* (2013), p. 678s.

PAPA, Michele, «La fattispecie come sceneggiatura dell'ingiusto: ascesa e crisi del diritto penale cinematográfico», *Criminalia. Annuario di scienze penalistiche, in disCrimen* de 23.3.2020, p. 1s.

PAPA, Michele, «Future Crimes: Intelligenza Artificiale e Rinnovamento del Diritto Penale», *Criminalia, Annuario di Scienze Penalistiche, disCrimen,* de 4.3.2020 (2020a), p. 1s.

PINTO, Frederico da Costa, *O novo regime dos crimes e contra-ordenações no Código dos Valores Mobiliários,* Almedina, 2000.

RODRIGUES, Anabela Miranda, «O crime de branqueamento sob o signo da expansão (as modalidades de ação típica e as alterações resultantes da Lei nº 58/2020, de 31/8)», *In Memoriam do Professor Augusto Silva Dias,* em curso de publicação

RODRIGUES, Anabela Miranda, «Sobre o crime de importunação sexual», *Revista de Legislação e Jurisprudência,* Ano 143º, Nº 3987, Julho-Agosto 2014, p. 413s (p. 434s);

RODRIGUES, Anabela Miranda, «Direito Penal e Constituição – o que resta do conceito de bem jurídico-penal?», *Homenagem ao Professor Doutor Germano Marques da Silva,* Volume I (Coord. José Lobo Moutinho, Henrique Salinas, Elsa Vaz de Sequeira, Pedro Garcia Marques), Universidade Católica Editora, Lisboa,2020, p.149s (p.160s).

RODRIGUES, Anabela Miranda (2020d), *Direito Penal Económico – uma Política Criminal na Era Compliance,* 2ª Edição, Almedina, 2020.

RODRIGUES, Anabela Miranda, «A justiça preditiva entre a americanização e a europeização», *A Inteligência Artificial no Direito Penal* (coord: Anabela Miranda Rodrigues), Almedina, 2020, p.11s.

RODRIGUES, Ricardo/SOARES, João Luz, «A (des)informação na dianteira do profano: o crime de abuso de informação privilegiada – uma reflexão inevitável», *Revista da Ordem dos Advogados*, Lisboa, 2015, p. 779s.

SEMINARA, Sergio, «El nuevo delito de insider trading en el ordenamiento jurídico Italiano» (trad. de Valeije Álvarez, Inma y Faraldo Cabana, Patricia), *Congreso hispano-italiano de Derecho penal económico* (Dir. Carlos Martínez-Buján Pérez), Universidade Da Coruña, 1998, pp. 141s.

SCOPINO, Gregory, «Preparing Financial Regulation for the Second Machine Age: The Need for Oversight of Digital Intermediaries in the Futures Markets», *Columbia Business Law Review*, Vol. 2015, No 2, 2015, p. 439s.

SCOPINO, Gregory, *Algo Bots and the Law*, Cambridge University Press, 2020, p. 365s.

SILVEIRA, Renato, «Crimes contra o mercado de capitais», *Direito Penal Económico. Leis Penais Especiais* (Coord. Luciano Anderson/Marina Coelho Araújo), Vol I, São Paulo, Thomson Reuters, Brasil, 2019, p. 239s.

SOKOL, Nathaniel E., «High Frequency Litigation: Sec Responses to High Frequency Trading as a Case Study in Misplaced Regulatory Priority», *Columbia Science and Technology Law Review*, Vol.17, No2, 2016, p. 411s.

STRATENWERTH, Gunther, «Zum Straftatbestand des Missbrauchs von Insiderinformationen», *Festschrift f. Frank Vischer Zum 60. Geburtstag*, Zürich: Schulthess Polygraphischer Verlag, 1983, p.667s.

TAVARES, Carlos, «A crise financeira: aprendemos as lições?», *Working Paper CMVM, Comissão do Mercado de Valores Mobiliários*, Nº03/2016, CMVM, outubro de 2016.

II. Documentos e outros

CAIVANO, V./CICCARELLI, S./STEFANO, G.DI/FRATINI, M./GASPARRI, G./GILIBERTI, M./LINCIANO, N./TAROLA, I., *High frequency trading. Definition, effects, policy issues/Il trading ad alta frequenza. Caratteristiche, effetti, questioni di policy*, CONSOB *Commissione Nazionale per le Società e la Borsa*, 5 December 2012, (acessível em https://dx.doi.org/10.2139/ssrn.2191669).

CHRISTIAN-ROSENFELD-LAKATOS-HANCHET-BISANZ, *US Department of Justice Brings Its First Criminal Prosecution for Spoofing Commodities Markets*, acessível em www.mayerbrown.com

RAVELLI, Rahmen, *2020 Year in Review, Spoofing and Market Manipulation. United States, United Kingdom, European Union.*

Research Handbook on the Law of Virtual and Augmented Reality, Cheltenham-Northampton (dir. W. Barfield/M. J. Blitz), Elgar, 2018.

Resolução do Parlamento Europeu em matéria de legislação civil sobre robótica e IA (Resolução de 16.02.2017, disponível em https://www..europarl.europa.eu/doceo/document/A-8-2017-0005_PT.pdf

III. Instrumentos legislativos da União Europeia

Diretiva 2014/65/EU do Parlamento Europeu e do Conselho de 15 de maio de 2014 relativa aos mercados de instrumentos financeiros.

Diretiva 2004/39/CE do Parlamento Europeu e do Conselho, de 21 de abril de 2004, relativa aos mercados de instrumentos financeiros.

Diretiva 2004/39/CE do Parlamento Europeu e do Conselho, de 21 de abril de 2004,

Regulamento (UE) Nº 596/2014 do Parlamento Europeu e do Conselho de 16 de abril de 2014 relativo ao abuso de mercado (regulamento abuso de mercado)

QUEM SOMOS

Anabela Miranda Rodrigues é Professora Catedrática da Faculdade de Direito da Universidade de Coimbra (FDUC) e investigadora do Instituto Jurídico da FDUC. É Presidente do Instituto de Direito Penal Económico e Europeu (IDPEE) da FDUC e Presidente do Grupo Nacional da *Association Internationale de Droit Pénal* (AIDP-GP). É Vice-Presidente da *Société International de Défense Social* (SIDS). É Membro Votante da *Fondation Internationale Pénale et Pénitentiaire* (FIPP). É Membro Permanent do Conselho Superior de Medicina Legal. É Membro convidado do Conselho Consultivo da Justiça.

Miguel João Costa é Professor Auxiliar Convidado da Faculdade de Direito da Universidade de Coimbra (FDUC). É Assessor do Gabinete dos Juízes do Tribunal Constitucional. É Secretário do Grupo Nacional da *Association Internationale de Droit Pénal* (AIDP-GP) e Investigador do Instituto Jurídico da FDUC. É Membro do Instituto de Direito Penal Económico e Europeu (IDPEE) da FDUC.

Miguel Manero de Lemos é Professor Auxiliar da Faculdade de Direito da Universidade de Macau. Leciona Direito Constitucional, Direitos Humanos, Direito Penal, Direito Processual Penal e Direito Administrativo. A sua investigação recente tem incidido sobre o Direito da Paz e da Guerra, com especial enfoque no Direito Penal Internacional. É membro do Grupo Nacional da *Association Internationale de Droit Pénal* (AIDP-GP)

Rosana Teixeira é licenciada em Direito pela Faculdade de Direito da Universidade de Coimbra (FDUC) e Mestranda em Ciências Jurídico-Criminais na mesma Faculdade.

Sónia Fidalgo é Professora Auxiliar da Faculdade de Direito da Universidade de Coimbra (FDUC). É Investigadora do Instituto Jurídico da FDUC. É Membro do Instituto de Direito Penal Económico e Europeu (IDPEE) e do Centro de Direito Biomédico (CDB), ambos da FDUC. É membro do Grupo Nacional da *Association Internationale de Droit Pénal* (AIDP-GP).

Susana Aires de Sousa é Professora Auxiliar da Faculdade de Direito da Universidade de Coimbra (FDUC). É *Senior Fellow* do *Carol and Lawrence Zicklin Center for Business Ethics Research* da *Wharton School*, Universidade de Pensilvânia (EUA). Integra o Conselho Fiscal do Instituto de Direito Penal Económico e Europeu (IDPEE) e do Centro de Direito do Consumo (CDC), ambos da FDUC. É membro do Grupo Nacional da *Association Internationale de Droit Pénal* (AIDP-GP)

Túlio Xavier Januário é Mestre em Ciências Jurídico-Criminais pela Faculdade de Direito da Universidade de Coimbra (FDUC) e doutorando em Direito na FDUC, com bolsa de investigação concedida pela Fundação para a Ciência e a Tecnologia (FCT). Foi Investigador ERASMUS+ na Georg-August Universität Gottingen. É membro do Grupo Nacional da *Association Internationale de Droit Pénal* (AIDP-GP).